Informe Final de la Cuadragésima Cuarta Reunión Consultiva del Tratado Antártico

REUNIÓN CONSULTIVA DEL
TRATADO ANTÁRTICO

Informe Final
de la Cuadragésima
Cuarta Reunión
Consultiva
del Tratado Antártico

Berlín, Alemania
23 de mayo al 2 de junio de 2022

Volumen I

Secretaría del Tratado Antártico
Buenos Aires
2022

Reunión Consultiva del Tratado Antártico (44ª : 2022 : Berlín)
    Informe Final de la Cuadragésima Cuarta Reunión Consultiva del Tratado Antártico.
    Berlín, Alemania, 23 de mayo al 2 de junio de 2022.

Buenos Aires: Secretaría del Tratado Antártico, 2022.

307 p.

ISBN 978-987-8929-20-0

    1. Derecho internacional - Asuntos medioambientales. 2. Sistema del Tratado Antártico.

    3. Derecho ambiental - Antártida. 4. Protección del medioambiente - Antártida.

DDC 341.762 5

Publicado por:

Secretariat of the Antarctic Treaty
Secrétariat du Traité sur l' Antarctique
Секретариат Договора об Антарктике
Secretaría del Tratado Antártico

Maipú 757, piso 4
C1006ACI - Buenos Aires
Argentina
Tel: +54 11 3991 4250
ats@ats.aq

Este libro también está disponible en: www.ats.aq (versión digital) y para compras en línea.

ISSN 2346-9889
ISBN: 978-987-8929-20-0

Índice

VOLUMEN I

VOLUMEN II

(Disponible en www.ats.aq)

PARTE II. MEDIDAS, DECISIONES Y RESOLUCIONES (CONT.)

4. Planes de gestión

Zona Antártica Especialmente Administrada n.º 7 (sudoeste de la isla Anvers y cuenca Palmer): Plan de Gestión revisado

Zona Antártica Especialmente Protegida n.º 109 (isla Moe, islas Orcadas del Sur): Plan de Gestión revisado

Zona Antártica Especialmente Protegida n.º 110 (isla Lynch, islas Orcadas del Sur): Plan de Gestión revisado

Zona Antártica Especialmente Protegida n.º 111 (isla Powell del Sur e islas adyacentes, islas Orcadas del Sur): Plan de Gestión revisado

Zona Antártica Especialmente Protegida n.º 113 (isla Litchfield, puerto Arthur, isla Anvers, archipiélago de Palmer): Plan de Gestión revisado

Zona Antártica Especialmente Protegida n.º 115 (isla Lagotellerie, bahía Margarita, Tierra de Graham): Plan de Gestión revisado

Zona Antártica Especialmente Protegida n.º 119 (valle Davis y laguna Forlidas, macizo Dufek, montañas Pensacola): Plan de Gestión revisado

Zona Antártica Especialmente Protegida n.º 122 (alturas de Arrival, península Punta Hut, isla Ross): Plan de Gestión revisado

Zona Antártica Especialmente Protegida n.º 124 (cabo Crozier, isla Ross): Plan de Gestión revisado

Zona Antártica Especialmente Protegida n.º 126 (península Byers, isla Livingston, islas Shetland del Sur): Plan de Gestión revisado

Zona Antártica Especialmente Protegida n.º 127 (isla Haswell): Plan de Gestión revisado

Zona Antártica Especialmente Protegida n.º 129 (punta Rothera, isla Adelaida): Plan de Gestión revisado

Zona Antártica Especialmente Protegida n.º 133 (punta Armonía, isla Nelson, islas Shetland del Sur): Plan de Gestión revisado

Zona Antártica Especialmente Protegida n.º 139 (punta Biscoe, isla Anvers, archipiélago de Palmer): Plan de Gestión revisado

Zona Antártica Especialmente Protegida n.º 140 (partes de la isla Decepción, islas Shetland del Sur): Plan de Gestión revisado

Zona Antártica Especialmente Protegida n.º 149 (cabo Shirreff e isla San Telmo, isla Livingston, islas Shetland del Sur): Plan de Gestión revisado

Zona Antártica Especialmente Protegida n.º 164 (monolitos Scullin y Murray, Tierra de Mac Robertson): Plan de Gestión revisado

PARTE III. DISCURSOS E INFORMES DE APERTURA Y DE CLAUSURA

1. Discursos de apertura y de clausura

2. Informes de depositarios y observadores

Informe de EE UU como gobierno depositario del Tratado Antártico y su Protocolo

Informe de Australia como gobierno depositario de la CCRVMA

Informe de Australia como gobierno depositario del ACAP

Informe del Reino Unido como gobierno depositario de la CCFA

Informe del observador de la CCRVMA

Informe del SCAR

Informe del COMNAP

3. Informes de expertos

Informe de la ASOC

Informe de la IAATO

Informe de la OMM

PARTE IV. DOCUMENTOS ADICIONALES DE LA XLIV RCTA

1. Listado de documentos

2. Listado de participantes

Siglas y abreviaturas

ACAP	Acuerdo sobre la Conservación de Albatros y Petreles
AMP	Área Marina Protegida
ANC	Autoridad Nacional Competente
ASOC	Coalición Antártica y del Océano Austral
BP	Documento de Antecedentes
CCFA	Convención para la Conservación de las Focas Antárticas
CCRVMA	Convención sobre la Conservación de los Recursos Vivos Marinos Antárticos y/o Comisión para la Conservación de los Recursos Vivos Marinos Antárticos
CHA	Comisión Hidrográfica de la Antártida
CMNUCC	Convención Marco de las Naciones Unidas sobre Cambio Climático
COI	Comisión Oceanográfica Intergubernamental
COMNAP	Consejo de Administradores de Programas Antárticos Nacionales
CPA	Comité para la Protección del Medio Ambiente
EIA	Evaluación del Impacto Ambiental
EMG	Evaluación Medioambiental Global
EMI	Evaluación Medioambiental Inicial
FIDAC	Fondos internacionales de indemnización de daños debidos a la contaminación por hidrocarburos
GCI	Grupo de Contacto Intersesional
GSPG	Grupo Subsidiario sobre Planes de Gestión
GSRCC	Grupo Subsidiario sobre respuesta al Cambio Climático
HSM	Sitio y Monumento Histórico
IAATO	Asociación internacional de operadores turísticos en la Antártida
IBA	Áreas Importantes para la Conservación de las Aves
IGP&I Clubs	Grupo internacional de Clubes de Protección e Indemnización
IP	Documento de Información
IPCC	Grupo Intergubernamental de Expertos sobre Cambio Climático
OACI	Organización de Aviación Civil Internacional
OHI	Organización Hidrográfica Internacional
OMI	Organización Marítima Internacional
OMM	Organización Meteorológica Mundial
OMT	Organización Mundial del Turismo
PCTA	Parte Consultiva del Tratado Antártico
PNUMA	Programa de las Naciones Unidas para el Medio Ambiente
PTRCC	Programa de trabajo de respuesta para el cambio climático
RBCA	Región Biogeográfica de Conservación Antártica
RCC	Centros de Coordinación de Rescates
RCTA	Reunión Consultiva del Tratado Antártico
RETA	Reunión de Expertos del Tratado Antártico
SAR	Búsqueda y Salvamento
SCAR	Comité Científico de Investigación Antártica
SC- CAMLR	Comité Científico de la CCRVMA
SEII	Sistema electrónico de intercambio de información
SOLAS (o SEVIMAR)	Convenio Internacional para la Seguridad de la Vida Humana en el Mar
SOOS	Sistema de Observación del Océano Austral

SP	Documento de la Secretaría
STA	Sistema del Tratado Antártico o Secretaría del Tratado Antártico
TdR	Término de Referencia
UAV/RPAS	Vehículos Aéreos no Tripulados / Sistemas de Aeronaves Dirigidas por Control Remoto
UICN	Unión Internacional para la Conservación de la Naturaleza
VSSOS	Estadías nocturnas breves con apoyo de embarcaciones
WP	Documento de Trabajo
ZAEA	Zona Antártica Especialmente Administrada
ZAEP	Zona Antártica Especialmente Protegida

PARTE I

Informe Final

1.   Informe Final de la XLIV RCTA

Informe Final de la Cuadragésima Cuarta Reunión Consultiva del Tratado Antártico

Berlín, Alemania, 24 de mayo – 2 de junio de 2022

(1)   Conforme al artículo IX del Tratado Antártico, los representantes de las Partes Consultivas (Alemania, Argentina, Australia, Bélgica, Brasil, Bulgaria, Chile, China, Ecuador, España, Estados Unidos de América, la Federación de Rusia, Finlandia, Francia, India, Italia, Japón, Noruega, Nueva Zelandia, los Países Bajos, Perú, Polonia, Sudáfrica, Suecia, Ucrania, el Reino Unido de Gran Bretaña e Irlanda del Norte, la República de Corea, la República Checa, y Uruguay) se reunieron entre el 24 de mayo y el 2 de junio de 2022 con el propósito de intercambiar información, realizar consultas, y formular, considerar y recomendar a sus Gobiernos medidas para promover los principios y objetivos del Tratado. La reunión se celebró en formato híbrido, es decir, fue posible participar tanto presencialmente desde Berlín como de forma virtual.

(2)   En la reunión también estuvieron presentes las delegaciones de las siguientes Partes Contratantes del Tratado Antártico ques no son Partes Consultivas: Belarús, Canadá, Colombia, Malasia, Mónaco, Portugal, Rumania, Suiza, Türkiye y Venezuela.

(3)   Asimismo, de conformidad con las reglas 2 y 31 de las Reglas de Procedimiento de la RCTA, asistieron a la reunión los observadores de la Comisión para la Conservación de los Recursos Vivos Marinos Antárticos (CCRVMA), el Comité Científico de Investigación Antártica (SCAR) y el Consejo de Administradores de los Programas Nacionales Antárticos (COMNAP).

(4)   De conformidad con las reglas 39 y 42 de las Reglas de Procedimiento, también estuvieron presentes en la reunión expertos pertenecientes a las siguientes organizaciones internacionales y organizaciones no gubernamentales: la Organización Hidrográfica Internacional (OHI), la Unión Internacional para la Conservación de la Naturaleza (UICN), la Organización Meteorológica Mundial (OMM), la Coalición Antártica y del Océano Austral (ASOC) y la Asociación Internacional de Operadores Turísticos en la Antártida (IAATO).

(5)   Alemania, como país anfitrión de la XLIV RCTA, cumplió con los requisitos de información respecto de las Partes Contratantes, observadores y expertos mediante notas, cartas y un sitio web exclusivo de la Secretaría.

Tema 1: Apertura de la reunión

(6)   Se dio inicio oficial a la reunión el 24 de mayo de 2022. En nombre del Gobierno anfitrión, y en virtud de las reglas 5 y 6 de las Reglas de Procedimiento, el jefe de la Secretaría del Gobierno anfitrión, el Dr. Manfred Reinke, dio por iniciada la reunión y propuso la candidatura de la Sra. Tania von Uslar-Gleichen como presidenta de la XLIV RCTA. La propuesta fue aceptada y la Sra. von Uslar-Gleichen fue elegida presidenta de la XLIV RCTA de acuerdo con la regla 6.

(7)   La presidenta dio una cordial bienvenida a Berlín a todas las Partes, los observadores y expertos y les agradeció su confianza en su nombramiento como presidenta de la Reunión. Asimismo, expresó su deseo de que las Partes interactuaran de manera productiva y actuaran siempre en beneficio de la Antártida y del Tratado.

(8)   La presidenta también señaló que la XLIV RCTA se celebraría en formato híbrido, de conformidad con las Reglas de Procedimiento y las *Directrices* ad hoc *para la XLIV RCTA - XXIV Reunión del CPA, celebradas de forma híbrida*, que habían sido acordadas y adoptadas para la XLIV RCTA por todas las Partes Consultivas y que complementaban las Reglas de Procedimiento, aunque sin intención de sustituirlas ni tener prioridad sobre ellas (véase el apéndice 1).

(9)   Los delegados guardaron un minuto de silencio en honor a los amigos, compañeros y miembros de servicio que se hallaban activos en la comunidad antártica y fallecieron el año pasado. La presidenta hizo una mención especial al fallecimiento del Dr. Yves Frenot, exdirector del Instituto Polar Francés y expresidente del CPA (2010-14).

(10)   La Sra. Jennifer Lee Morgan, secretaria de estado y enviada especial para la Acción Climática Internacional del Ministerio Federal alemán de Relaciones Exteriores, dio la bienvenida a Berlín a los delegados, destacando que se trataba de la primera RCTA que se celebraba de forma física tras dos años de pandemia. Manifestó que la Antártida y su papel vital en los esfuerzos de la humanidad por vivir en armonía con la Tierra, así como el estatus de protección que le otorga el Protocolo sobre Protección del Medio Ambiente, era lo que cohesionaba a las Partes, y recordó la celebración del trigésimo aniversario de dicho Protocolo el año anterior en Madrid. Agradeció a los científicos que llevaban décadas trabajando unidos para proteger la Antártida y pidió a las Partes que no olvidaran la importancia de su cometido a la hora de debatir y acordar medidas para la gestión y la protección del continente. Subrayó que los cambios en el clima antártico tendrían consecuencias para la situación climática global e hizo hincapié en que se preveía que la pérdida de masa de la capa de hielo de la Antártida contribuiría significativamente al aumento del nivel del mar en todo el mundo. Sin dejar de animar a las Partes a conseguir progresos en esta labor fundamental que realizan, la Sra. Lee Morgan reconoció que no resultaba fácil acudir a esta cita en Berlín cuando una de las Partes Consultivas estaba librando una guerra contra otra. Declaró que la Federación de Rusia había atacado sin justificación, provocación ni respaldo legal a Ucrania, infringiendo la Carta de las Naciones Unidas y otros principios fundamentales del derecho internacional. Urgió a la Federación de Rusia a poner fin a la guerra que había iniciado y a detener sus agresiones militares y señaló la incompatibilidad de esta infracción del derecho internacional con el espíritu del Tratado Antártico, ampliamente considerado como un ejemplo prominente de un multilateralismo eficaz. Además, pidió a las Partes que fueran conscientes de su responsabilidad en la protección de este ecosistema único y vulnerable y que no bloquearan decisiones importantes por motivos ajenos a los intereses de la propia Antártida. La Sra. Lee Morgan recalcó la clara urgencia de cuidar del continente blanco e hizo alusión a las preocupantes señales que había ido enviando la Antártida en los últimos tiempos. Resaltó la importancia que reviste, de cara a la supervivencia de la humanidad, comprender y llevar a cabo un seguimiento del clima antártico. Partiendo de la base de los resultados científicos, es posible tomar las decisiones de protección adecuadas. Además, afirmó que establecer una red de zonas protegidas era fundamental para proteger y mantener la biodiversidad en la Antártida, así como para contrarrestar los efectos del cambio climático. Ya que las Partes iban a debatir propuestas en este sentido, mencionó, además, que, aunque en un contexto diferente, también debería continuarse con el trabajo en nuevas áreas marinas protegidas. Contando con la probable expansión del turismo antártico tras la pandemia, animó asimismo a las Partes a ser prudentes y adoptar un enfoque estratégico para gestionar de forma sostenible el turismo en la Antártida y garantizar que estas actividades cumplen los estrictos requisitos de protección ambiental. Por último, la Sra. Lee Morgan indicó el carácter esencial de mantener la integridad del Sistema del Tratado Antártico para conservar la desmilitarización del continente y que prevaleciera la colaboración internacional pacífica. Afirmó que Alemania estaba dispuesta a aceptar esta responsabilidad, tanto al albergar la RCTA en estos tiempos difíciles como al comprometerse, junto con el resto

de las Partes, a trabajar para garantizar que la Antártida siguiera siendo un lugar bello y esencial.

(11) La Dra. Bettina Hoffmann, secretaria de Estado Parlamentaria del Ministerio Federal alemán de Medio Ambiente, Conservación de la Naturaleza, Seguridad Nuclear y Protección del Consumidor, dio la bienvenida a las Partes y puso de relieve el carácter híbrido de esta reunión, que permitía a los participantes virtuales contribuir desde diversas zonas horarias. Recordó que la Antártida siempre había sido un continente que encarnaba la idea de un uso pacífico, incluso en aquellos momentos en que las naciones estaban inmersas en graves conflictos. Durante la Guerra Fría, el Tratado Antártico sirvió como plataforma para que los distintos bandos confluyeran y colaboraran en pos de un objetivo común. La Dra. Hoffmann señaló que el Tratado se enfrentaba a nuevos retos políticos y condenó categóricamente la guerra de agresión desencadenada por la Federación de Rusia contra Ucrania, la cual infringía el derecho internacional. Añadió que la agresión de una Parte contra otra no debería poner en peligro el trabajo de la RCTA por la paz, la investigación y la protección ambiental. Las crisis globales del cambio climático, la pérdida de biodiversidad y la contaminación no esperarían hasta el final de la guerra. La Dra. Hoffmann recordó el trigésimo aniversario del Protocolo sobre Protección del Medio Ambiente y subrayó la necesidad de proteger y preservar aquello por lo que las Partes llevaban trabajando durante los últimos 30 años. Puso de relieve que las Partes deberían seguir rigiéndose por los principios del Tratado, especialmente por el principio precautorio. A este respecto, señaló las tres cuestiones prioritarias que requerían acción desde la RCTA. En primer lugar, destacó el impacto de la crisis climática global en la Antártida y, en particular, en el pingüino emperador, y animó a las Partes a adoptar medidas inmediatas para reforzar su estado de conservación. En segundo lugar, hizo hincapié en el papel fundamental de la protección de zonas para prevenir la pérdida de biodiversidad e instó a las Partes a seguir desarrollando planes de gestión que protegieran la flora y fauna únicas de la Antártida. En este punto, quiso hacer mención también del trabajo en las áreas marinas protegidas que se había desarrollado durante la presidencia alemana del G7. En tercer lugar, la Dra. Hoffmann recalcó que la crisis de contaminación global también estaba afectando a la Antártida, que se enfrentaba a la seria amenaza de los microplásticos. Recordó el mandato surgido de la Asamblea de las Naciones Unidas para el Medio Ambiente de iniciar negociaciones destinadas a completar un proyecto de acuerdo legalmente vinculante sobre los plásticos para finales de 2024. También hizo un llamamiento a las Partes para que trabajaran en pos de la reducción de los niveles de ruido en las aguas antárticas, algo especialmente importante para las ballenas y otras criaturas silvestres de la Antártida. Para finalizar, destacó la importancia del trabajo conjunto y colaborativo para seguir fortaleciendo la protección preventiva y la preservación de la Antártida y para servir de ejemplo de coexistencia pacífica y de multilateralismo.

(12) La Federación de Rusia reclamó su derecho de réplica e hizo una exposición completa de su posición, que queda registrada en el párrafo 38.

Tema 2: Elección de autoridades y creación de grupos de trabajo

(13) La Sra. Jenny Haukka, jefa de la delegación de Finlandia, país que albergará la XLV RCTA, fue elegida como vicepresidenta. De acuerdo con la regla 7 de las Reglas de Procedimiento, el Sr. Albert Lluberas Bonaba, secretario ejecutivo de la Secretaría del Tratado Antártico, actuó como secretario de la reunión. El Dr. Manfred Reinke, jefe de la Secretaría del país anfitrión, actuó como subsecretario.

(14) La Reunión tomó nota de que la dirección de la reunión del Comité para la Protección del Medio Ambiente recaía en su presidenta, la Sra. Birgit Njåstad de Noruega.

(15)   Se establecieron dos grupos de trabajo:

- Grupo de Trabajo 1: Políticas, asuntos legales e institucionales.
- Grupo de Trabajo 2: Operaciones, ciencia y turismo.

(16)   Se eligieron los siguientes presidentes para los grupos de trabajo:

- Grupo de Trabajo 1: El Sr. Theodore Kill, de Estados Unidos.
- Grupo de Trabajo 2: La Sra. Sonia Ramos García, de España, y el Dr. Phillip Tracey, de Australia.

Tema 3: Adopción del programa y asignación de temas

(17)   Se adoptó el siguiente programa:

1. Apertura de la reunión
2. Elección de autoridades y creación de grupos de trabajo
3. Adopción del programa y asignación de temas del programa a los grupos de trabajo y consideración del Plan de Trabajo Estratégico Plurianual
4. Funcionamiento del Sistema del Tratado Antártico: Informes de las Partes, observadores y expertos
5. Informe del Comité para la Protección del Medio Ambiente
6. Funcionamiento del Sistema del Tratado Antártico
   a. Solicitud de Canadá de convertirse en Parte Consultiva
   b. Asuntos generales
7. Funcionamiento del Sistema del Tratado Antártico: Asuntos relacionados con la Secretaría
8. Responsabilidad
9. Prospección biológica en la Antártida
10. Intercambio de información
11. Asuntos educacionales
12. Plan de Trabajo Estratégico Plurianual
13. Seguridad y operaciones en la Antártida
14. Inspecciones realizadas en virtud del Tratado Antártico y del Protocolo sobre Protección del Medio Ambiente
15. Asuntos, futuros desafíos, cooperación y facilitación científicos
16. Consecuencias del cambio climático para la gestión del área del Tratado Antártico
17. Turismo y actividades no gubernamentales en el área del Tratado Antártico, incluidos asuntos relativos a las autoridades competentes
18. Preparación de la XLV RCTA
19. Otros asuntos
20. Adopción del Informe Final
21. Clausura de la reunión

(18)   La Reunión adoptó la siguiente asignación de los temas del programa:

- Sesión plenaria: Temas 1, 2, 3, 4, 5, 6a, 18, 19, 20 y 21.
- Grupo de Trabajo 1: Temas 6b, 7, 8, 9, 10, 11 y 12.
- Grupo de Trabajo 2: 13, 14, 15, 16 y 17.

(19)   La Reunión también decidió asignar los borradores de los instrumentos que surgieran del

trabajo del Comité para la Protección del Medio Ambiente y de los grupos de trabajo a un grupo de redacción jurídica para la consideración de sus aspectos jurídicos e institucionales.

Tema 4: Funcionamiento del Sistema del Tratado Antártico:
Informes de las Partes, observadores y expertos

(20)   Conforme a la Recomendación XIII-2, la Reunión recibió los informes de los Gobiernos depositarios y secretarías.

(21)   Estados Unidos, en su carácter de Gobierno depositario del Tratado Antártico y su Protocolo sobre Protección del Medio Ambiente, informó acerca del estado del Tratado Antártico y del Protocolo al Tratado Antártico sobre Protección del Medio Ambiente (IP 52). Desde el último informe, no hubo adhesiones al Tratado y se produjo una aprobación del Protocolo. Austria había depositado un instrumento de ratificación del Protocolo el 27 de julio de 2021, por el cual el Protocolo había entrado en vigor para ese país el 26 de agosto de 2021. Estados Unidos señaló que, en esos momentos, eran 54 las Partes del Tratado y 42 las Partes adherentes al Protocolo. Añadió, con respecto a la Medida 1 (2005), que recomendaba que el anexo VI sobre responsabilidad derivada de emergencias medioambientales formase parte del Protocolo sobre Protección del Medio Ambiente, que Chile y Francia aprobaron dicha Medida 1 (2005) el 15 de junio y el 18 de noviembre de 2021, respectivamente. Informó, además, de que Canadá depositó instrumentos de aceptación del anexo V y de la modificación del anexo II del Protocolo sobre Protección del Medio Ambiente el 23 de febrero de 2022.

(22)   Australia, en su carácter de Gobierno depositario de la Convención sobre la Conservación de los Recursos Vivos Marinos Antárticos (CCRVMA), informó que desde la XLIII RCTA no se habían producido nuevas adhesiones a la Convención. Señaló que la Convención contaba con 36 Partes (IP 46).

(23)   El Reino Unido, en su carácter de Gobierno depositario de la Convención para la Conservación de Focas Antárticas (CCFA), informó que desde la XLIII RCTA no se habían recibido solicitudes de adhesión a la Convención, ni tampoco se había recibido ningún instrumento de adhesión (IP 18 rev. 2). El Reino Unido alentó a todas las Partes Contratantes de la CCFA a que presentaran sus informes a tiempo.

(24)   Australia, en su carácter de Gobierno depositario del Acuerdo sobre la Conservación de Albatros y Petreles (ACAP), informó que, desde la XLIII RCTA, no se habían registrado nuevas adhesiones al Acuerdo y de que este contaba con 13 Partes (IP 45). Australia animó a las Partes a incorporarse al ACAP.

(25)   La CCRVMA presentó el IP 14 *Informe a la cuadragésima cuarta Reunión Consultiva del Tratado Antártico por el observador ante la reunión de la CCRVMA*, en el que se informaba de la cuadragésima reunión anual de la CCRVMA, que se celebró de forma virtual del 18 al 29 de octubre de 2021 bajo la presidencia del Dr. Jakob Granit (Suecia). La CCRVMA mencionó que el CC-CRVMA y sus grupos de trabajo habían realizado un considerable trabajo durante 2021 para desarrollar una estrategia actualizada para la gestión del kril. La CCRVMA también señaló que la Comisión había añadido un buque a la lista INDNR de las Partes no Contratantes y otro a la lista INDNR de las Partes Contratantes. Asimismo, comunicó que la mayoría de las tasas de cumplimiento del Informe Resumido de la CCRVMA sobre el Cumplimiento superaban el 92 %. La CCRVMA mencionó el problema de los choques de aves marinas con cables de remolque y cables de control de la red en la pesca del kril, así como incidentes de captura secundaria de focas y ballenas jorobadas. Afirmó que la Comisión aprobaba que se volviera a reunir el Grupo de Trabajo sobre la Mortalidad Incidental Relacionada con la

Pesca (WG-IMAF) para abordar esta cuestión. La CCRVMA también dio cuenta del establecimiento de dos Áreas Marinas Protegidas (AMP) en las Orcadas del Sur y el mar de Ross, así como de tres propuestas adicionales de AMP, que incluían una en la Antártida Oriental, otra en el mar de Weddell y otra en la región de la península antártica. La Comisión debatió, sin poder llegar a un acuerdo, una resolución corregida sobre el cambio climático y decidió volver a considerar la revisión propuesta para la resolución en la cuadragésima primera reunión de la CCRVMA. La CCRVMA informó a la Reunión de que la superficie del glaciar de isla Pine se había reducido en un 22 % desde 2017, por lo que cumplía los criterios para designarlo zona especial para estudio científico. Se designó como de fase 1, en virtud de la Medida de Conservación 24-04, el 12 de junio de 2021. La CCRVMA concluyó su exposición indicando que la cuadragésima primera reunión de la Comisión se celebraría en Hobart, Australia, del 24 de octubre al 4 de noviembre de 2022.

(26) La Reunión agradeció a la CCRVMA su informe y resaltó la importancia de la cuadragésima reunión de la Comisión y de las áreas comunes de trabajo: cambio climático, especies no autóctonas, protección de las especies, gestión del espacio marino y seguimiento. La Reunión señaló que el informe de la CCRVMA iba acompañado de la Declaración con motivo de su cuadragésimo aniversario e hizo hincapié en la relevancia que esta tenía para la RCTA, por ejemplo, la determinación de seguir abordando los efectos y el impacto del cambio climático y la reafirmación del compromiso de la Comisión por desarrollar una red representativa de áreas marinas protegidas.

(27) El SCAR presentó el IP 16 *Informe anual correspondiente a 2022 del Comité Científico de Investigación Antártica para la XLIV Reunión Consultiva del Tratado*, en el que se resumía su trabajo más reciente para promover el conocimiento científico, la comprensión y la educación sobre la Antártida. El SCAR resaltó la labor de sus tres programas de investigación científica: Ciencia integrada que sirva de base informativa para la conservación de la Antártida y el océano austral (Ant-ICON), Inestabilidades y umbrales en la Antártida (INSTANT) y Variabilidad y predicción a corto plazo del sistema climático antártico (AntClimnow). Comunicó que, como parte del Decenio de las Ciencias Oceánicas para el Desarrollo Sostenible de las Naciones Unidas (2021-2030), había coordinado el Grupo de Trabajo del Océano Austral, que se constituyó para desarrollar el Plan de Acción para el Océano Austral puesto en marcha en abril de 2022. El SCAR también había organizado dos eventos en la vigésima sexta Conferencia de las Partes de las Naciones Unidas sobre el Cambio Climático (COP26) en Glasgow en 2021: un evento adicional oficial titulado «Antarctic and Overshoot Scenarios: Risk of Irreversible Sea-Level Rise» y, como parte del Día de los Océanos Polares en el Cryosphere Pavilion, un evento titulado «Antarctic Marine Ecosystems Under Pressures: Protection Needs Action Locally and Globally». El SCAR hizo mención asimismo al IP 5, sobre el que señaló que su programa de becas buscaba fomentar la participación activa de investigadores en el inicio de su carrera académica en la Antártida, así como establecer nuevas conexiones y seguir reforzando la capacidad internacional y la colaboración en la investigación antártica. El SCAR quiso poner de relieve su película, *Peace and Science*, y animó a las Partes a acceder a ella a través de su sitio web. El SCAR informó, además, de su trabajo en foros intergubernamentales y en numerosas iniciativas de desarrollo de capacidades y divulgación, así como en proyectos de colaboración que llevaba a cabo con la IAATO para desarrollar un plan sistemático de conservación para la península antártica, que tenían como objetivo facilitar la gestión simultánea de la biodiversidad, la ciencia y el turismo. Para finalizar, el SCAR comunicó que la 10.ª Conferencia de Ciencia Abierta del SCAR sería un evento virtual que se celebraría en la India del 1 al 10 de agosto de 2022 con el título «La Antártida en un mundo cambiante».

(28) El COMNAP presentó el IP 19 *Informe anual del Consejo de Administradores de los Programas Antárticos Nacionales (COMNAP) para el período 2021/2022*, en el que se

resumían sus actividades del año anterior. Pese a los continuos desafíos planteados por la pandemia de COVID-19, el COMNAP no había cesado en su compromiso de trabajar para facilitar la colaboración de los programas antárticos nacionales, que servían de apoyo a unos 500 proyectos científicos en la Antártida, así como para coordinar y mantener la seguridad de las infraestructuras críticas del continente. Durante su 33.ª Reunión General Anual, celebrada en julio de 2021, el COMNAP dio la bienvenida entre sus integrantes al Instituto de Estudios Polares del Centro de Investigación Marmara del TÜBITAK turco, que se convirtió así en el 31.ᵉʳ miembro del COMNAP. El COMNAP informó que también había renovado sus *Directrices para la gestión y prevención de brotes de COVID-19 para la temporada antártica 2021/2022* con el fin de ayudar a los programas antárticos nacionales en la preparación de sus propios protocolos. Otros puntos señalados del año fueron, por ejemplo, la amplia participación de la comunidad antártica en el taller de aviación del COMNAP y las mejoras en los productos para operaciones aéreas del COMNAP, como el *Manual de información sobre vuelos antárticos* y el *Manual para operadores de Sistemas de Aeronaves Dirigidas por Control Remoto* (RPAS) del COMNAP. El COMNAP también comentó que esperaba contar con la participación y la colaboración entre sus integrantes durante el próximo taller sobre búsqueda y salvamento en 2023.

(29) La Reunión agradeció al COMNAP su informe y, en particular, su labor competente y resuelta a la hora de coordinar la respuesta internacional de las estaciones antárticas, los investigadores y el personal a la actual pandemia por COVID-19. Las Partes tomaron nota de la eficacia general de las medidas sanitarias impuestas por los programas antárticos nacionales bajo la orientación y el liderazgo del COMNAP y manifestaron un especial agradecimiento a su secretaria ejecutiva, Michelle Rogan-Finnemore, por sus esfuerzos durante la temporada.

(30) En relación con el artículo III-2 del Tratado Antártico, la Reunión recibió informes de otras organizaciones internacionales.

(31) La OMM presentó el IP 21 rev.1 *Informe anual de la OMM*, en el que se informaba de diversas actividades de la OMM con relevancia para el Sistema del Tratado Antártico, como pueden ser, por ejemplo, las actividades del Programa Mundial de Investigaciones Climáticas, el Programa Mundial de Investigación Meteorológica, la Vigilancia de la Criósfera Global y la red de centros climáticos regionales antárticos. La OMM hizo hincapié en su continuo trabajo para coordinar las actividades de investigación y modelado sobre el balance de masa de la capa de hielo y el nivel del mar, las plataformas de hielo y los glaciares alpinos, el hielo marino y el gelisuelo, con frecuencia en colaboración con el SCAR. Otras actividades de modelado también revestían relevancia para la RCTA al aportar escenarios científicos y climáticos que se empleaban en los informes de evaluación global del IPCC. El informe también destacó el Año de la Predicción Polar en curso, cuya cumbre final tendrá lugar en agosto de 2022, así como las oportunidades de investigación de la OMM para investigadores en el inicio de su carrera. La OMM remitió a las Partes a los IP 71 y 74 para ampliar esta información. La OMM agradeció a todas las Partes su colaboración y apoyo y reiteró su continuo compromiso para mantener la investigación científica y meteorológica, las publicaciones y otras colaboraciones de largo plazo con la RCTA.

(32) La Reunión dio las gracias a la OMM por su documento y tomó nota de la amplia y diversa participación de sus integrantes en la vital investigación sobre el cambio climático, las predicciones meteorológicas y la investigación sobre la criósfera.

(33) La ASOC presentó el IP 88 *Informe de la ASOC para la RCTA* e informó sobre las actividades que había desarrollado el año anterior para promover la conservación de la Antártida. La ASOC señaló que, tanto ella como sus miembros, habían participado en reuniones de la CCRVMA y de la OMI, así como en la Conferencia de las Partes de las

Naciones Unidas, donde WWF, miembro de la ASOC, organizó un acto sobre el carbono azul y el kril antártico. La ASOC también mencionó su apoyo a la investigación científica pertinente para la formulación de políticas, por ejemplo mediante la financiación de la investigación de indicadores de biodiversidad para el océano austral. Además, Greenpeace, miembro de la ASOC, realizó una expedición al mar de Weddell que incluía varias inmersiones científicas submarinas. The Pew Charitable Trusts, otro miembro de la ASOC, organizó un taller sobre el clima en el que se reunieron expertos internacionales para debatir sobre el impacto global de los cambios que experimenta el océano austral, así como sobre las respuestas políticas necesarias para hacer frente a estos riesgos climáticos. La ASOC subrayó la necesidad de iniciar una nueva era en el ámbito de la protección y conservación de la Antártida, que debía incluir el diseño de nuevas zonas protegidas, la asignación de la condición de especie especialmente protegida al pingüino emperador y la adopción de medidas en respuesta al cambio climático. Por ello, la ASOC instó a las Partes, así como al resto de organismos y actores antárticos, a entablar conversaciones a escala internacional para incrementar los resultados en materia de conservación del Sistema del Tratado Antártico.

(34)   La IAATO presentó el documento IP 41, *Informe anual de la Asociación Internacional de Operadores Turísticos en la Antártida*. En su informe, la IAATO indicó que entre sus miembros contaba en esos momentos con 106 operadores y asociados, que representaban a empresas con sede en 21 países Parte del Tratado Antártico, y que los operadores de la IAATO transportaban anualmente a ciudadanos de prácticamente todas las Partes del Tratado, además de otros 44 países que no eran Parte. La IAATO declaró que la temporada antártica 2021-22 había transcurrido sin contratiempos y que no había ningún incidente que reportar. Durante las temporadas 2020-21 y 2021-22 se produjo un descenso de las operaciones debido a las dificultades derivadas de la pandemia global. No obstante, la IAATO previó que en la temporada 2022-23 se restablecería el crecimiento ya observado en años anteriores. La IAATO había invertido a lo largo de su historia en diversas herramientas para gestionar los desafíos que podían plantearse en épocas de crecimiento. Durante la reunión anual se acordó una serie de medidas adicionales para mejorar la respuesta de la IAATO, como la ampliación del requisito de evaluación en línea de la IAATO a capitanes y a ciertos oficiales. La IAATO manifestó que las herramientas y medidas que había puesto en marcha seguirían adaptándose ante el crecimiento continuo.

(35)   Ucrania presentó el IP 85 rev.1 *Implementación del Programa Antártico Nacional de Ucrania en las condiciones de guerra híbrida y agresión militar abierta de la Federación de Rusia: Desafíos y lecciones aprendidas*. En este documento se describían los principales desafíos a los que se enfrentaba el programa antártico nacional de Ucrania en el contexto de una guerra híbrida y de la intervención militar por parte de la Federación de Rusia. Ucrania informó a la Reunión de que las acciones hostiles emprendidas por la Federación de Rusia habían ejercido un impacto negativo significativo en el trabajo y los progresos de su programa antártico. Comunicó que el *Noosfera* había partido en su primer viaje a la Antártida bajo bandera ucraniana desde el puerto de Odesa el 28 de enero de 2022, pero que desde el mes de febrero Odesa llevaba sufriendo continuos ataques con misiles y artillería que impedían el regreso a Ucrania del buque y de todos los investigadores ucranianos de la Antártida. Ucrania también señaló que, tras la caída de la Unión Soviética en 1991, la Federación de Rusia dejó todas las estaciones antárticas soviéticas bajo su jurisdicción, a pesar de que el 16.37 % de los activos de la Unión Soviética deberían haberse trasladado a Ucrania. Añadió que las acciones militares de Rusia habían provocado recortes presupuestarios en todas las áreas de la economía, incluido el presupuesto del programa antártico nacional ucraniano. Ucrania manifestó su agradecimiento a todas las Partes cuyos Gobiernos y programas antárticos habían ofrecido su ayuda. Ucrania instó a las Partes a iniciar conversaciones sobre la respuesta adecuada de la comunidad antártica a las acciones hostiles tomadas por una Parte

Consultiva hacia otra. También urgió a la Reunión a privar a la Federación de Rusia de su derecho de voto en futuras RCTA, a rechazar cualquier iniciativa presentada por la Federación de Rusia, a finalizar los proyectos conjuntos en curso con la Federación de Rusia y a negarse a adquirir o prestar servicios a la Federación de Rusia o a otros actores vinculados indirectamente a ella.

(36) La mayoría de las Partes expresaron su solidaridad con Ucrania y el pueblo ucraniano y condenaron la guerra de agresión ilegal, injustificada y no provocada de la Federación de Rusia contra Ucrania, recalcando que violaba el derecho internacional y la Carta de las Naciones Unidas, además de socavar la seguridad y la estabilidad internacionales. Muchas de las Partes también condenaron la participación de Belarús en este uso ilícito de la fuerza contra Ucrania. La mayoría de las Partes agradecieron a Ucrania el tiempo y esfuerzo dedicados a presentar este documento y afirmaron que había sensibilizado a la comunidad internacional sobre la grave situación de los científicos ucranianos que trabajaban en la Antártida. Recordando la colaboración previa con Ucrania, la mayoría de las Partes ofrecieron apoyo para su programa antártico nacional y para sus esfuerzos por contribuir plenamente al Sistema del Tratado Antártico. La mayoría de las Partes señalaron las repercusiones negativas adicionales de la invasión de Ucrania por parte de la Federación de Rusia en lo que respecta a la seguridad global y de la energía y a la colaboración multilateral en general. Estas Partes hicieron un llamamiento para el cese inmediato de todas las hostilidades contra Ucrania y urgieron a la Federación de Rusia a retirar sus tropas de Ucrania y a respetar la integridad territorial de ese país.

(37) Varias Partes comunicaron que se habían pronunciado en los foros internacionales pertinentes para condenar a la Federación de Rusia por su invasión del territorio ucraniano y exhortar a que se pusiera fin al uso ilegítimo de la fuerza. Estas Partes reconocieron los desafíos a los que se enfrentaba el programa antártico nacional ucraniano y algunas ofrecieron su apoyo en cuestiones de logística en la Antártida. Estas Partes recalcaron que el Tratado Antártico había superado complicados retos políticos a lo largo de sus 60 años de historia recurriendo a sus principios básicos, como la paz y la cooperación internacional, y que la Reunión debería esforzarse por promover cuestiones urgentes que recayeran dentro del mandato del Sistema del Tratado Antártico.

(38) La Federación de Rusia condenó el IP 85 rev. 1, alegando que muchas de las afirmaciones que se realizaban en él eran falsas. Señaló que ese documento, así como los comentarios efectuados por muchas de las Partes, suponían una amenaza para la tradición de cooperación internacional que subyacía al Sistema del Tratado Antártico. La Federación de Rusia manifestó su indignación por la calificación de sus actividades en Ucrania como no provocadas e injustificadas, también en determinadas partes de los discursos de apertura durante la ceremonia oficial con la que se inauguró la XLIV RCTA. Declaró que su operación militar en las regiones ucranianas de Donetsk y Lugansk era necesaria para proteger a la población rusa de la agresión por parte de Ucrania y que se estaba llevando a cabo de conformidad con el artículo 51 de la Carta de las Naciones Unidas. La Federación de Rusia instó a las Partes a que hicieran caso omiso del documento, se abstuvieran de utilizar una retórica acusatoria y se mantuvieran dentro de los límites del mandato de la RCTA.

(39) La presidenta observó que un número considerable de Partes se levantaron y abandonaron la reunión mientras duró la intervención de la Federación de Rusia.

(40) Pese a reconocer las dificultades a las que se enfrenta el programa antártico nacional de Ucrania, China sugirió que la RCTA no era el foro apropiado para debatir cuestiones de geopolítica. China advirtió de que la RCTA debería centrarse en su trabajo y no ir más allá de su mandato, y recordó a la Reunión que los mecanismos multilaterales como la RCTA no deberían estar politizados. China hizo un llamamiento para lograr una solución pacífica de la crisis en Ucrania.

Tema 5: Informe del Comité para la Protección del Medio Ambiente

(41)   La Sra. Birgit Njåstad, presidenta del Comité para la Protección del Medio Ambiente, presentó el informe de la XXIV Reunión del CPA. El CPA había considerado 44 documentos de trabajo y 63 documentos de información. Además, se habían remitido cuatro documentos de la Secretaría y cuatro documentos de antecedentes de conformidad con los temas del programa del CPA.

(42)   Al reflexionar sobre los resultados y logros de la XXIV Reunión del CPA, la Reunión expresó su reconocimiento al excelente liderazgo mostrado por la presidencia y las vicepresidencias del CPA, así como por la vasta labor que el Comité había llevado a cabo durante su completo programa de trabajo. Con ello, las Partes recalcaron la importancia de las responsabilidades y funciones del Comité en la protección integral del entorno antártico conforme al Protocolo sobre Protección del Medio Ambiente, en el asesoramiento a la RCTA mediante la mejor información científica disponible y en el Sistema del Tratado Antártico en su conjunto. Las Partes hicieron hincapié en que la función del CPA cada vez resultaba más apremiante, ya que la Antártida se enfrentaba a los efectos del cambio climático, la introducción de especies no autóctonas y otros elementos de tensión que quedaban claramente articulados en distintos informes como los presentados por el SCAR, para los cuales la eficacia y la oportunidad de las medidas adoptadas en virtud del Protocolo resultaban críticas.

(43)   Recordando las acciones que uno de los miembros llevó a cabo para socavar el consenso en la XXIII Reunión del CPA, la mayoría de las Partes manifestaron su frustración por que se hubieran vuelto a producir situaciones similares en la XXIV Reunión del CPA. Algunas Partes manifestaron su preocupación por que este miembro en concreto hubiera efectuado propuestas paralelas o contrapropuestas en lugar de participar de forma constructiva en el trabajo entre sesiones, que estaba abierto a todos los miembros y se llevaba desarrollando durante muchos años por numerosos miembros como parte del trabajo prioritario acordado o de la labor de los grupos subsidiarios del CPA. Esto sembraba de obstáculos el camino del trabajo prioritario acordado y conducía a una falta de acuerdo sobre resultados que hubieran sido clave.

(44)   La mayoría de las Partes pidieron a ese miembro que colaborara con el espíritu de consenso para avanzar juntos y trabajar de forma constructiva con el fin de mantener un flujo regular de asesoramiento de calidad a la RCTA, evitar cualquier desviación de los debates científicos y técnicos y garantizar resultados que beneficiaran al entorno antártico de acuerdo con el artículo 12 del Protocolo. Algunas Partes también recordaron la Declaración de París adoptada en la XLIII RCTA, por la que todas las Partes ratificaron su compromiso firme e inquebrantable con los objetivos del Tratado Antártico, su Protocolo sobre Protección del Medio Ambiente y otros instrumentos del Sistema del Tratado Antártico, además de reafirmar el compromiso de recurrir al mejor asesoramiento científico y técnico disponible.

(45)   China manifestó su continuo compromiso con la protección integral del ecosistema antártico y respaldó el marco de toma de decisiones ya establecido por el Sistema del Tratado Antártico. En respuesta a los comentarios de la mayoría de las Partes, China reiteró su disposición a trabajar en pos del consenso, de acuerdo con el Tratado Antártico y el Protocolo sobre Protección del Medio Ambiente, a partir de información científica sólida, y subrayó que las Partes debían atenerse a las reglas que se habían acordado, incluidas las que contenían las reglas de procedimiento del CPA y de la RCTA.

Apertura de la reunión (tema 1 del programa del CPA)

(46)   La presidenta del CPA informó que el CPA había dado la bienvenida a Austria como nuevo miembro tras su adhesión al Protocolo sobre Protección del Medio Ambiente el 26 de agosto de 2021 y había señalado que el CPA ahora estaba compuesto por 42 miembros.

(47) La Reunión dio la bienvenida a Austria como nuevo miembro del Comité y la felicitó por su adhesión al Protocolo sobre Protección del Medio Ambiente.

(48) El Comité había expresado sus sinceras condolencias ante el fallecimiento del Dr. Yves Frenot, quien ejerció de presidente del CPA entre 2010 y 2014, y había mostrado su reconocimiento por su inmensa contribución al Comité.

(49) La Reunión también transmitió sus sinceras condolencias por el fallecimiento del Dr. Frenot y reconoció su inestimable contribución al Comité.

Deliberaciones estratégicas sobre el trabajo futuro del CPA (tema 3 del programa del CPA)

(50) La presidenta del CPA informó que el Comité había debatido una propuesta para revisar las prioridades estratégicas del CPA y el Plan de Trabajo Quinquenal. Enfatizando en que el CPA había funcionado muy bien en el marco del actual plan de trabajo y que había cumplido con sus funciones durante su mandato tal y como se describe en el artículo 12 del Protocolo sobre Protección del Medio Ambiente, el Comité había reconocido que era oportuno revisar las prioridades estratégicas debido a las circunstancias cambiantes y las cuestiones emergentes.

(51) Por lo tanto, el CPA había acordado notificar a la RCTA que reconsideraría sus prioridades, el funcionamiento del Comité y su Plan de Trabajo Quinquenal en la XXV Reunión del CPA. El Comité había señalado que, durante estas consideraciones de las prioridades estratégicas del CPA, se harían esfuerzos para identificar los desafíos existentes y nuevos. El CPA había acordado que esto tendría lugar en la forma de un taller celebrado en colaboración con Finlandia antes de la XXV Reunión del CPA, y que se animaría a miembros y observadores a que, cuando resultara conveniente, facilitaran una amplia participación en los debates entre sesiones para garantizar la diversidad y la inclusión durante el taller. El Comité había señalado, además, que los participantes se guiarían por los principios del Protocolo sobre Protección del Medio Ambiente, basándose en el mejor material científico disponible.

(52) La presidenta del CPA señaló que el Comité había actualizado su Plan de Trabajo Quinquenal a fin de incorporar las acciones derivadas de la XXIV Reunión del CPA.

(53) La Reunión elogió y agradeció el proceso iniciado por el CPA para revisar sus prioridades estratégicas y su Plan de Trabajo Quinquenal, especialmente en vista de las tensiones cambiantes, las medidas urgentes necesarias para afrontar las consecuencias del cambio climático y la respuesta a las peticiones de asesoramiento de la RCTA. La Reunión acogió con satisfacción el taller que se iba a celebrar en Helsinki y quedó a la espera de sus resultados, que también tendrían relevancia para el trabajo de la RCTA.

Funcionamiento del CPA (tema 4 del programa del CPA)

(54) La presidenta del CPA informó que el Comité había debatido la utilidad de proporcionar información sobre sus dos grupos subsidiarios, el Grupo Subsidiario sobre Planes de Gestión (GSPG) y el Grupo Subsidiario sobre respuesta al Cambio Climático (GSRCC), en la página web de la Secretaría. El CPA había mostrado su acuerdo en que las páginas web resultarían útiles para difundir información a miembros actuales y nuevos. El Comité había apoyado el desarrollo de páginas web exclusivas de la Secretaría para cada uno de estos dos grupos subsidiarios, había aprobado el contenido inicial que se publicaría en ellas y había indicado que cualquier futura actualización requeriría la aprobación por consenso del Comité.

Cooperación con otras organizaciones (tema 5 del programa del CPA)

(55) La presidenta del CPA informó que el Comité había recibido los informes anuales del CC-CRVMA, el COMNAP, la IAATO, el SCAR y la OMM y había designado a

representantes del CPA para asistir a las reuniones de otras organizaciones. El Comité había señalado la importancia de los observadores para el trabajo del CPA.

Implicaciones del cambio climático para el medio ambiente: Enfoque estratégico (tema 7 del programa del CPA)

Enfoque estratégico

(56)　La presidenta del CPA señaló que el Comité había considerado la actualización decenal del *Informe sobre el cambio climático y el medio ambiente en la Antártida* (Informe ACCE) y había debatido recomendaciones de políticas e investigación planteadas por el SCAR a partir de él. El Comité había felicitado al SCAR por el hito de su actualización decenal. El Comité había señalado que la actualización subrayaba la urgencia de profundizar en las investigaciones para llenar vacíos científicos e implementar acciones de respuesta. Había destacado el enorme valor del informe ACCE, que se basaba en el mejor material científico disponible, para sustentar las deliberaciones del Comité sobre las respuestas de gestión ante el cambio climático en la Antártida y la pertinencia de los hallazgos para el trabajo del GSRCC y para el PTRCC. Finalmente, el Comité había destacado la importancia de comunicar y difundir los hallazgos de este informe a la comunidad mundial en general.

(57)　La Reunión agradeció al CPA su trabajo y su asesoramiento. Las Partes también agradecieron el trabajo continuo del SCAR para surtir de información al CPA y a la RCTA sobre el cambio climático en la Antártida con el mejor material científico disponible y señalaron que el cambio climático se había convertido en una de las mayores amenazas para el continente. Basándose en los resultados del informe ACCE, las Partes subrayaron la necesidad de actuar sin demora en respuesta al cambio climático.

(58)　El SCAR reiteró que apoyaba la toma de medidas enérgicas en relación con el cambio climático y agradecía a las Partes que hubieran reconocido lo imperativo de esta cuestión.

Implementación y examen del Programa de Trabajo de Respuesta al Cambio Climático

(59)　La presidenta del CPA mencionó que, en relación con este tema del programa, el Comité había considerado un informe del Grupo Subsidiario sobre Respuesta al Cambio Climático (GSRCC) sobre la comunicación, implementación y revisión del Programa de Trabajo de Respuesta al Cambio Climático (PTRCC), así como otros documentos relevantes para este asunto. El Comité había expresado su apoyo al trabajo realizado por los miembros del GSRCC durante el período entre sesiones 2021-22 y había señalado la necesidad de seguir implementando el PTRCC sobre la base del conocimiento sobre el cambio climático y los retos que presentaba. El Comité también había acordado informar a la RCTA sobre el progreso a la hora de implementar las acciones del PTRCC.

(60)　La presidenta del CPA indicó que el Comité no había llegado a un consenso sobre las actualizaciones del PTRCC propuestas por el GSRCC, y que, por consiguiente, el GSRCC continuaría trabajando en el siguiente período entre sesiones para implementar el PTRCC existente (2016), de acuerdo con sus términos de referencia en vigor.

(61)　La Reunión dio las gracias al CPA y recalcó la importancia de comprender las implicaciones del cambio climático en la Antártida y la necesidad de actuar sobre la base del mejor material científico disponible. La Reunión agradeció el enfoque estratégico del CPA y su determinación de llevar a cabo el PTRCC. Subrayó asimismo el valor de los informes de progreso anuales del CPA a la RCTA.

(62)　La Reunión instó a las Partes a apoyar la continuidad de este trabajo como una prioridad y alentó a todas las Partes a participar activamente en el trabajo del GSRCC. Las Partes pusieron de relieve que los contactos entre sesiones deberían ser pragmáticos y fomentar el entendimiento entre los participantes, especialmente cuando había disparidad de opiniones, con el fin de facilitar que los miembros llegaran a un consenso.

(63) La mayoría de las Partes se mostraron decepcionadas porque no se hubiera logrado consenso sobre una versión actualizada del PTRCC. Estas Partes manifestaron su insatisfacción por el hecho de que uno de los miembros hubiera presentado por su cuenta un documento con opiniones que diferían del GSRCC, en lugar de participar de forma constructiva en el trabajo que este desarrollaba, y que no hubiera intentado recabar apoyos para sus propuestas, bloqueando así el proceso de alcanzar un consenso en esta cuestión. La mayoría de las Partes apoyaron mantener actualizado el PTRCC y recalcaron que este no establecía requisitos legalmente vinculantes. Estas Partes hicieron un llamamiento a todos los miembros del CPA para que entablaran conversaciones entre sesiones y trabajaran para buscar un consenso, conforme a lo que obligaba a todas las Partes el Tratado Antártico.

(64) En respuesta a estos comentarios, China declaró que había participado de forma constructiva en los debates entre sesiones, en los que había sugerido que el CPA se centrase en la aplicación del PTRCC en vigor en lugar de en su actualización. China señaló que el Comité debería centrarse en la investigación y el seguimiento para reducir las lagunas en el conocimiento del PTRCC. Dado que prácticamente todas las lagunas y necesidades y todas las acciones y tareas que debían atenderse según la versión actual del PTRCC seguían pendientes, China no veía la necesidad de actualizarlo en esos momentos. China recalcó la importancia de reconocer las diferentes opiniones entre los miembros del CPA y apuntó que era necesario mejorar la forma de actualizar de manera efectiva y eficaz el PTRCC.

(65) La presidenta del CPA señaló que el Comité también había acordado informar a la RCTA de que estaba pasando a una fase más centrada en la implementación del PTRCC y que había cumplido o iniciado el trabajo en casi todas las 34 acciones identificadas dentro del PTRCC, aportando ejemplos a este respecto.

(66) La presidenta del CPA indicó además que el Comité también había acordado informar a la RCTA de que quedaba mucho por hacer para implementar completamente todas las acciones del PTRCC. En este sentido, el Comité había señalado algunas acciones prioritarias donde podría ser útil centrar esfuerzos.

(67) La presidenta del CPA informó que el Comité había comentado que se había iniciado el trabajo para algunas de estas acciones prioritarias, o que estaba previsto para el período entre sesiones 2022-23.

(68) La Reunión elogió al CPA por haber concluido o comenzado a trabajar en casi todas las 34 acciones identificadas en el PTRCC. En particular, reconoció el trabajo realizado por el Dr. Kevin Hughes (Reino Unido) al convocar y liderar la labor del GSRCC. Las Partes señalaron que en el período entre sesiones se habían logrado grandes avances para actualizar el PTRCC y que numerosos miembros del CPA habían participado de forma constructiva en los debates.

(69) La presidenta del CPA informó que, en relación con este tema del programa, el Comité también había considerado la revisión del progreso en la implementación de las recomendaciones nombradas en el Taller Conjunto del CPA/CC-CRVMA sobre cambio climático y vigilancia (2016). Subrayando la importancia de la colaboración y la comunicación entre el CPA y el CC-CRVMA, el Comité había acordado iniciar un proceso durante el siguiente período entre sesiones para desarrollar un taller conjunto del CPA/CC-CRVMA, que se llevaría a cabo a más tardar en 2024.

(70) La Reunión acogió con agrado los planes para un nuevo taller conjunto del CPA/CC-CRVMA y subrayó la importancia de la colaboración entre el CPA y el CC-CRVMA para abordar los desafíos del cambio climático en la región antártica.

(71)   La presidenta del CPA comentó que, en relación con este tema del programa, el Comité también había iniciado debates sobre los riesgos que suponen los efectos del cambio climático sobre los valores del patrimonio histórico antártico y sobre la propuesta de un plan de trabajo bianual para avanzar en el desarrollo de una herramienta de evaluación del riesgo del cambio climático sobre el patrimonio de la Antártida. El Comité había expresado su pleno apoyo al trabajo propuesto.

(72)   La Reunión trasladó a la presidenta del CPA su decisión de celebrar al año siguiente una sesión conjunta con el CPA, además de con el SCAR y el COMNAP, para considerar la aplicación de las recomendaciones del *Informe sobre el cambio climático y el medio ambiente en la Antártida* (Informe ACCE) del SCAR, y solicitó al CPA que aportara a la sesión información acerca de las recomendaciones que entraban en el ámbito de sus funciones. La presidenta del CPA manifestó la disposición y la voluntad del CPA para participar.

Proyectos de Evaluación Medioambiental Global

(73)   La presidenta del CPA informó que no se habían presentado proyectos de Evaluación Medioambiental Global al Comité para su consideración durante esta reunión.

Otros temas relacionados con las Evaluaciones del Impacto Ambiental

(74)   La presidenta del CPA informó que, en relación con este tema del programa, el Comité había considerado un documento acerca de la eficacia de las EIA en la Antártida que resumía las conclusiones de una revisión independiente sobre esta cuestión. El Comité había subrayado la importancia del proceso de EIA para la protección del entorno antártico y había participado en un debate general sobre los temas resaltados en el informe. El Comité informó a la RCTA de que había acordado seguir avanzando en esta cuestión mediante debates informales durante el período entre sesiones y había pactado un plan de trabajo a tal efecto, pero que también había acordado que las oportunidades de mejorar el sistema de EIA en la Antártida debían tratarse con cautela para que no ocasionaran nuevos desafíos.

(75)   La Reunión agradeció al Reino Unido su labor de liderazgo en relación con las oportunidades de mejora de las EIA en la Antártida, por ejemplo, modernizando el proceso de EIA con arreglo a las mejores prácticas en ese momento. Animó a todas las Partes a incorporar a su legislación nacional los requisitos sobre EIA para la Antártida. La Reunión acordó que el proceso de EIA constituía un pilar fundamental del Protocolo sobre Protección del Medio Ambiente. Algunas de las Partes también subrayaron el valor de mantener actualizados los anexos como principio general. La Reunión agradeció asimismo al CPA su asesoramiento y quedó a la espera de los resultados de los futuros debates que se mantendrán entre sesiones.

(76)   La presidenta del CPA informó que, en relación con este tema del programa, el Comité también había considerado los resultados preliminares de un proyecto para cartografiar la sensibilidad litoral y para desarrollar un mapa de sensibilidad a vertidos de hidrocarburos para la región litoral de la península antártica. El Comité se había mostrado de acuerdo con la utilidad del mapa preliminar de sensibilidad para asistir en los planes de contingencia y respuesta frente a vertidos de hidrocarburos, y había animado a los miembros y observadores a aportar sugerencias para aumentar la precisión y utilidad del mapa con el fin de mejorar la gestión de posibles vertidos de hidrocarburos en la región de la península antártica. La presidenta del CPA también señaló que el Comité había considerado que el mapa preliminar de sensibilidad sería una herramienta útil para el proceso de EIA.

Protección y gestión de zonas (tema 9 del programa del CPA)

<u>Planes de gestión</u>

(77) La presidenta del CPA informó que el Comité había tenido en cuenta documentos en los que se presentaron diecisiete planes de gestión revisados para Zonas Antárticas Especialmente Protegidas (ZAEP) y un plan de gestión revisado para una Zona Antártica Especialmente Administrada (ZAEA).

(78) Siguiendo la recomendación del CPA, la Reunión adoptó las siguientes Medidas sobre las Zonas Protegidas:

- Medida 1 (2022) *Zona Antártica Especialmente Administrada (ZAEA) n.º 7 (sudoeste de la isla Anvers y cuenca Palmer): Plan de Gestión revisado.*

- Medida 2 (2022) *Zona Antártica Especialmente Protegida (ZAEP) n.º 109 (isla Moe, islas Orcadas del Sur): Plan de Gestión revisado.*

- Medida 3 (2022) *Zona Antártica Especialmente Protegida (ZAEP) n.º 110 (isla Lynch, islas Orcadas del Sur): Plan de Gestión revisado.*

- Medida 4 (2022) *Zona Antártica Especialmente Protegida (ZAEP) n.º 111 (isla Powell del Sur e islas adyacentes, islas Orcadas del Sur): Plan de Gestión revisado.*

- Medida 5 (2022) *Zona Antártica Especialmente Protegida (ZAEP) n.º 113 (isla Litchfield, puerto Arthur, isla Anvers, archipiélago de Palmer): Plan de Gestión revisado.*

- Medida 6 (2022) *Zona Antártica Especialmente Protegida (ZAEP) n.º 115 (isla Lagotellerie, bahía Margarita, Tierra de Graham): Plan de Gestión revisado.*

- Medida 7 (2022) *Zona Antártica Especialmente Protegida (ZAEP) n.º 119 (valle Davis y laguna Forlidas, macizo Dufek, montañas Pensacola): Plan de Gestión revisado.*

- Medida 8 (2022) *Zona Antártica Especialmente Protegida (ZAEP) n.º 122 (alturas de Arrival, península Punta Hut, isla Ross): Plan de Gestión revisado.*

- Medida 9 (2022) *Zona Antártica Especialmente Protegida (ZAEP) n.º 124 (cabo Crozier, isla Ross): Plan de Gestión revisado.*

- Medida 10 (2022) *Zona Antártica Especialmente Protegida (ZAEP) n.º 126 (península Byers, isla Livingston, islas Shetland del Sur): Plan de Gestión revisado.*

- Medida 11 (2022) *Zona Antártica Especialmente Protegida (ZAEP) n.º 127 (isla Haswell): Plan de Gestión revisado.*

- Medida 12 (2022) *Zona Antártica Especialmente Protegida (ZAEP) n.º 129 (punta Rothera, isla Adelaida): Plan de Gestión revisado.*

- Medida 13 (2022) *Zona Antártica Especialmente Protegida (ZAEP) n.º 133 (punta Armonía, isla Nelson, islas Shetland del Sur): Plan de Gestión revisado.*

- Medida 14 (2022) *Zona Antártica Especialmente Protegida (ZAEP) n.º 139 (punta Biscoe, isla Anvers, archipiélago de Palmer): Plan de Gestión revisado.*

- Medida 15 (2022) *Zona Antártica Especialmente Protegida (ZAEP) n.º 140 (partes de la isla Decepción, islas Shetland del Sur): Plan de Gestión revisado.*

- Medida 16 (2022) *Zona Antártica Especialmente Protegida (ZAEP) n.º 149 (cabo Shirreff e isla San Telmo, isla Livingston, islas Shetland del Sur): Plan de Gestión revisado.*

- Medida 17 (2022) *Zona Antártica Especialmente Protegida (ZAEP) n.º 164 (monolitos Scullin y Murray, Tierra de Mac Robertson): Plan de Gestión revisado.*

(79) El Comité había acordado remitir al GSPG el proyecto de plan de gestión revisado para la propuesta de fusión de la ZAEP 152 y la ZAEP 153 para su revisión.

(80) El Comité no había podido aprobar los planes de gestión revisados para la ZAEP 145 debido a las distintas visiones sobre los requisitos de la Decisión 9 (2005). El Comité había invitado al observador del CPA al CC-CRVMA para llamar la atención del CC-CRVMA sobre el asunto debatido con respecto a los criterios de acción de la Decisión 9 (2005).

(81) El Comité también había considerado un proyecto de plan de gestión para una nueva zona protegida en la región occidental de las montañas Sør Rondane, Tierra de la Reina Maud, Antártida Oriental, y había reiterado que reconocía que los valores excepcionales del sitio merecían protección, por lo que había remitido al GSPG el proyecto de plan de gestión para esta zona para su revisión.

(82) Dentro de este tema del programa, el Comité también había considerado la evaluación previa de tres nuevas zonas para las que se propone protección, de acuerdo con las *Directrices: Un proceso de evaluación previa para la designación de ZAEP/ZAEA:* i) Otto-von-Gruber-Gebirge (Tierra de la Reina Maud, Antártida Oriental); ii) archipiélago de las islas Danger (península antártica nororiental); y iii) Farrier Col, isla Herradura, bahía Margarita. El Comité había acordado que los valores de las tres ZAEP propuestas merecían una protección especial y había respaldado el desarrollo de planes de gestión para estas áreas. El Comité había destacado, además, la utilidad del procedimiento de evaluación previa, que ofrecía la oportunidad de considerar las nuevas zonas propuestas antes de que se pusiera en marcha la mayor parte del trabajo con vistas a la designación.

(83) Alemania agradeció al CPA que hubiera considerado las evaluaciones previas de las propuestas de ZAEP en Otto-von-Gruber-Gebirge (Tierra de la Reina Maud, Antártida Oriental) y el archipiélago de las islas Danger (península antártica nororiental). Remitiéndose a los resultados del taller conjunto SCAR-CPA que se llevó a cabo antes de la XXII Reunión del CPA (WP 70 de la XXII Reunión del CPA), Alemania manifestó su disposición a seguir contribuyendo al desarrollo sistemático del sistema de gestión de zonas protegidas antárticas.

Sitios y Monumentos Históricos

(84) La presidenta del CPA señaló que el Comité había acordado remitir las propuestas de modificación de los sitios 26, 29, 36, 38, 39, 40, 41, 42, 43 y 93 de la lista de Sitios y Monumentos Históricos al RCTA para que fueran adoptadas por medio de una Medida utilizando, por primera vez, los mecanismos de la Decisión 1 (2021). El Comité informó, además, de que había realizado actualizaciones adicionales en determinados campos que no requerían adopción mediante una Medida para la inclusión del SMH 93. La presidenta del CPA también destacó el hallazgo del pecio del *Endurance* (SMH 93).

(85) Australia comentó que resultaba muy apropiado actualizar los datos del SMH para el pecio del *Endurance* y felicitó al equipo de investigadores por el trabajo realizado para localizarlo. La Reunión adoptó la Medida 18 (2022) *Lista revisada de Sitios y Monumentos Históricos antárticos: actualización de información sobre los Sitios y Monumentos Históricos antárticos n.º 26, 29, 36, 38, 39, 40, 41, 42, 43 y 93.*

(86) El Comité también había considerado una orientación para ayudar a las Partes a desarrollar planes de gestión de conservación como herramientas destinadas a proteger el patrimonio antártico. El Comité había destacado que, aunque no eran obligatorios para todos los SMH, los planes de gestión de conservación eran una herramienta útil para proteger los SMH. El Comité había acordado actualizar las *Directrices para la evaluación y gestión del patrimonio antártico.* El Comité había animado a los miembros a seguir compartiendo entre ellos sus planes de gestión de conservación y sus

conocimientos técnicos para aumentar el nivel de custodia del patrimonio, y a estudiar la forma en que esto podría facilitarse.

(87) La Reunión adoptó la Resolución 1 (2022) *Directrices revisadas para la evaluación y gestión del patrimonio antártico.*

Directrices para sitios

(88) En lo que respecta al trabajo del Comité en las directrices para sitios, la presidenta del CPA informó que había revisado las directrices para la casa Wordie, isla Winter (isla Invierno) y que había acordado solicitar que la isla Torgersen, puerto Arthur, fuera eliminada de la lista de directrices para sitios que mantiene la Secretaría, puesto que ya no resultaba pertinente por el cierre de la Zona de visitantes de la ZAEA 7.

(89) Siguiendo el consejo del CPA, la Reunión consideró y aprobó las Directrices revisadas para sitios de casa Wordie, isla Winter (isla Invierno), aceptó eliminar la isla Torgersen, puerto Arthur de la lista de directrices para sitios y adoptó la Resolución 2 (2022) *Directrices para sitios que reciben visitantes.*

Protección y gestión del espacio marino

(90) La presidenta del CPA informó que no se había presentado ningún documento sobre este tema e hizo constar la obligación pendiente del Comité de responder a la petición de la RCTA en la Resolución 5 (2017).

Otros asuntos relacionados con el anexo V

(91) La presidenta del CPA informó que el Comité, en vista de que su experiencia con las revisiones previas a la XXIII Reunión virtual del CPA de los proyectos de planes de gestión revisados había sido positiva, había considerado y acordado procedimientos para una revisión eficaz, previa a la reunión, de los planes de gestión revisados presentados al CPA en el marco de las competencias del GSPG. El Comité había acordado actualizar los términos de referencia del GSPG para reflejar esta tarea periódica de análisis de los planes de gestión antes de la reunión. El Comité también había adoptado el plan de trabajo del GSPG para 2022-2023.

(92) El CPA había considerado, además, un informe sobre investigaciones recientes para desarrollar un inventario de localidades tipo para especies terrestres y de agua dulce en el continente antártico y las islas del litoral dentro del área del Tratado Antártico. El Comité había reconocido el valor de este trabajo a la hora de mejorar la protección sistemática de la Antártida y había alentado a los miembros a basarse en esta investigación, así como en otras herramientas pertinentes, cuando revisaran los planes de gestión para las ZAEP existentes. El Comité también había alentado a los miembros a continuar apoyando los esfuerzos para mejorar los conocimientos sobre la biodiversidad antártica, incluida la investigación para determinar la distribución, el estado y las tendencias de especies con localidades tipo en el área del Tratado Antártico.

Conservación de la flora y la fauna antárticas (tema 10 del programa del CPA)

Cuarentena y especies no autóctonas

(93) La presidenta del CPA informó que no se habían presentado documentos de trabajo en relación con este tema del programa. No obstante, el Comité había sido informado del trabajo en curso relacionado con las especies no autóctonas afectadas por este punto prioritario del Plan de Trabajo Quinquenal del CPA y le resultaba alentador ver el alto grado de compromiso y participación en esta cuestión.

Especies especialmente protegidas

(94)   La presidenta del CPA informó que, en relación con este tema del programa, el Comité había considerado el informe del Grupo de Contacto Intersesional (GCI) del CPA que se había creado para desarrollar un plan de acción para especies especialmente protegidas referido al pingüino emperador a fin de apoyar su designación como especie especialmente protegida, así como otros documentos relacionados. El Comité había enfatizado la importancia del uso del mejor material científico disponible para respaldar las decisiones de gestión del CPA, tales como la inclusión en listas de especies especialmente protegidas, y había recordado las advertencias del SCAR sobre la necesidad de conservación del pingüino emperador. Con una excepción, los miembros habían expresado su firme apoyo a las recomendaciones para la designación del pingüino emperador como especie especialmente protegida en virtud del anexo II del Protocolo, así como para la aplicación del plan de acción. Sin embargo, el Comité no alcanzó un consenso en este asunto pese a recibir pleno apoyo de todos los miembros menos uno. Con una excepción, los miembros también habían acordado que el marco legal en vigor sobre especies especialmente protegidas no presentaba impedimentos para progresar en la designación de los pingüinos emperador como especie especialmente protegida y que, aunque quedaba margen para revisar algunos aspectos de su orientación, el marco no requería una consideración inmediata adicional.

(95)   La Reunión elogió al Comité y, en particular, al coordinador del GSRCC, el Dr. Kevin Hughes (Reino Unido), por su labor en esta cuestión. La mayoría de las Partes también manifestaron su pesar por que no hubiera podido alcanzarse un acuerdo acerca de la designación del pingüino emperador como especie antártica especialmente protegida.

(96)   La mayoría de las Partes expresaron todo su apoyo a las recomendaciones planteadas para asignar la condición de especie especialmente protegida al pingüino emperador. Estas Partes señalaron que se trataba de una recomendación razonable en consonancia con lo dispuesto en el anexo II y las directrices al respecto, así como sobre la base de los mejores conocimientos científicos disponibles, sintetizados exhaustivamente por el SCAR. La mayoría de las Partes destacaron la calidad de los análisis del SCAR, basados en material científico revisado por pares, y su enfoque imparcial y multilateral a la investigación y la colaboración científica, así como la contribución que hace el SCAR con sus conocimientos y experiencia en su función de observador de la RCTA conforme al marco que establecen las Reglas de Procedimiento de esta. La mayoría de las Partes subrayaron, además, que no existía ningún impedimento legal o práctico para la designación del pingüino emperador como especie especialmente protegida.

(97)   La mayoría de las Partes se lamentaron de que, pese al minucioso trabajo desarrollado por el GCI para encontrar puntos de convergencia y a la apremiante recomendación del SCAR, uno de los miembros del CPA había presentado un documento de trabajo paralelo con argumentos en contra de las recomendaciones del GCI, en lugar de participar de forma constructiva en dicho grupo. La mayoría de las Partes recalcaron su preocupación por la escasa disposición de dicha Parte a intentar llegar a un consenso y esperaban que esa presentación de documentos paralelos no sentara precedente.

(98)   Varias Partes comentaron que la información presentada por este miembro no reflejaba los mejores conocimientos científicos disponibles y advirtieron, además, de que, si la RCTA no actuaba en respuesta a la clara recomendación del SCAR de proteger el pingüino emperador, podría estar faltando a sus responsabilidades conforme al Protocolo sobre Protección del Medio Ambiente. La mayoría de las Partes indicaron que tomarían medidas para aplicar las recomendaciones del GCI, sobre la base de los mejores conocimientos científicos disponibles y del enfoque precautorio, incluso aunque uno de los miembros persistiera en sus trabas a una acción coordinada para proteger la especie.

(99)   China agradeció al coordinador del GSRCC su trabajo durante el período entre sesiones y manifestó su voluntad de sumarse a cualquier consenso que se ajustara a las Reglas de Procedimiento de la RCTA y el CPA y tomara como base los mejores conocimientos científicos disponibles. China mencionó que trabajaba con otros miembros del CPA y contribuía con un gran volumen de datos e información sobre el pingüino emperador al proyecto de plan de acción, que se basaba en el WP 37 de la XLIII RCTA y, por tanto, constituía el mejor material científico disponible real sobre esta cuestión. También señaló que, de acuerdo con los estatutos para el proceso de evaluación de las Directrices del CPA para especies antárticas especialmente protegidas, ratificadas por la RCTA en 2005, el CPA debería analizar con mayor detalle las posibles amenazas futuras a una especie que, aunque figura en la Lista Roja de UICN, presenta un nivel de riesgo menor que «vulnerable». El proyecto de Plan de Acción presentado por el GCI se basaba en los mejores conocimientos científicos disponibles tanto de los miembros del CPA como del SCAR y llegaba claramente a las siguientes conclusiones: que el pingüino emperador se encontraba en esos momentos en la Lista Roja de la UICN dentro de la categoría de «Casi Amenazado»; que la población observada de esta especie estaba en aumento a escala regional (de la Antártida); que las amenazas conocidas y emergentes tanto terrestres como marinas que afectaban al pingüino emperador se consideraban relativamente pequeñas e incluso insignificantes; que la evaluación de la amenaza del cambio climático y la reducción del hielo marino sobre la especie resultaba considerablemente incierta y se preveía que esa amenaza no se produjera hasta después de 2050. Con base en las recomendaciones científicas que hizo el SCAR en los WP 34 de la XXVIII RCTA/VIII Reunión del CPA y WP 38 de la XXIX RCTA/IX Reunión del CPA, China reiteró su postura de que el pingüino emperador no reunía actualmente las condiciones para dicha designación y recomendó a la RCTA desarrollar un plan específico de investigación y gestión para él como especie casi amenazada con el fin de establecer alertas preventivas.

(100) La ASOC manifestó su pesar por que la Reunión no consiguiera llegar a un acuerdo para la designación del pingüino emperador como especie especialmente protegida. Comentó que, con ello, la RCTA podría haber adoptado una medida concreta basada en la investigación científica y en el enfoque precautorio para responder a la amenaza del cambio climático y para proteger una especie importante. Subrayó que esta medida habría sido plenamente acorde con el Tratado Antártico y el Protocolo sobre Protección del Medio Ambiente. Para la ASOC, era incomprensible que la RCTA no consiguiera acordar dar este paso.

(101) El SCAR reiteró su agradecimiento al CPA por considerar y respaldar su asesoramiento científico acerca del estado de conservación del pingüino emperador. El SCAR agradeció al Comité su firme motivación para actuar siguiendo sus recomendaciones. Recordó que los expertos del SCAR habían llevado a cabo una evaluación con una sólida base científica hasta llegar a la conclusión de que la designación del pingüino emperador como especie especialmente protegida estaba justificada, de acuerdo con los mejores estudios científicos revisados por pares disponibles y tras tener en cuenta minuciosamente los criterios y procesos más recientes de la UICN. El SCAR subrayó, además, que entendía que no existía ningún impedimento legal o práctico para la designación del pingüino emperador como especie especialmente protegida. Señaló que seguiría informando a la RCTA conforme se fuera publicando nueva información científica, pero advirtió de que esperar más pruebas antes de actuar podría suponer perder la ventana de oportunidad para proteger al pingüino emperador. El SCAR afirmó además que, con esta designación, las Partes habrían mandado una elocuente señal de su grado de preocupación por el impacto del cambio climático y la necesidad de reducir las emisiones de gases de efecto invernadero.

(102) La mayoría de las Partes hicieron un llamamiento para avanzar hacia un consenso en los asuntos descritos en este punto y animaron a las Partes a mantener como prioridad el

estado de conservación del pingüino emperador para su consideración en la XLV RCTA/XXV Reunión del CPA.

<u>Otros asuntos relacionados con el anexo II</u>

(103) La presidenta del CPA informó que el Comité había considerado un documento sobre Áreas Importantes para Mamíferos Marinos (IMMA) que sugería que estas podrían ser una herramienta útil para ayudar a las Partes a planificar y llevar a cabo diversas actividades antárticas. La presidenta del CPA señaló que el Comité había animado a los miembros a analizar en mayor profundidad esta cuestión y a volver a debatir sobre las IMMA en una reunión posterior, y que ciertos miembros habían manifestado su interés en hacerlo.

(104) La presidenta del CPA también comentó que el Comité había considerado una propuesta que planteaba la necesidad de revisar las *Directrices medioambientales para la operación de Sistemas de Aeronaves Dirigidas por Control Remoto (RPAS) en la Antártida*, adoptadas en la Resolución 4 (2018). El Comité había señalado que el uso de Sistemas de Aeronaves Dirigidas por Control Remoto (RPAS) en la Antártida era una actividad cada vez más frecuente que requería una especial atención, pero que no existía un consenso claro acerca de la necesidad inmediata de revisar las directrices que afectaban a estos sistemas. El Comité había alentado a mantener debates adicionales en el período entre sesiones entre los miembros interesados, así como a presentar un informe de dichos debates en una futura reunión del CPA.

Vigilancia ambiental e informes sobre el estado del medio ambiente (tema 11 del programa del CPA)

(105) La presidenta del CPA informó que el Comité había debatido y considerado recomendaciones sobre el Portal de Medioambientes Antárticos. El Comité había agradecido al SCAR su trabajo y había reiterado su continuo apoyo al Portal, destacando una vez más su valor como fuente de información científica de alta calidad sobre temas de relevancia para el trabajo del Comité.

(106) Reconociendo el valor del Portal también para la RCTA y la información de relevancia que el SCAR aportaba en él, Nueva Zelandia animó a todas las Partes a utilizarlo.

(107) La presidenta del CPA también señaló que el Comité había considerado un documento que llamaba la atención de los miembros acerca de la necesidad de un sistema más estructurado para la toma de muestras y datos sobre la contaminación química en la Antártida. El Comité había reconocido el valor de mejorar los esfuerzos colectivos para el desarrollo de una base de datos de muestras estructurada sobre la contaminación medioambiental en la Antártida. El Comité había manifestado un apoyo general a las recomendaciones de este documento, había solicitado al SCAR que en la XXV Reunión del CPA presentara recomendaciones sobre cómo se podría conseguir que la toma de muestras y datos sobre la contaminación química en la Antártida fuera más sistemática y también había alentado a los miembros a intensificar la colaboración entre todas las partes interesadas para iniciar una toma de muestras y datos sobre la contaminación medioambiental en la Antártida más estructurada.

(108) Dado el énfasis cada vez mayor del CPA en la contaminación en la Antártida, Alemania mostró un apoyo general a la toma sistemática de muestras y datos en la Antártida, urgió a una mayor colaboración en este asunto y agradeció al SCAR su disposición a prestar asesoramiento científico en esta materia en una futura RCTA.

(109) Además, la presidenta del CPA indicó que el Comité había considerado un documento sobre la vigilancia como herramienta clave para la toma de decisiones para una gestión adaptativa y sostenible del turismo en la Antártida. Tras un amplio debate, el Comité

había destacado la importancia de desarrollar programas para evaluar el impacto derivado de las actividades turísticas, había manifestado su apoyo a las recomendaciones del documento y había alentado a miembros y observadores a colaborar para poder avanzar en esta tarea.

Asuntos generales (tema 13 del programa del CPA)

(110) La presidenta del CPA informó que el Comité había considerado un documento cuyo objetivo era reforzar la comunicación de las necesidades científicas del CPA a los investigadores y a las agencias nacionales de financiación científica. El Comité había señalado que los asuntos que se ponen de relieve en el documento afectaban a todos los miembros, especialmente a aquellos cuyas agencias de financiación y programas antárticos nacionales no tenían una vinculación estrecha. El Comité había acordado: i) iniciar un proceso para plantearse un desarrollo más profundo de la lista de necesidades científicas del CPA para la gestión antártica en el Plan de Trabajo Quinquenal del CPA con el fin de aclarar las necesidades de investigación de forma que los investigadores y las agencias de financiación pudieran comprenderlas y tramitarlas más fácilmente; y ii) aconsejar a la RCTA que las Partes garantizaran que las necesidades científicas del CPA se comunicasen periódicamente a las agencias nacionales de financiación científica con el objetivo de apoyar la provisión oportuna de material científico que fundamente el asesoramiento del CPA a la RCTA.

(111) Varias Partes señalaron que para el buen desarrollo de la investigación científica se requería una financiación adecuada y solicitaron a las Partes que comunicaran las necesidades del CPA a las agencias nacionales de financiación científica. Las Partes también apuntaron la conveniencia de transmitir con claridad las prioridades científicas del CPA a las agencias de financiación correspondientes.

(112) La presidenta del CPA también informó que, en este tema del programa, el Comité había considerado un documento de la Secretaría acerca de un análisis de la información incluida en el SEII sobre planes de gestión de residuos y planes de contingencia. El Comité había hecho hincapié en la importancia de contar con información de fácil acceso acerca de los planes de gestión de residuos y de contingencia y había recordado que el artículo 9 (3) del anexo III al Protocolo sobre Protección del Medio Ambiente señalaba claramente las responsabilidades de los miembros de hacer circular y examinar los planes de gestión de residuos. El Comité había alentado a los miembros a compartir información pertinente a través de la herramienta del SEII.

Elección de autoridades (tema 14 del programa del CPA)

(113) La presidenta del CPA señaló que el Comité había elegido a la Dra. Heike Herata (Alemania) para ejercer el cargo de vicepresidenta durante un primer mandato de dos años. El Comité había agradecido al Dr. Kevin Hughes su amabilidad y el trabajo eficaz y sistemático que había llevado a cabo durante su mandato de cuatro años.

(114) La Reunión agradeció calurosamente al Dr. Hughes su excelente trabajo y sus aportes como vicepresidente del CPA y coordinador del GSRCC. La Reunión también felicitó a la Dra. Herata por su elección como vicepresidenta.

Preparativos para próxima reunión (tema 15 del programa del CPA)

(115) La presidenta del CPA señaló que el Comité había adoptado el Programa preliminar para la XXV Reunión del CPA, que reflejaba el programa de su XXIV Reunión.

(116) La Reunión mostró su agradecimiento al CPA y señaló la relevancia de las sugerencias y recomendaciones del Comité a la RCTA en relación con la aplicación del Protocolo sobre Protección del Medio Ambiente.

(117) La Reunión agradeció calurosamente a la Sra. Birgit Njåstad su excelente liderazgo del Comité, con el que consiguió que la reunión del CPA resultase productiva. También le dio las gracias por el trabajo preparatorio que había llevado a cabo y por facilitar la elevada calidad de los debates a pesar del formato híbrido y de las difíciles circunstancias en que tuvo lugar la reunión.

Tema 6a: Funcionamiento del Sistema del Tratado Antártico: Solicitud de Canadá de convertirse en Parte Consultiva

(118) Canadá informó a la Reunión de que el 21 de octubre de 2021 había presentado formalmente al Gobierno depositario su solicitud para adquirir el estatus de Parte Consultiva. Canadá llevaba siendo Parte no Consultiva desde 1988 y en 2003 se convirtió en miembro de pleno derecho del Protocolo sobre Protección del Medio Ambiente. Había aplicado todos los anexos en vigor en ese momento y estaba en vías de aprobar el anexo VI, que ya cumplía íntegramente.

(119) Estados Unidos, en su condición de Gobierno depositario del Tratado Antártico y del Protocolo sobre Protección del Medio Ambiente, confirmó que Canadá había cumplido con las directrices establecidas en la Decisión 2 (2017).

(120) Las Partes Consultivas agradecieron a Canadá su solicitud. Todas las Partes Consultivas menos dos acordaron que la solicitud de Canadá cumplía los requisitos de las directrices establecidas en la Decisión 2 (2017), incluido el relativo a una importante actividad de investigación científica de acuerdo con el párrafo 2 del artículo IX del Tratado Antártico.

(121) Dos Partes Consultivas plantearon sus dudas con respecto a la solicitud de Canadá. Tanto China como la Federación de Rusia alegaron motivos sustantivos y de procedimiento para no tomar una decisión al respecto en esta RCTA.

(122) Tras varios debates y consultas, las Partes Consultivas no consiguieron definir una posición acerca de la petición de que se otorgara el estatus de Parte Consultiva a Canadá. Acordaron que la solicitud de Canadá se incluiría en el programa de la XLV RCTA en Helsinki para considerarla nuevamente y tomar una decisión

Tema 6b: Funcionamiento del Sistema del Tratado Antártico: Asuntos generales

(123) El secretario ejecutivo presentó el SP 3 rev. 1 *Lista de medidas con estado «Aún no entró en vigor»* y señaló que, según la base de datos del Tratado Antártico, varias de las Medidas aún no habían entrado en vigor. Entre ellas, se encontraban medidas adoptadas en la XXVII RCTA (Ciudad del Cabo, 2004), la XXVIII RCTA (Estocolmo, 2005) y la XXXII RCTA (Baltimore, 2009).

(124) La Federación de Rusia presentó el WP 50 *Continuación del debate sobre temas de actualidad, tendencias y desafíos para el Sistema del Tratado Antártico*. Recordó que la XLII RCTA había incorporado un nuevo punto prioritario (con el número 16) al Plan de Trabajo Estratégico Plurianual para animar a las Partes a identificar de forma proactiva y abordar las tendencias actuales y futuras relacionadas con el Sistema del Tratado Antártico. A esto le siguieron dos rondas de debates informales entre sesiones en los que participaron muchas de las Partes. Desde su opinión de que las condiciones permitían el comienzo de una nueva fase de trabajo sobre esta cuestión más centrada en el ámbito práctico, la Federación de Rusia propuso que el primer punto que se considerase en este marco fuera el desafío del cambio climático. La Federación de Rusia sugirió que las futuras deliberaciones sobre esta cuestión se centrasen tanto en los efectos del cambio climático en la Antártida como en las actividades en el área del Tratado Antártico que afectaban al cambio climático global. Remitiéndose a otros trabajos previos relacionados con el cambio climático en el marco del Sistema del Tratado Antártico, la Federación de Rusia hizo hincapié en que, en futuras deliberaciones, debían tenerse en cuenta las

decisiones relevantes de todos los organismos que integran el sistema. Recalcó la necesidad de que la RCTA decidiera la forma de aplicar los instrumentos legales de cierto relieve situados fuera del Sistema del Tratado Antártico, como el Acuerdo de París sobre el cambio climático o el Grupo Intergubernamental de Expertos sobre el Cambio Climático. La Federación de Rusia recomendó que la Reunión debatiera nuevas medidas para tener en cuenta temas de actualidad, tendencias y desafíos para el Sistema del Tratado Antártico; que considerara situar el cambio climático como una cuestión prioritaria, con independencia del alcance del tema según los planes de trabajo estratégicos plurianuales de 2019 y 2021; que considerara prolongar los debates informales en el foro de la RCTA, y que actualizara el Plan de Trabajo Estratégico Plurianual según fuera necesario.

(125) Algunas Partes agradecieron a la Federación de Rusia su labor durante el período entre sesiones y subrayaron la importancia de trabajar juntos con ánimo de colaboración para abordar los problemas y desafíos que surgieran para el Sistema del Tratado Antártico. Las Partes también reiteraron la necesidad de ocuparse del cambio climático en la Antártida.

(126) Varias Partes mostraron su apoyo a las recomendaciones propuestas. La Reunión señaló que la cuestión del cambio climático ya se trataba en otros puntos del programa de la RCTA y el CPA, por lo que acordó no continuar con los debates informales sobre temas de actualidad, tendencias y desafíos para el Sistema del Tratado Antártico en el foro de la RCTA.

(127) Pese a ver con buenos ojos cualquier nuevo esfuerzo por abordar el cambio climático, la OMM puso de relieve que este no era exclusivamente un fenómeno natural, como se había apuntado en el WP 50. La OMM señaló que, si bien la variabilidad natural era una causa importante para los cambios en el clima, lo que predominaba era la influencia humana, tal como ratificó el Sexto Informe de Evaluación del IPCC.

(128) La República de Corea presentó el IP 11 *The Act on the Promotion of Polar Activities of the Republic of Korea* [*La ley para la promoción de actividades polares de la República de Corea*], en el que se describía esta ley promulgada por el Gobierno de la República de Corea en abril de 2021. Indicó que su objetivo era promocionar las actividades de la República de Corea en el Ártico y en la Antártida y dotarlas de fundamento institucional, así como mejorar su contribución a la hora de abordar los desafíos globales a los que debe hacer frente la humanidad, como el cambio climático. La República de Corea manifestó su interés por desarrollar convenios eficaces para coordinar el uso de activos y recursos similares en distintas tareas, además de aprender de la experiencia de otras Partes.

(129) La Argentina presentó el IP 34 *Conmemoración del 62 Aniversario de la firma del Tratado Antártico por los países APAL*, elaborado junto con Brasil, Chile, Ecuador, Perú, Uruguay, Colombia y Venezuela. Este documento detallaba la conmemoración del sexagésimo segundo aniversario de la firma del Tratado Antártico por parte de los países Administradores de Programas Antárticos Latinoamericanos (APAL). Las celebraciones se habían centrado en actividades de difusión pública y otros actos y contaron con la participación de la Secretaría, el SCAR, el COMNAP y otras organizaciones.

(130) La Reunión agradeció a los coautores el documento y varias Partes coincidieron con la Argentina en poner de relieve la importancia de la difusión pública y la comunicación, por ejemplo, en este evento y otros similares.

(131) Ecuador presentó el IP 124 *Organización en Ecuador de la XXXIII Reunión de Administradores de Programas Antárticos Latinoamericanos - RAPAL 2022*. En él se informaba de que la trigésima tercera reunión de los países RAPAL se celebraría del 23 al 26 de agosto de 2022 en Quito.

(132) China presentó el WP 24 *Reseña del marco jurídico en materia de especies especialmente protegidas y su aplicación* e hizo referencia al IP 44 *An Overview on the Legal Framework on Antarctic Specially Protected Species and Its Application* [*Reseña del marco jurídico en materia de especies especialmente protegidas y su aplicación*]. China informó que había analizado el marco jurídico en materia de especies antárticas especialmente protegidas y su aplicación en el ámbito de la RCTA y el CPA, junto al asesoramiento científico del SCAR, para que sirviera como material de referencia de utilidad para la designación de especies antárticas especialmente protegidas en el futuro. Destacó varias observaciones que eran relevantes para el marco jurídico en materia de especies antárticas especialmente protegidas con ejemplos de procesos de RCTA anteriores. Estas observaciones se referían, por ejemplo, a: que la designación de una especie especialmente protegida sería normalmente una medida temporal, que el Protocolo sobre Protección del Medio Ambiente y otros tratados ya otorgaban cierta protección a las especies y que la categoría de especies antárticas especialmente protegidas debería aplicarse a la totalidad de la población antártica de esa especie. China hizo también hincapié en su opinión de que la categoría «Vulnerable» de la Lista Roja de la UICN constituía el umbral mínimo a partir del cual considerar la posible designación como especie antártica especialmente protegida y que los procesos de toma de decisiones y consulta de la RCTA eran independientes de la UICN y otros organismos. China recomendó a la RCTA que ajustara las designaciones de especies antárticas especialmente protegidas en el futuro a su postura en prácticas previas de la RCTA y el CPA, que instara al SCAR a evaluar el riesgo de extinción de las especies recurriendo a los criterios más actualizados de la UICN y que revisara y unificara la discrepancia entre las Directrices y el anexo II al Protocolo.

(133) La mayoría de las Partes indicaron que el marco jurídico en vigor sobre especies especialmente protegidas no ponía obstáculos a seguir avanzando en la designación del pingüino emperador como especie especialmente protegida. En respuesta a las inquietudes mencionadas en el documento, la mayoría de las Partes señalaron que no consideraban que existieran discrepancias graves entre el anexo II y las Directrices, y que el marco jurídico no requería una nueva consideración de forma inmediata. La mayoría de las Partes pusieron de relieve que, según las Directrices, la inclusión en la lista de la UICN como «vulnerable» no era una condición indispensable para la designación de una especie especialmente protegida. Todas las Partes afirmaron que la RCTA era un órgano independiente para la toma de decisiones que no se veía limitado por la categorización de las especies de la UICN y confirmaron la importancia de designar las especies antárticas especialmente protegidas en consonancia con el anexo II y las Directrices.

(134) Tras hacer hincapié en que la información presentada por el SCAR sugería la necesidad de actuar de forma urgente, la mayoría de las Partes advirtieron de que un nuevo retraso en la designación del pingüino emperador como especie especialmente protegida socavaría el enfoque precautorio en la toma de decisiones como parte fundamental del Protocolo y del trabajo del CPA. La mayoría de las Partes resaltaron el valor del asesoramiento experto del SCAR como representativo de los mejores conocimientos científicos disponibles. La mayoría de las Partes mostraron su preocupación en concreto por el hecho de que la afirmación por parte de China de que el pingüino emperador no estaba amenazado en ese momento pasaba por alto las proyecciones que mostraban sombrías perspectivas para la especie para finales del siglo.

(135) El SCAR reiteró que sus expertos habían analizado el riesgo para el pingüino emperador a partir de los criterios y la información más recientes y habían determinado que su estado de conservación era vulnerable. El SCAR apuntó que, en consecuencia, había recomendado al CPA que considerara su designación como especie especialmente protegida. Agradeció a muchas de las Partes su ratificación de que el SCAR era la

principal fuente de información científica en lo que respecta a la designación como especie especialmente protegida. El SCAR afirmó que seguiría aportando nueva información científica conforme se fuera publicando, de acuerdo con el anexo II y las Directrices en vigor.

(136) China agradeció a las Partes y al SCAR sus comentarios y preguntas en relación con el WP 24. China señaló que su conclusión de que el pingüino emperador no estaba amenazado se basaba en el proyecto de plan de acción presentado al CPA por el grupo de contacto intersesional que trataba esta cuestión. China aclaró también que el SCAR era una fuente de información importante para el proceso de toma de decisiones de la RCTA, pero que no era la única. Pese a que China consideraba que existían pequeñas discrepancias entre las Directrices y el anexo II, reiteró su apoyo a que la designación de las especies antárticas especialmente protegidas se realizara conforme a esos dos textos.

(137) La Reunión dio las gracias a China por su documento de trabajo y por el documento de información que lo acompañaba. No hubo consenso en cuanto a las recomendaciones propuestas en el WP 24.

(138) El Reino Unido presentó el WP 33, *Informe sobre la eficacia de las evaluaciones de impacto ambiental en la Antártida*, preparado de forma conjunta con los Países Bajos. En él, se informaba de los resultados de una evaluación independiente sobre la eficacia de las EIA en la Antártida que encargó el Reino Unido. El Reino Unido señaló que, según el informe de evaluación, el sistema de EIA antártico seguía siendo una herramienta valiosa para ayudar a proteger el medio ambiente antártico, pero que su eficacia podía mejorarse en respuesta a las crecientes presiones sobre el entorno antártico. Los proponentes habían pedido al CPA su opinión sobre la posibilidad de impulsar alguna de las oportunidades de mejora que habían detectado, y el Comité había accedido a revisar y desarrollar el trabajo para mejorar la eficacia del sistema de EIA mediante debates informales entre sesiones. El Reino Unido y los Países Bajos invitaron a la RCTA a continuar alentando a todas las Partes del Protocolo sobre Protección del Medio Ambiente que todavía no lo hubieran hecho a que desarrollaran e implementaran una legislación nacional para su aplicación, especialmente, con respecto a los requisitos de EIA del anexo I. Por otra parte, invitaron a la RCTA a que, una vez revisada la opinión del CPA, considerara cualquier acción adicional que pudiera mejorar la eficacia del sistema de EIA antártico y debatiera si debía darse inicio a cualquier trabajo de preparación para una revisión del anexo I del Protocolo sobre Protección del Medio Ambiente.

(139) La Reunión agradeció al Reino Unido y los Países Bajos el valioso trabajo realizado para revisar la eficacia del sistema de EIA antártico. Confirmó que ese sistema era una herramienta fundamental para proteger el medio ambiente antártico, aunque reconoció que se podría realizar alguna mejora. Muchas de las Partes sugirieron que tanto la experiencia en EIA adquirida por las Partes como los avances en las EIA nacionales e internacionales y los procesos de evaluación de impacto acumulativo podrían considerarse recursos. Teniendo en cuenta que los proponentes habían recomendado a las Partes que aún no lo hubieran hecho que desarrollaran e implementaran legislación nacional al respecto, varias de las Partes se ofrecieron a compartir su experiencia en esta materia. Algunas de las Partes solicitaron acceder al documento a partir del cual se habían llegado a las conclusiones incluidas en el documento de trabajo. Varias Partes también advirtieron que las futuras mejoras en el sistema de EIA deberían evitar la imposición de cargas innecesarias. El Reino Unido confirmó su disposición a distribuir el documento a todas las Partes interesadas.

(140) La Reunión mostró su apoyo al curso de acción trazado por el CPA en este tema y a las medidas que afectaban a la RCTA. La Reunión acordó que procedería en primer lugar con las mejoras que pudieran llevarse a cabo conforme al marco jurídico en vigor e indicó

que cualquier propuesta de revisar el anexo I debía llevarse a cabo con cautela. La Reunión señaló que las mejoras que requirieran revisar el texto del anexo I podrían debatirse más adelante. La Reunión quedaba a la espera de que el Comité le informara tras el período entre sesiones y muchas Partes manifestaron su voluntad de participar en futuros debates y contribuir a este trabajo en curso.

(141) España apuntó la posibilidad de simplificar el proceso en vigor para la redacción de documentos del CPA y la RCTA en beneficio de todas las Partes, especialmente de aquellas de más reciente incorporación que no estaban acostumbradas a presentar documentos para las reuniones. Además, España hizo hincapié en el elevado volumen de documentos presentados y la gran cantidad de tiempo y esfuerzo que requerían las presidencias de las reuniones para considerarlos y clasificarlos para los debates. España propuso que la Secretaría elaborara un expediente o guía con información relevante a la que pudieran recurrir las Partes para presentar documentos a la RCTA y el CPA.

(142) La Reunión dio las gracias a España y mostró su apoyo a esta propuesta. Acordó solicitar a la Secretaría que desarrollara una guía para la presentación de documentos al CPA y la RCTA y que la sometiera a la consideración de la XXV Reunión del CPA y la XLV RCTA.

(143) En relación con este tema del programa, se remitió también el siguiente documento, el cual se tomó como presentado:

- IP 51 *Communicating the Antarctic Treaty System to the United Nations* [*Comunicación del Sistema del Tratado Antártico a las Naciones Unidas*] (Argentina, Australia, Chile, Estados Unidos, Francia, Noruega, Nueva Zelandia, el Reino Unido).

(144) En relación con este tema del programa, se remitieron también los siguientes documentos:

- BP 8 *South Africa's Antarctic Treaties Regulations* [*Reglamentos de Sudáfrica sobre los Tratados Antárticos*] (Sudáfrica).

- BP 12 *Establishment of the Advisory Committee on the National Polar Policy* [*Creación del comité asesor sobre la política polar nacional*] (Polonia).

- BP 27 *Postergación de la XXVI Expedición Antártica Ecuatoriana* (Ecuador).

**Tema 7: Funcionamiento del Sistema del Tratado Antártico:
Asuntos relacionados con la Secretaría**

(145) El secretario ejecutivo presentó el SP 4 *Informe de la Secretaría 2021/2022*, que detallaba las actividades de la Secretaría durante el ejercicio económico 2021/2022 (del 1 de abril de 2021 al 31 de marzo de 2022), incluidas las dificultades abordadas en la preparación de las reuniones virtuales XLIII RCTA y XXIII Reunión del CPA en Francia y los preparativos para la sesión híbrida de la XLIV RCTA y la XXIV Reunión del CPA en Berlín. El secretario ejecutivo llamó la atención de la Reunión acerca del rediseño del SEII y otras mejoras en su sitio web, incluida una nueva plataforma para presentar los documentos para las reuniones. En materia económica, el secretario ejecutivo hizo un resumen de las aportaciones recibidas y presentó su informe financiero para el ejercicio 2020/21, sometido a auditoría externa. También presentó el informe financiero provisional para 2021/22, y recalcó que las partidas presupuestarias, que ya se habían ajustado para el formato virtual de la XLIII RCTA, habían sufrido ulteriores recortes por la cancelación de la mayoría de los viajes debido a la pandemia, de modo que la Secretaría finalizó con un superávit provisional de 253 302 USD. El secretario ejecutivo informó que no se habían producido variaciones en el personal y que se había logrado

avanzar en la actualización de la política de recursos humanos. El secretario ejecutivo también mencionó que el proceso de revisión organizativa anunciado en anteriores reuniones se había reanudado durante este período y que se habían puesto en práctica varias de las recomendaciones.

(146) El secretario ejecutivo presentó el SP 5 *Programa de la Secretaría 2022/2023*, que exponía las actividades propuestas para la Secretaría para el ejercicio financiero 2022/23 (del 1 de abril de 2022 al 31 de marzo de 2023). Resumió las actividades ordinarias de la Secretaría, como la preparación de la XLV RCTA, la publicación de informes y otras tareas que asigna a la Secretaría la Medida 1 (2003). El secretario ejecutivo no preveía ninguna variación en el personal para el siguiente período. De acuerdo con el artículo 6.3 (e) del Reglamento del Personal, el secretario ejecutivo informó que tenía previsto renovar el contrato del subsecretario ejecutivo durante un período adicional de cuatro años. En materia financiera, el secretario ejecutivo llamó la atención de la Reunión sobre el aumento del coste de la vida en la Argentina, que se veía solo mínimamente compensado por la apreciación del dólar estadounidense frente al peso argentino. El secretario ejecutivo informó que, pese al efecto de la inflación a escala local y global, se había conseguido mantener el equilibrio presupuestario y, por tanto, las aportaciones del ejercicio financiero 2023/24 no se iban a incrementar. Por lo que respecta a las actividades entre sesiones, anunció varios avances en el sitio web y los sistemas de información, como el rediseño de la base de datos de contactos, que incluía mejoras en el registro de los delegados para la reunión. La Secretaría también amplió la oferta de sesiones virtuales de formación y debate del SEII, ampliación que se llevó a cabo tras la petición de varias de las Partes en la XLIII RCTA.

(147) El secretario ejecutivo presentó también el SP 6 *Perfil presupuestario quinquenal prospectivo 2023/2024 – 2027/28*, en el que figuraba el perfil presupuestario de la Secretaría para el período 2023-28. Señaló que, pese a la inflación local y global, el superávit acumulado permitía un aumento nominal nulo en las contribuciones hasta 2027/28.

(148) La Reunión mostró su agradecimiento a la Secretaría por el apoyo que había prestado y seguiría prestando durante momentos difíciles. También elogió al secretario ejecutivo por su sosegado liderazgo.

(149) Varias Partes comentaron su experiencia positiva con las sesiones virtuales de formación del SEII y animaron al resto de las Partes a aprovechar esta oportunidad. La Reunión también solicitó a la Secretaría que elaborara un documento para la XLV RCTA acerca del uso que las Partes hacían del SEII con el fin de fomentar la transparencia. La Secretaría se mostró dispuesta a hacerlo.

(150) Tras nuevas deliberaciones, la Reunión adoptó la Decisión 1 (2022), *Informe, programa y presupuesto de la Secretaría*.

Tema 8: Responsabilidad

(151) El secretario ejecutivo presentó el SP 9 *Límites de responsabilidad y remediación ambiental*, redactado en respuesta a una petición de la XLII RCTA (Informe Final de la XLII RCTA, párr. 174). Incluía dos anexos: un resumen de todas las Medidas y Resoluciones pertinentes y asesoramiento previo del CPA en relación con los asuntos de remediación y responsabilidad ambientales y los asuntos de responsabilidad legal (anexo 1), y un informe sobre los límites de la responsabilidad en los instrumentos internacionales pertinentes (anexo 2), para la posible modificación futura de los límites expresados en el artículo 9 (2) del anexo VI al Protocolo al Tratado Antártico sobre Protección del Medio Ambiente.

(152) La Reunión agradeció a la Secretaría que hubiera elaborado este documento y señaló que contenía información valiosa para futuros debates sobre la mejora del régimen de responsabilidad antártico.

(153) Las Partes Consultivas presentaron información actualizada acerca del estado de aprobación del anexo VI al Protocolo sobre Protección del Medio Ambiente en sus respectivos países y su implantación en la legislación nacional. Chile y Francia informaron a la Reunión de que habían aprobado el anexo VI durante el año anterior. Varias Partes felicitaron a Chile y Francia por haber completado la aprobación y señalaron los avances positivos logrados para la entrada en vigor del anexo VI. Diecinueve Partes Consultivas habían aprobado ya el anexo VI (Alemania, Australia, Chile, Ecuador, España, la Federación de Rusia, Finlandia, Francia, Italia, Noruega, Nueva Zelandia, los Países Bajos, Perú, Polonia, Sudáfrica, Suecia, Ucrania, el Reino Unido y Uruguay). Cinco Partes Consultivas comunicaron que ya aplicaban legislación nacional para la implementación del anexo VI, a la espera de la entrada en vigor de este (Bélgica, Finlandia, Noruega, Sudáfrica y Suecia). Varias Partes informaron encontrarse en proceso de implementar el anexo VI en su legislación nacional. Algunas de estas Partes afirmaron que podrían completar la implementación dentro del período legislativo en curso.

(154) Algunas Partes manifestaron su deseo de obtener más información y recomendaciones de Partes que hubieran completado el proceso de adopción del anexo VI al Protocolo. Varias Partes que ya lo habían hecho indicaron que estaban dispuestas a compartir su experiencia, al igual que otras que aún se encontraban en trámites para implementarlo en su legislación nacional. A algunas de esas Partes que se ofrecieron a compartir su experiencia se les animó a hacerlo a través del SEII.

(155) Varias Partes señalaron que consideraban que la entrada en vigor del anexo VI era la principal prioridad en cuestiones de responsabilidad. Algunas Partes, aludiendo a las posibles dificultades para garantizar un apoyo suficiente de los órganos legislativos nacionales, animaron a todas las Partes a seguir compartiendo información general a este respecto mientras se estuviera tramitando la adopción del anexo.

(156) La Reunión acordó seguir evaluando los avances logrados por las Partes Consultivas en la ratificación y adopción del anexo VI sobre responsabilidad derivada de emergencias ambientales, así como en su entrada en vigor de conformidad con el artículo IX del Tratado Antártico. Se alentó a las Partes que aún no habían aprobado el anexo VI a que lo hicieran con carácter prioritario. La Reunión elogió los esfuerzos de las Partes que estaban trabajando para su implementación e invitó a presentar posteriores informes de progreso en la XLV RCTA.

(157) La Reunión señaló que, conforme a la Decisión 5 (2015), la RCTA debía tomar una decisión en 2020 sobre la fijación de un plazo para la reanudación de las negociaciones en materia de responsabilidad, y que el debate sobre esta cuestión llevaba paralizado dos años. También se mencionaron los avances para la entrada en vigor del anexo VI y el hecho de que muchas Partes consideraban que se trataba de la principal prioridad en cuanto a responsabilidad. La Reunión acordó retomar la cuestión de establecer un plazo para la reanudación de las negociaciones en materia de responsabilidad en 2025 y actualizar el Plan de Trabajo Estratégico Plurianual en consecuencia.

(158) Tras nuevas deliberaciones, la Reunión adoptó la Decisión 2 (2022), *Responsabilidad emanada de emergencias ambientales*.

Tema 9: Prospección biológica en la Antártida

(159) La Reunión señaló que la cuestión de la prospección biológica en la Antártida se mantenía dentro del Plan de Trabajo Estratégico Plurianual y recomendó que ese punto

del programa siguiera siendo una prioridad en futuras reuniones. La Reunión también hizo alusión a las recomendaciones que el SCAR había presentado en su encuesta a países miembros sobre la toma de muestras biológicas (IP 12 de la XLIII RCTA). La mayoría de las Partes mostraron su apoyo a mantener esta cuestión en el Plan de Trabajo Estratégico Plurianual y continuar los debates entre sesiones en el foro sobre bioprospección de la RCTA.

(160) Una de las Partes señaló que no se habían presentado documentos a la XLIV RCTA y que el foro de la RCTA mostraba una escasa efectividad, por lo que propuso cerrar el foro sobre prospección biológica de la RCTA. Algunas Partes no estaban a favor de mantener este tema en el Plan de Trabajo Estratégico Plurianual en 2023. Esas Partes se mostraron dispuestas a considerar volver a incluirlo en el Plan de Trabajo Estratégico Plurianual en futuras reuniones.

(161) La Reunión confirmó que el Sistema del Tratado Antártico constituía el marco adecuado para gestionar la toma de muestras de material biológico en el área del Tratado Antártico y para considerar su uso. La Reunión acordó mantener este punto en el programa, pero no llegó a un consenso acerca de la continuidad del foro de la RCTA sobre prospección biológica o la conservación de este tema en el Plan de Trabajo Estratégico Plurianual. Se afirmó que las Partes no necesitaban un foro para poder seguir compartiendo su visión sobre esta cuestión durante el período entre sesiones. Algunas Partes mostraron su interés por continuar los debates sobre la toma de muestras de material biológico durante consultas informales entre sesiones. Varias Partes también mencionaron que estaban trabajando en documentos relacionados con la prospección biológica en la Antártida que tenían previsto presentar en una futura RCTA.

Tema 10: Intercambio de información

(162) España presentó el WP 9 *Revisión de la información científica contenida en el SEII.* Recordó a la Reunión que el intercambio de información era un compromiso asumido por las Partes en virtud del artículo III (1) (a) y del artículo VII (5) del Tratado Antártico, así como del artículo 17 del Protocolo sobre Protección del Medio Ambiente y sus anexos. España recordó que el SP 10 de la XLIII RCTA había detectado un descenso gradual de la información científica intercambiada entre las Partes y propuso que se llevara a cabo una revisión de la información científica enviada al SEII. España sugirió que la Reunión creara un GCI con el cometido de iniciar dicha revisión, y para debatir e intercambiar ideas que facilitaran y favorecieran el desarrollo de herramientas de utilidad para las Partes. España animó a los observadores y expertos a contribuir a este trabajo para garantizar la interoperabilidad de la información entre las distintas bases de datos pertinentes.

(163) La Reunión agradeció a España el documento que había presentado y subrayó que el intercambio de información constituía un pilar fundamental del Sistema del Tratado Antártico. La Reunión también mencionó las recientes mejoras en el SEII que había efectuado la Secretaría y agradeció a esta su labor. La Reunión recalcó que había otros repositorios de datos nacionales e internacionales, como el Directorio Maestro Antártico (AMD), gestionado por el SCAR, a través de los cuales ya existía un intercambio de información y datos científicos. La Reunión acordó que el objetivo de este trabajo en adelante debería ser simplificar el intercambio de información y garantizar la interoperabilidad entre los distintos sistemas.

(164) El SCAR dio las gracias a España por su documento y puso de relieve su interés desde hace tiempo en el intercambio de información científica y la gestión de los datos. El SCAR recordó a la Reunión la existencia de su Comité Permanente de Gestión de Datos Antárticos (SCADM), que facilitaba la colaboración entre científicos y Partes en materia de datos científicos. El SCAR destacó también los principios FAIR sobre datos, según

los cuales los datos únicamente eran útiles si se podían encontrar y si eran accesibles, interoperables y reutilizables. Afirmó que lograr la interoperabilidad de los datos resultaba especialmente complejo. El SCAR también acogió con agrado la invitación de España de participar en un posible GCI.

(165) La Reunión solicitó a la Secretaría que pidiera información a todas las Partes sobre la forma de registrar y presentar a sus autoridades competentes pruebas de incumplimiento del Tratado o el Protocolo en la Antártida. La Secretaría accedió a realizar dicha petición durante el período entre sesiones y agradeció al Reino Unido su oferta de ayuda para redactarla. La Secretaría indicó que recopilaría todas las respuestas y presentaría un documento al respecto en la XLV RCTA.

(166) La IAATO aplaudió la propuesta del WP 9 y recordó su trabajo previo con las autoridades competentes para simplificar la introducción de datos en el SEII, además de manifestar su interés en participar en el GCI. Además, la IAATO reconoció las dificultades a las que se enfrentaban las autoridades nacionales competentes para penalizar los buques no autorizados, recalcando que parecía que algunos de ellos mostraban cada vez mayor osadía en sus actividades, lo que seguía desvirtuando el Sistema del Tratado Antártico. La IAATO ofreció su ayuda para la recogida de información adecuada y solicitó directrices adicionales acerca de lo que se necesitaba.

(167) El secretario ejecutivo indicó que, con el fin de evitar redundancias y duplicidades con otras actuaciones ya en curso, la Secretaría colaboraría con el SCAR y actualizaría la información presentada en el SP 7, así como en el SP 10 de la XLIII RCTA. Por lo que respecta a las actividades no autorizadas, la Secretaría recordó que se había creado un foro al respecto dentro del sitio web de la propia Secretaría para permitir la comunicación entre las autoridades nacionales competentes, así como para publicar información sobre la denegación de autorizaciones en forma de un informe resumido del SEII.

(168) La Reunión acordó crear un GCI sobre información científica en el SEII que tuviera los siguientes objetivos:

- debatir la conveniencia de comunicar la existencia de colaboración científica internacional entre las Partes;

- analizar los campos incluidos en el punto 2.1.2. (Actividades científicas del año anterior) del anexo a la Decisión 7 (2021) para establecer si es necesario incluir otros campos personalizables que permitían generar informes resumidos y mapas temáticos;

- analizar la conveniencia de incluir una sección en el punto 1 (Información de pretemporada) del citado anexo acerca de los proyectos científicos cuyo desarrollo está previsto para la campaña del año siguiente;

- evitar la duplicidad de información ya presentada para evitar que cumplir con los requisitos de información resulte una carga excesiva;

- informar de los resultados y las propuestas del GCI en la XLV RCTA para actualizar la Decisión 7 (2021), e

- identificar las posibles tendencias en la presentación de información en el SEII por las Partes con vistas a aumentar el uso del sistema.

(169) Asimismo, se acordó que:

- se invitaría a los observadores y expertos que participan en la RCTA a proporcionar aportaciones;

- el secretario ejecutivo abriría el foro de la RCTA para el GCI y le brindaría asistencia, y

- España actuaría como coordinador e informaría a la próxima RCTA de los avances logrados por el GCI.

(170) Ecuador presentó el IP 116 *Propuesta ecuatoriana de catálogo de objetos geográficos antárticos*. En él ponía de relieve el valor de los catálogos de objetos geográficos para definir los datos geográficos mediante la optimización de los procesos de producción de información, el aumento de su consistencia y lógica y la estructuración homogénea de la información. Ecuador puso varios ejemplos en los que el SCAR y Australia estaban ampliando la información espacial sobre objetos geográficos antárticos. Ecuador tenía la intención de presentar un catálogo acompañado por una propuesta para seguir avanzando en esta labor a la trigésima tercera Reunión de los Administradores de Programas Antárticos Latinoamericanos (RAPAL).

(171) El secretario ejecutivo indicó que la información espacial que publicaba la Secretaría en su sitio web estaba estandarizada según la normativa internacional.

Tema 11: Asuntos educacionales

(172) Bulgaria presentó el WP 23 *Quinto informe del Grupo de Contacto Intersesional sobre Educación y Divulgación*, preparado de forma conjunta con Bélgica, Brasil, Chile, España, Portugal y el Reino Unido. Bulgaria recordó que la XLIII RCTA había respaldado el mantenimiento del GCI sobre Educación y Divulgación e informó del trabajo realizado por este grupo a través del foro de debate en línea de la RCTA a lo largo del año anterior. Este foro incluyó siete publicaciones de cuatro Partes que se centraban en actividades de educación y divulgación tanto nacionales como internacionales. Algunas actividades destacadas fueron, por ejemplo, las celebraciones en torno al 30.º aniversario de la firma del Protocolo sobre Protección del Medio Ambiente y a la «Semana polar», en la que participaron casi 3000 estudiantes. El GCI recomendó a la RCTA que reconociera la utilidad del Foro sobre Educación y Divulgación y apoyara el trabajo del GCI durante otro período entre sesiones; que recomendara a las Partes seguir promoviendo el uso del foro e informar sobre sus actividades relacionadas con la educación y la divulgación, y que recomendara también a las Partes seguir promoviendo con sus actividades de educación y divulgación, no solo la Antártida y la investigación en el continente, sino también el Tratado Antártico y el Protocolo sobre Protección del Medio Ambiente.

(173) La Reunión dio las gracias a los proponentes por el WP 23 y felicitó al GCI por su trabajo durante el período entre sesiones. Las Partes recalcaron el papel esencial que desempeñaban la educación y la divulgación a la hora de ampliar nuestros conocimientos sobre la Antártida, en particular en el contexto de los efectos del cambio climático. Las Partes subrayaron la importancia de promover la inclusión y la diversidad en los programas y actividades antárticos y mencionaron algunas de las iniciativas que ya estaban en marcha. Algunas Partes y observadores destacaron, además, las oportunidades formativas que se ofrecían a través del SCAR, el COMNAP y la IAATO, como varios programas de becas para investigadores en el inicio de su carrera. Una de las Partes también hizo constar su opinión de que las actuaciones en temas de educación y divulgación deberían seguir las Reglas de Procedimiento de la RCTA.

(174) La Reunión accedió a mantener el GCI sobre Educación y Divulgación durante otro período entre sesiones con el objetivo de:

- impulsar la colaboración a nivel nacional e internacional en materia de educación y divulgación;

- identificar las actividades y los eventos internacionales clave relacionados con la educación y divulgación, para la participación posible de las Partes del Tratado Antártico;

- compartir los resultados de las iniciativas de educación y divulgación que demuestran el trabajo realizado por las Partes del Tratado Antártico en la gestión del Área del Tratado Antártico;

- enfatizar las iniciativas de protección ambiental en curso basadas en observaciones y resultados científicos para reforzar la importancia del Tratado Antártico y su Protocolo sobre Protección del Medio Ambiente;

- promover las actividades relacionadas sobre educación y divulgación realizadas por expertos y observadores, y alentar la cooperación con estos grupos;

- compartir buenas prácticas y fomentar, mejorar y promover la diversidad y la inclusión en la comunidad antártica global, compuesta por científicos, personal logístico, responsables de formular políticas y todas las demás personas con participación en asuntos antárticos, con el fin de eliminar las barreras que pudieran existir para la implicación de todo el talento necesario para abordar los desafíos del futuro en la Antártida;

- animar a las Partes a facilitar a la Secretaría enlaces a las páginas web en las que presenten sus recursos educativos y de divulgación (la Secretaría incluiría estos enlaces en la sección de «Recursos educativos» de su propia página), e

- invitar tanto a Partes como a observadores y expertos a analizar el trabajo desempeñado por el GCI y a debatir sobre su evolución futura en el foro de la RCTA sobre educación y divulgación durante el período entre sesiones.

(175) Asimismo, se acordó que:

- se invitaría a los observadores y expertos que participan en la RCTA a proporcionar aportaciones;

- el secretario ejecutivo abriría el foro de la RCTA para el GCI y le brindaría asistencia, y

- Bulgaria actuaría como coordinador e informaría a la próxima RCTA sobre los progresos realizados por el GCI.

(176) La OMM presentó el IP 74 *Education and Outreach Activities of the World Climate Research Programme Actividades formativas y de divulgación del Programa Mundial de Investigaciones Climáticas*], en el que se analizaban las actividades de educación y de divulgación de su copatrocinado Programa Mundial de Investigaciones Climáticas (PMIC). La OMM destacó dos nuevas iniciativas del PMIC: la Academia de Ciencia del Clima del PMIC y las becas y subvenciones relacionadas con el clima y la criósfera (CliC). Estas dos iniciativas tenían como objetivo garantizar que la próxima generación de líderes en ciencia del clima estuviera lista para asumir roles de referencia en los planes de investigación climática y preparara a los científicos para interactuar con el público en el contexto del cambio climático.

(177) También se remitieron los siguientes documentos, que se consideraron como presentados en este tema:

- IP 17 *Celebración del 30° Aniversario del Protocolo al Tratado Antártico sobre Protección del Medio Ambiente entre Chile y España* (Chile, España).

- IP 105 *Education & Outreach Activities of Turkey in 2021-2022* [*Actividades de educación y divulgación en Türkiye en 2021-2022Actividades de educación y divulgación en Türkiye en 2021-2022*] *(Tür*kiye).

- IP 126 *Actividades en Educación y Comunicación Antártica* (Chile).

(178) En relación con este tema del programa, se remitieron también los siguientes documentos:

- BP 24 *Ventana de Tiempo: primera película colombiana filmada en la Antártica* (Colombia).

- BP 28 *Antarctic education and outreach activities along 2021* [*Actividades de educación y divulgación antártica a lo largo de 2021*] *(Uruguay).*

- BP 32 *Romanian Education and Outreach Activities in 2020-2022 Pandemic* [*Actividades de educación y divulgación en Rumania durante la pandemia de 2020-2022*] (Rumania).

Tema 12: Plan de Trabajo Estratégico Plurianual

(179) La Reunión consideró el Plan de Trabajo Estratégico Plurianual adoptado en la XLIII RCTA (SP 11). Se analizó la forma de impulsar cada tema prioritario durante los próximos años y la necesidad de eliminar algunas prioridades actuales y de agregar otras.

(180) Luego del debate, la Reunión adoptó la Decisión 3 (2022), *Plan de Trabajo Estratégico Plurianual de la Reunión Consultiva del Tratado Antártico.*

(181) La Reunión ratificó que el Plan de Trabajo Estratégico Plurianual era una herramienta útil para respaldar su trabajo. Tras recordar que habían pasado diez años desde la primera adopción de este plan de trabajo en la XXXV RCTA, la Reunión creía oportuno dedicarle atención e incluir a la Secretaría para que la ayudara a hacerlo más efectivo y eficaz. También propuso que las Partes se plantearan presentar a la XLV RCTA documentos que abordaran la forma en que la Reunión podría utilizar, mantener y optimizar el plan de trabajo.

(182) La Reunión solicitó a la Secretaría que examinara el uso del Plan de Trabajo Estratégico Plurianual por parte de la RCTA y que comunicara sus conclusiones a la XLV RCTA.

Tema 13: Seguridad y operaciones en la Antártida

Seguridad y operaciones: Aviación

(183) El COMNAP presentó el WP 17 *Asesoramiento adicional del COMNAP con respecto a la revisión de la RCTA de la Resolución Seguridad aérea en la Antártida*, al que se hace referencia en el IP 6 *Antarctic Aviation Workshop 2022 Report* [*Informe sobre el taller de aviación antártica 2022*], y dio las gracias a todos los expertos que contribuyeron a la realización del taller. El documento incluía recomendaciones adicionales en relación con la Resolución 6 (2021) *Seguridad aérea en la Antártida*. El COMNAP propuso realizar actualizaciones a partir de los resultados del proyecto de aviación antártica y el taller de 2022. Algunas de las principales recomendaciones fueron: suprimir las palabras «en formato físico»; considerar la inclusión de un nuevo subpárrafo operativo acerca de la exigencia de que los transpondedores estuvieran apagados en todas las operaciones con aeronaves en el área del Tratado Antártico y de la encarecida recomendación de que todas las aeronaves que operasen en ese área incluyeran la tecnología ADS-B IN; añadir las palabras «y otros operadores» al párrafo 8, e incluir un nuevo párrafo operativo que hiciera referencia a un equipamiento de supervivencia mínimo recomendado para llevar a bordo de la aeronave.

(184) La IAATO manifestó su firme apoyo al trabajo del COMNAP en materia de seguridad aérea y señaló que para los operadores aéreos de la IAATO había sido un placer poder contribuir al taller y a los debates entre sesiones. La IAATO estaba a favor de la propuesta de que todos los operadores, tanto gubernamentales como no gubernamentales, instalasen tecnologías que favorecieran la seguridad en las operaciones aéreas.

(185) Muchas de las Partes felicitaron al COMNAP por su trabajo para la seguridad aérea y

por coordinar el Taller de Aviación Antártica de 2022. La Reunión agradeció estas recomendaciones adicionales del COMNAP como apoyo para la revisión de la Resolución antártica sobre seguridad aérea por parte de la RCTA. Tras los debates y las consultas, la Reunión aceptó de forma general las recomendaciones presentadas por el COMNAP en el WP 17.

(186) La Reunión adoptó la Resolución 3 (2022) *Seguridad aérea en la Antártida.*

(187) Colombia presentó el IP 110 *Identificación de peligros de la operación aérea en la Antártida para gestionar la seguridad operacional de la Fuerza Aérea Colombiana - Fase II.* En él se informaba de un estudio en curso de la Fuerza Aérea de Colombia para identificar los posibles riesgos que conllevaban las operaciones aéreas en la península antártica. El objetivo del estudio era el de diseñar de forma efectiva procedimientos para mejorar la seguridad de las actividades aéreas en la zona. Colombia señaló que el estudio había prestado una especial atención a la mejora y el mantenimiento de las pistas, así como al uso de fotografías aéreas y drones para conocer con mayor detalle las condiciones de vuelo en la península antártica.

Operaciones: Marítimas

(188) Brasil presentó el IP 64 *Hydrographic and Cartographic Activities of Brazil in the Antarctic Region carried out during the last two campaigns of the Brazilian Antarctic Program (OPERANTAR XXXIX e XL)* [*Actividades hidrográficas y cartográficas de Brasil en la región antártica durante las dos últimas campañas del programa antártico brasileño OPERANTAR XXXIX y XL)*]. En él informaba del reciente trabajo de la Dirección de Hidrografía y Navegación (DHN), la agencia que representaba a Brasil en la OHI. También presentaba un resumen de los estudios batimétricos e hidrográficos realizados y de las publicaciones y cartas náuticas actualizadas por el programa antártico brasileño durante las dos últimas temporadas.

(189) La Argentina presentó el IP 87 *Informe sobre la XXIV^a edición de la Patrulla Antártica Naval Combinada entre Chile y la Argentina - 2021/2022*, preparado de forma conjunta con Chile. La Argentina señaló que sus patrullas navales antárticas combinadas con Chile llevaban funcionando desde 1998. En estas patrullas se realizaban, por ejemplo, actividades de búsqueda y rescate, operaciones de salvamento, control de la contaminación y acciones de remediación con el fin de proteger la navegación y el medio ambiente.

(190) Bulgaria informó a la Reunión de que, en la siguiente temporada antártica, iba a enviar una embarcación búlgara a la estación St. Kliment Ohridski.

(191) El Reino Unido hizo referencia al IP 92 para señalar que sus investigadores habían observado una gran cantidad de contaminación por plásticos derivada de buques pesqueros en el océano austral. El Reino Unido animó a la ASOC a continuar informando sobre esta cuestión.

(192) En lo que respecta a los documentos presentados sobre asuntos marítimos, la Reunión hizo una reflexión sobre la importancia de fortalecer el intercambio de opiniones sobre las experiencias nacionales en los relevamientos hidrográficos, así como sobre la aplicación del Código Polar en la Antártida. Por ello, la Reunión invitó a las Partes a compartir documentos sobre estas cuestiones en la siguiente RCTA. A propuesta de Finlandia, la Reunión respaldó la organización de una sesión temática en el programa de la XLV RCTA para mejorar y promover una aplicación uniforme del Código Polar de la OMI en las aguas que bordean ambos polos.

(193) También se recibió el siguiente documento, que se consideró como presentado en este tema del programa:

- IP 92 *Developments to enhance the safety of pleasure yachts and fishing boats operating in the Antarctic Treaty area* [*Avances para mejorar la seguridad de las embarcaciones de recreo y barcos pesqueros que operen en el área del Tratado Antártico*] (ASOC).

Seguridad y operaciones: Estaciones

(194) El COMNAP presentó el WP 18 *Informe sobre los planes de emergencia y la implementación de la evaluación de riesgos de desastres naturales en las estaciones antárticas*. Recordó que la Resolución 7 (2021) invitaba al COMNAP a presentar un informe para evaluar la situación general de los planes de emergencia en las bases antárticas y sus operaciones de apoyo, así como el grado de implementación de los programas de evaluación del riesgo de desastres naturales. El COMNAP informó que había llevado a cabo una encuesta para evaluar la situación general de los procedimientos y planes de emergencia y de evacuación y la disponibilidad de refugios o lugares de evacuación en caso de desastres naturales que afectasen a las estaciones antárticas y a sus operaciones de apoyo. Todos los programas de los miembros con estaciones antárticas contestaron a la encuesta. Los resultados de la encuesta indicaban que veinte de los veintinueve programas antárticos nacionales de miembros del COMNAP con una o más estaciones en el área del Tratado Antártico contaban con planes de emergencia en caso de un desastre natural. También indicaban que veintitrés de estos programas antárticos nacionales disponían de refugios en caso de un desastre natural. El COMNAP invitó a las Partes a considerar estos resultados durante cualquier revisión de sus planes de gestión de emergencias y futuro trabajo en el seno de la RCTA en relación con este tema. El COMNAP también hizo hincapié en que esta encuesta suponía un primer paso dentro de un proyecto de mayor envergadura sobre estas cuestiones.

(195) La Reunión dio las gracias al COMNAP por su exhaustivo documento sobre planes de emergencia y evaluación del riesgo de desastres naturales en las estaciones antárticas. Muchas Partes recalcaron la importancia de este trabajo y declararon que tendrían en cuenta estos resultados a la hora de desarrollar sus planes de emergencia en el futuro. Muchas Partes y la IAATO también manifestaron su disposición a seguir trabajando con el COMNAP en este tema.

(196) El Reino Unido y la Argentina señalaron que, cuando en el futuro se evalúe la situación de los procedimientos y planes de emergencia y evacuación, como así también de la disponibilidad de refugios o lugares de evacuación en las estaciones antárticas, debería tenerse en cuenta el riesgo de que se produzcan desastres naturales en dichas estaciones para así concentrar los esfuerzos en aquellas que más lo requirieran. Se sugirió la posibilidad de ampliar este trabajo a otros desastres naturales.

(197) Para finalizar, la Reunión destacó la importancia de promover una amplia participación en el Grupo de Colaboración Técnica que COMNAP organizaría para determinar lagunas de conocimiento y para estar preparados para responder a los riesgos asociados a la actividad sísmica. El COMNAP aceptó aportar nueva información sobre este trabajo en una futura RCTA.

(198) Alemania presentó el IP 59 *Report on Refurbishment and Modernization of the German Antarctic Receiving Station GARS O'Higgins* [*Informe sobre la remodelación y modernización de la estación alemana de recepción antártica GARS O'Higgins*]. En él se subrayaba la necesidad de modernizar la estación GARS O'Higgins para reducir la huella humana, teniendo en cuenta que la estación llevaba funcionando más de 30 años. Alemania señaló que el acceso con grúa únicamente se había permitido al este de la estación, donde se situaba el emplazamiento chileno, para proteger las colonias reproductoras de pingüinos papúa en las inmediaciones de los edificios de la estación. Los esfuerzos para proteger a esta especie también incluyeron una valla de protección

para los pingüinos. Alemania agradeció en particular a Chile y también a Brasil su apoyo logístico.

(199) Alemania presentó el IP 70 *Energetic modernisation of the German Neumayer-Station III [Modernización energética de la estación alemana Neumayer III]*, que analizaba las posibilidades de modernizar la infraestructura energética de la base, mejorando las tecnologías basadas en energías renovables y reduciendo los costes operativos. Pese a que la estación Neumayer III tenía un tamaño muy superior a la estación Neumayer II, consumía un 50 % menos de combustible por la optimización de la energía. También informó a la Reunión de que, como punto de partida de esta mejora, en enero de 2023 se instalaría un nuevo aerogenerador, con una potencia nominal prevista de 50 kW, que se probaría durante, al menos, un año.

(200) La Reunión agradeció a Alemania los documentos que había presentado y destacó su interés en colaborar con Alemania y aprender de ella para futuros planes de modernización con el fin de reducir colectivamente la huella humana en la Antártida.

(201) Varias Partes mencionaron que, además de la modernización, otra manera de avanzar en la lucha contra el cambio climático en el futuro podría ser compartir estaciones o logística. Habida cuenta del incremento de la construcción en la Antártida, la Reunión propuso que las Partes siguieran compartiendo información y experiencias sobre los aspectos medioambientales, culturales y de seguridad de sus trabajos de construcción en beneficio de todas las Partes.

(202) El COMNAP remitió a la Reunión a su IP 47 de la XLII RCTA y alas actas del simposio sobre procedimientos para la modernización de estaciones. El COMNAP también hizo constar su disposición a continuar proporcionando asesoramiento práctico y técnico para ayudar a la RCTA en la toma de decisiones sobre la cuestión de la modernización.

(203) Ecuador presentó el IP 115 *Análisis de riesgos de desastres naturales en la zona de influencia de la Estación Científica "Pedro Vicente Maldonado"*, que proponía un análisis de aspectos climáticos, ambientales y antrópicos para reducir el riesgo de posibles desastres naturales en su estación científica. Ecuador destacó la iniciativa del COMNAP para evaluar el estado de los planes de emergencia en las bases antárticas y su implementación de los programas contra el riesgo de desastres, tal como se establecía en la Resolución 7 (2021). Ecuador informó que tenía previsto colaborar con Chile para crear unos procedimientos conjuntos ante emergencias, puesto que ambas Partes tenían experiencia en materia de alertas por tsunami.

(204) Uruguay presentó el IP 33 *Proyecto Cambio de matriz energética Base Científica Antártica Artigas. Instalación de Generador Eólico*, en el que se informaba de la instalación de un aerogenerador portátil en la estación General Artigas. Uruguay comentó que en esos momentos estaba pasando por un período de prueba y que se evaluaría en la temporada 2022/23, y también comentó que tenía previsto construir, con el tiempo, un parque eólico con el fin de minimizar sus emisiones de gases de efecto invernadero y eliminar el uso de combustibles fósiles en la Antártida.

(205) La Secretaría presentó el SP 7 *Planes de Gestión de Residuos y Planes de Contingencia: análisis de la información proporcionada por las Partes en el SEII*. Este documento analizaba el estado y la evolución de los datos correspondientes a los requisitos de intercambio de información para los planes de gestión de residuos y los planes de contingencia contenidos en el informe anual y la información permanente que las Partes habían presentado en el SEII durante el período 2012-2021. Este estudio revelaba que, con respecto a las disposiciones del anexo III y el anexo IV al Protocolo, los datos presentados sobre planes de gestión de residuos y planes de contingencia parecían estar incompletos y no eran uniformes entre las distintas Partes. La Secretaría señaló que la ausencia general de planes de gestión de residuos y planes de contingencia accesibles y

actualizados dentro del SEII no significaba necesariamente la inexistencia de dichos planes. La Secretaría mencionó que estaba dispuesta a ayudar a las Partes a utilizar el SEII.

(206) La IAATO valoró positivamente el intercambio de información sobre los planes de gestión de residuos y los planes de contingencia. Señaló que los anexos III y IV también resultaban de aplicación a los operadores no gubernamentales y que los operadores de la IAATO estaban dispuestos a que sus planes de contingencia y, si procedía, sus planes de gestión de residuos fueran accesibles a través del SEII.

(207) La Reunión agradeció el análisis de la Secretaría y la animó a seguir presentando este tipo de informes. Comentó que la gestión de residuos era un aspecto fundamental del Protocolo sobre Protección del Medio Ambiente y que requería de mejoras continuas. Por otra parte, la Reunión reiteró la importancia del intercambio de información para cumplir los requisitos de transparencia del Sistema del Tratado Antártico, así como la necesidad de seguir trabajando para mejorarlo. La Reunión también animó a las Partes a aprovechar la oferta de sesiones formativas virtuales de la Secretaría sobre el uso del SEII.

(208) En relación con este tema del programa, se remitieron también los siguientes documentos:

- BP 1 *Indoor Farming Facility at the Antarctic King Sejong Station* [*Instalación de cultivo en interior en la estación antártica King Sejong*] (República de Corea).

- BP 4 *Resumen sobre la Campaña Antártica de Verano 2021-2022* (Uruguay).

- BP 5 *Update of the Information on the Progress of the Renovation of the Henryk Arctowski Polish Antarctic Station on King George Island, South Shetland Islands* [*Actualización de la información sobre el progreso de la renovación de la estación antártica polaca Henryk Arctowski en la isla Rey Jorge/isla 25 de Mayo, islas Shetland del Sur*] (Polonia).

- BP 6 *40th Brazilian Antarctic Operation (OPERANTAR XL) – 2021/2022* [*40.ª operación antártica brasileña (OPERANTAR XL) – 2021/2022)*] (Brasil).

- BP 7 *Celebrating the 40 years of the Brazilian Antarctic Program (PROANTAR)* [*Celebración de los 40 años del programa antártico brasileño (PROANTAR)*] (Brasil).

- BP 16 *Monitoring of hazardous objects on the glacier in the Larsemann Hills region (East Antarctica)* [*Control de objetos peligrosos en el glaciar de la región de las colinas de Larsemann (Antártida Oriental)*] (Federación de Rusia).

- BP 20 *Installation of the VHF Repeater Module on Horseshoe Island* [*Instalación de un módulo de repetición VHF en la isla Herradura*] (Türkiye).

- BP 22 *On the Progress of Work on the Assembly of a New Wintering Complex at Vostok Station in the 2021/2022 Season* [*Sobre el progreso de los trabajos para montar un nuevo complejo invernal en la estación Vostok en la temporada 2021/2022*] (Federación de Rusia).

- BP 27 *Postergación de la XXVI Expedición Antártica Ecuatoriana* (Ecuador).

Temas relativos a la gestión de la pandemia por COVID-19

(209) El COMNAP presentó el IP 94 *National Antarctic Programs' operations as the global pandemic continued* [*Operaciones de los programas antárticos nacionales mientras continuaba la pandemia global*]. El COMNAP señaló que la unión de todos los programas antárticos nacionales a la hora de trabajar juntos para responder al desafío que

supuso la COVID-19 podría haber sido el mejor ejemplo de colaboración internacional en relación con las actividades antárticas que había presenciado en los últimos tiempos. En este documento se informaba de la temporada 2021/22, sobre las directrices del COMNAP en materia de COVID-19 y sobre la aplicación de dichas directrices por los programas antárticos nacionales para facilitar el desarrollo de la ciencia en la Antártida. Además, se elogió a todos los programas antárticos nacionales por su compromiso para aplicar los protocolos.

(210) La Reunión agradeció al COMNAP esta actualización y destacó las extraordinariamente difíciles circunstancias para la investigación en la Antártida vividas durante la temporada 2021/22. La Reunión felicitó al COMNAP por su liderazgo a la hora de facilitar el intercambio de experiencias y de establecer recomendaciones que ayudaron a las Partes a posibilitar el desarrollo de actividades científicas de referencia global durante toda la pandemia. Hizo especial referencia al Grupo Conjunto de Expertos sobre Biología Humana y Medicina del SCAR y el COMNAP y al Subcomité Especial sobre COVID-19 del COMNAP por su excelente e inagotable labor durante la pandemia.

(211) La Reunión quiso expresar su agradecimiento, en particular, a todos los científicos y al personal de los programas antárticos nacionales, quienes trabajaron en equipo para salvar vidas y garantizar que la actividad científica pudiera continuar con independencia de la pandemia. Reconoció la labor de los programas antárticos nacionales en los puertos de entrada de la Argentina, Australia, Chile, Nueva Zelandia y Sudáfrica a la hora de facilitar y servir de enlace para el paso de otros programas de forma segura por sus aeropuertos y puertos, sin olvidar la gestión de sus propios programas complejos. La Reunión también agradeció la inestimable tarea del Grupo Conjunto de Expertos en Biología Humana y Medicina, liderado por la unidad médica del *British Antarctic Survey* y del Subcomité Especial sobre COVID-19 del COMNAP, encabezado por el Instituto Alfred Wegener, Centro Helmholtz de Investigaciones Polares y Marinas.

(212) La IAATO dio las gracias al COMNAP por su estrecha colaboración y comunicación durante la pandemia. Aunque los operadores de la IAATO no llevaron a cabo visitas turísticas a las estaciones de investigación durante la temporada 2020-21, cinco de ellos prestaron asistencia logística a programas antárticos nacionales. La IAATO señaló que estos operadores siguieron los protocolos del COMNAP y de los programas antárticos nacionales y que seguirían haciéndolo en el futuro. La IAATO también hizo mención a la colaboración y la comunicación con Partes que contaban con ciudades que eran puertos de entrada a la Antártida.

(213) El SCAR apuntó que la investigación a largo plazo resultaba esencial para comprender las condiciones actuales y futuras de los entornos antártico y del océano austral, así como la dinámica de nuestro sistema solar y los aspectos fundamentales del funcionamiento del universo. En nombre de la comunidad científica, el SCAR agradeció al COMNAP y a los programas antárticos nacionales que facilitaran la continuidad de la actividad científica a largo plazo en las difíciles circunstancias de la pandemia y mantuvieran protegida a la comunidad científica durante una época insólita.

(214) El COMNAP agradeció a las Partes su abrumador apoyo y señaló que su respuesta a los desafíos provocados por la pandemia únicamente fue posible gracias a la implicación de los programas antárticos nacionales y a la comunicación abierta con la Secretaría de la IAATO. El COMNAP confirmó que ya estaba trabajando en la actualización de las directrices para la temporada 2022/23.

(215) También se remitieron los siguientes documentos, que se consideraron como presentados en este tema:

- IP 57 *DROMLAN's efforts to prevent the spread of SARS-CoV-2 virus within the Dronning Maud Land, Antarctica* [*Iniciativas del proyecto DROMLAN para evitar*

la propagación del virus SARS-CoV-2 en la Tierra de la Reina Maud, Antártida]
(Alemania, India).

- IP 58 rev.1 *Efficiently and Safely Conducting Expeditions in the Arctic and Antarctic During the SARS-CoV-2 Pandemic* [*Realización de expediciones de forma eficaz y segura en el Ártico y la Antártida durante la pandemia por SARS-CoV-2*] (Alemania).

(216) En relación con este tema del programa, se remitió también el siguiente documento:

- BP 29 *Resultado de la implementación del Protocolo Sanitario para las actividades antárticas de Uruguay durante 2021-2022, y su actualización* (Uruguay).

Tema 14: Inspecciones realizadas en virtud del Tratado Antártico y del Protocolo sobre Protección del Medio Ambiente

(217) Chile presentó el IP 29 *Seminario sobre inspecciones Antárticas*. Este documento destacaba las inspecciones como un mecanismo clave del Sistema del Tratado Antártico e introdujo el concepto de un seminario para permitir que aquellas Partes que hubieran efectuado inspecciones antárticas compartan su aprendizaje y creen oportunidades de colaboración. Chile informó a la Reunión de que, junto con la Argentina, organizaría un seminario de inspecciones antárticas en noviembre de 2022 y distribuiría sus términos de referencia al resto de las Partes en su debido momento.

(218) La Reunión recordó que, durante la XLII RCTA, había acordado debatir de manera informal temas vinculados con las inspecciones. La Reunión agradeció a Chile y la Argentina la organización del seminario en respuesta a dicho pedido. Muchas de las Partes mencionaron que estarían dispuestas a asistir al seminario.

Tema 15: Asuntos, futuros desafíos, cooperación y facilitación científicos

Cooperación y facilitación científica

(219) Türkiye presentó el IP 99 *Czechia-Turkey Scientific and Logistic Collaboration in Antarctica* [*Colaboración científica y logística en la Antártida entre la República Checa y Türkiye*], preparado de forma conjunta con la República Checa, en el que informaba de la colaboración entre la República Checa y Türkiye durante la sexta expedición antártica turca (TAE-VI). Türkiye también presentó el IP 102 *Bulgaria-Turkey Scientific and Logistic Collaboration in Antarctica* [*Colaboración científica y logística en la Antártida entre Bulgaria y Türkiye*], preparado de forma conjunta con Bulgaria, en el que informaba de la colaboración entre Bulgaria y Türkiye durante la trigésima expedición antártica búlgara y la TAE-VI. Türkiye declaró que todas las Partes que participaron en estas colaboraciones habían cumplido íntegramente sus compromisos y habían llevado a cabo las operaciones conjuntas con un espíritu de solidaridad y apoyo mutuo. Türkiye recalcó que la colaboración científica internacional no solo enriquecía los intereses de los distintos proyectos científicos, sino que también contribuía a reducir la huella de carbono en la Antártida.

(220) Türkiye presentó el IP 103 *A Memorandum of Understanding between the Ministry of Science and Innovation of the Kingdom of Spain and the Scientific and Technological Research Council of Turkey* [*Memorando de entendimiento entre el Ministerio de Ciencia e Innovación del Reino de España y el Consejo de Investigación Científica y Tecnológica de Türkiye*], preparado de forma conjunta con España, en el que se informaba de la firma de un memorando de entendimiento entre España y Türkiye sobre colaboración en ciencia y logística en el ámbito polar. Türkiye también presentó el IP 104 *A Memorandum of Understanding between the Scientific and Technological*

Research Council of Turkey, Marmara Research Center, Polar Research Institute and the National Institute of Polar Research, the Research Organization of Information and Systems [*Memorando de entendimiento entre el Instituto de Estudios Polares del Centro de Investigación Marmara del Consejo de Investigación Científica y Tecnológica de Türkiye, el Instituto Nacional de Investigación Polar y la Organización de Estudios sobre Información y Sistemas*], preparado de forma conjunta con el Japón, en el que se informaba de la firma de un memorando de entendimiento entre las instituciones competentes a escala nacional de Türkiye y Japón dedicadas a la investigación polar. Türkiye informó a la Reunión de su deseo de poder llevar a cabo una investigación polar colaborativa, coordinar de forma conjunta actividades intelectuales, mejorar la utilización de recursos, colaborar en asuntos de logística polar y mejorar el intercambio de información científica y material de investigación.

(221) La Reunión dio las gracias a Türkiye y destacó la utilidad de mantener informada a la RCTA acerca de los acuerdos formales que cerrara en materia de colaboración científica antártica o polar.

(222) La OMM presentó el IP 106 *WMO Unified Data Policy and the Global Basic Observing Network (GBON)* [*Política de datos unificada de la OMM y Red Global de Observación Básica (GBON)*], en el que se informaba de la adopción de la revisión y actualización de la política de datos y la red de intercambio de información tras la sesión extraordinaria del Congreso Meteorológico Mundial celebrado en 2021. La OMM señaló que la política de datos unificada establecía los objetivos generales, el alcance y el propósito del intercambio de información entre todos sus miembros. Por su parte, del GBON se esperaba que reforzara considerablemente la disponibilidad global de los datos procedentes de las observaciones. Con esta política se pretendían aumentar las prácticas de intercambio de información de la OMM hasta abarcar todos los datos pertinentes de la OMM sobre el planeta, es decir, no solo datos meteorológicos, sobre el clima o el agua, sino también dominios como la composición de la atmósfera, la oceanografía, la criósfera o la meteorología del espacio. La OMM indicó que estos nuevos instrumentos estaban destinados a facilitar un intercambio libre y abierto de datos y medidas entre las distintas organizaciones meteorológicas, así como a mejorar los modelos predictivos numéricos y a contribuir al acceso de las instituciones meteorológicas de todo el mundo a observaciones que se necesitan con urgencia.

(223) La Reunión agradeció a la OMM su presentación y resaltó el potencial de la política y la red implementadas, que redundarían en beneficio de instituciones meteorológicas y de investigación vitales en todo el mundo.

(224) El COMNAP presentó el IP 5 *Early Career Opportunities: Antarctic Fellowships & Scholarships* [*Oportunidades de inicio de carrera: becas de estudio e investigación de la Antártida*], preparado de forma conjunta con la CCRVMA, el SCAR y la IAATO. En este documento se mencionaba el trabajo conjunto de los cuatro proponentes para apoyar a personas en el inicio de su carrera en el desarrollo de sus proyectos de investigación e ingeniería antártica. El COMNAP subrayó la importancia de las oportunidades en el inicio de la carrera, tanto para futuros científicos e ingenieros como para el estado general de la investigación antártica. El COMNAP animó a todas las Partes a publicitar en sus países estas oportunidades entre las personas que estén comenzando su carrera profesional.

(225) La Reunión dio las gracias a los coautores por el IP 5 y señaló el incalculable valor de los últimos veinte años de colaboración para apoyar a personas en el inicio de su carrera en investigación, ciencia e ingeniería antárticas.

(226) Uruguay presentó el IP 28 *Uruguay, país anfitrión de la XXXII Reunión de Administradores de Programas Antárticos Latinoamericanos*, que informaba acerca de

la última RAPAL en septiembre de 2021. Uruguay explicó las funciones principales de la RAPAL como foro para propiciar el debate y el intercambio de información en asuntos científicos, logísticos y de investigación en la Antártida entre los pases latinoamericanos y otras partes invitadas. Recordó que esta colaboración llevaba más de dos décadas produciéndose en un espíritu de solidaridad que complementaba decididamente el ánimo de colaboración dentro del Sistema del Tratado Antártico.

(227) La Reunión agradeció al Uruguay la presentación del documento. La Argentina dio las gracias a Uruguay por albergar este evento y destacó el papel de la RAPAL entre todos los programas antárticos nacionales latinoamericanos.

(228) La Reunión agradeció a las Partes sus documentos y reiteró su apoyo a toda futura colaboración internacional en materia de cooperación y facilitación científica en la Antártida.

(229) También se remitieron los siguientes documentos, que se consideraron como presentados en este tema:

- IP 12 *Scientific and Science-related Cooperation with the Antarctic Community and Responses to COVID-19* [*Cooperación científica y relacionada con la ciencia con la comunidad antártica y respuestas a la COVID-19*] (República de Corea).

- IP 13 *Korea-Chile Collaboration in Antarctic Research* [*Colaboración entre Corea y Chile en investigación antártica*] (República de Corea, Chile).

(230) En relación con este tema del programa, se remitieron los siguientes documentos:

- BP 2 *Icebreaking polar class research vessels: New Antarctic fleet capabilities* [*Buques de investigación de navegación polar rompehielos: nuevas capacidades para la flota antártica*] (COMNAP).

- BP 17 *Colombia avanza en los propósitos de su Programa Antártico con la construcción de un buque de investigación científico-marina Ice Class 1C* (Colombia).

- BP 31 *Antarctic research skills acquired under cooperation between Romania and Republic of Korea 2015-2020* [*Competencias de investigación antártica adquiridas durante la colaboración entre Rumania y la República de Corea entre 2015 y 2020*] (Rumania).

Asuntos y futuros desafíos científicos

(231) Estados Unidos presentó el IP 26 *International Thwaites Glacier Collaboration: The Future of Thwaites Glacier and its Contribution to Sea-Level Rise* [*Colaboración internacional en el glaciar Thwaites: el futuro del glaciar Thwaites y su contribución al aumento del nivel del mar*], preparado de forma conjunta con el Reino Unido. Este documento mencionaba los avances del programa de investigación conjunta de la Fundación Nacional de Ciencias estadounidense (NSF) y el Consejo de Investigación del Entorno Natural del Reino Unido (NERC), que buscaba obtener proyecciones fiables a largo plazo sobre la pérdida de hielo y el aumento del nivel del mar derivados del glaciar Thwaites. Además, resaltaba la importancia del glaciar Thwaites como área de interés en el proceso en curso del cambio climático. Las estimaciones en ese momento sugerían que solo el deshielo del glaciar había contribuido en hasta cuatro milímetros al aumento del nivel del mar en todo el mundo, del total de tres metros de aumento esperado en caso de una pérdida general de la capa de hielo antártico occidental. Los resultados de este proyecto se habían publicado a través de diversos canales y eran fácilmente accesibles para la comunidad científica global. En conclusión, Estados Unidos destacó la importancia de la colaboración internacional para apoyar proyectos de investigación a

largo plazo y reiteró su total compromiso con la promoción del conocimiento científico de las capas de hielo marinas y las condiciones climáticas en el área del glaciar Thwaites.

(232) El Reino Unido subrayó la importancia de la colaboración internacional a la hora de llevar a cabo proyectos de investigación de esta magnitud y señaló que, para poder abordar cuestiones cruciales y complejas relacionadas con el cambio climático a escala global, era fundamental participar en iniciativas de colaboración exhaustiva en materia científica, logística y de intercambio de información.

(233) Noruega presentó el IP 73 *Troll Observing Network (TONe) – A new research infrastructure supporting Earth System science with data from Dronning Maud Land* [*Red de observación de Troll (TONe): una nueva infraestructura de investigación para apoyar la actividad científica del sistema terrestre con datos de la Tierra de la Reina Maud*], que describía un nuevo proyecto de infraestructura de investigación financiado por el Consejo de Investigación de Noruega. Noruega recalcó que la red de observación de Troll (TONe) se había creado en respuesta a la Resolución 8 (2021), que había pedido a las Partes apoyar los esfuerzos por realizar investigaciones sobre el cambio climático y sus impactos. Indicó también que TONe se había beneficiado de diversos grupos de interés noruegos e internacionales, y que los datos recogidos por su red de observatorios estarían disponibles públicamente para toda la comunidad científica, de conformidad con el artículo III del Tratado Antártico.

(234) Suiza presentó el IP 119 *Switzerland's contribution to snow research in Antarctica 2011-2021* [*Contribución de Suiza a la investigación sobre la nieve en la Antártida 2011-2021*], que resumía las actividades de investigación llevadas a cabo en la última década por científicos suizos en relación con la nieve y los ventisqueros en la Antártida en varias estaciones. Tras recordar las diversas contribuciones científicas y los logros, Suiza extendió su agradecimiento a todos sus colaboradores internacionales y, en particular, a las Partes cuyas estaciones habían acogido a las expediciones e investigadores suizos.

(235) La OMM presentó el IP 71 *Winter Targeted Observing Periods and Further Plans of the Year of Polar Prediction in the Southern Hemisphere (YOPP-SH)* [*Períodos de observación de invierno antártico y otros planes para el Año de la Predicción Polar en el hemisferio sur (YOPP-SH)*]. En este documento se mencionaban las últimas novedades sobre las actividades llevadas a cabo en la Antártida dentro del Proyecto de Predicción Polar de la OMM desde la XLII RCTA. El documento describía cómo el Año de la Predicción Polar (YOPP), la actividad insignia del proyecto, había cristalizado en un aumento de la observación y en iniciativas de modelado tanto en el Ártico como en la Antártida. La OMM informó que las actividades en curso en el marco del YOPP incluían un segundo Periodo de Observación Especial Antártica, cuyo objetivo era mejorar las capacidades predictivas durante los meses fuera del verano. El trabajo y el análisis de los resultados continuarían hasta la temporada 2023-24. La OMM también informó que estaba previsto celebrar la próxima cumbre final del YOPP en Montreal en agosto de 2022. Para concluir, la OMM pidió a todas las partes que compartieran información acerca del portal de datos YOPP con sus agentes y redes meteorológicos con el fin de ayudar a crear una base de datos meteorológicos exhaustiva en beneficio mutuo.

(236) La Reunión agradeció a la OMM su valiosa contribución y subrayó la importancia del Año de la Predicción Polar para toda la comunidad antártica. También felicitó a la OMM por su labor de divulgación pública y por compartir de forma generalizada los datos meteorológicos polares.

(237) Ecuador presentó el IP 113 *Avances del proyecto de generación de un robot submarino para su uso en la Antártida*, en el que se describía de forma general el desarrollo de un robot submarino apto para la investigación del fondo marino de la Antártida. Este robot, desarrollado por un investigador en colaboración con universidades de Ecuador, Nueva

Zelandia y Australia, podía utilizarse para alcanzar profundidades de hasta 8000 metros con teleguiado a través de una combinación de robótica submarina e inteligencia artificial. Ecuador invitó al resto de las Partes a considerar la posibilidad de colaborar en el traslado del submarino hasta aguas antárticas y facilitar la realización de pruebas en condiciones antárticas.

(238) China presentó el IP 122 *Group-size effect on vigilance and flight initiation distances of Adélie penguins in south-eastern Antarctica* [*Efecto del tamaño del grupo sobre las distancias de vigilancia e inicio de vuelo de los pingüinos Adelia en el sureste de la Antártida*], que describía las conclusiones de la trigésima sexta expedición nacional de investigación antártica china en lo que respecta a las distancias de vigilancia e iniciación de vuelo con respecto a los pingüinos Adelia y las posibles perturbaciones derivadas de la actividad humana. Tras comunicar estos resultados, que podían ayudar a mejorar las prácticas de navegación y la protección ambiental de la Antártida, China afirmó que seguía decidida a continuar apoyando esta investigación. Para finalizar, invitó al resto de las Partes con intereses similares a unirse a ella en colaboraciones futuras.

(239) Alemania presentó el IP 60 *Information about the German concept paper "Polar Regions in Transition"* [*Información acerca del documento de concepto alemán «Regiones polares en transición»*]. En este documento se resumían las conclusiones y recomendaciones de un detallado documento conceptual para la investigación polar elaborado por un nuevo consejo asesor especializado a cargo del Ministerio Federal alemán de Educación e Investigación. Alemania llamó la atención del resto de las Partes sobre la estructura del documento conceptual, con el que se pretendía abordar la investigación antártica a través de la presentación de diversas preguntas orientativas y de la formulación de recomendaciones concretas para nuevos programas de investigación. Señaló que este documento estaba publicado en línea en inglés para que pudieran acceder todas las Partes interesadas.

(240) Estados Unidos presentó el IP 27 *The Value of Long-term Ecological Datasets to Evaluate Ecosystem Response to Environmental Change along the Antarctic Peninsula* [*El valor de los conjuntos de datos ecológicos a largo plazo para evaluar la respuesta de los ecosistemas al cambio ambiental a lo largo de la península antártica*]. En este informe se ponía de relieve la necesidad de investigar las complejas interacciones climáticas entre la atmósfera, el hielo y los océanos que controlan la dinámica y la evolución del ecosistema antártico. Hacía énfasis en el valor de los programas de investigación a largo plazo que buscaban prever la posible evolución del cambio global en las siguientes décadas, así como sentar la base científica de los futuros planes de acción de referencia para mejorar la sostenibilidad de los ecosistemas. Estados Unidos señaló que su programa de investigación ecológica a largo plazo (LTER) se llevaba desarrollando desde la década de 1980 con cinco sitios polares, de los cuales dos estaban en la Antártida. Por ello, tenía la capacidad de aportar información única acerca de los cambios medioambientales a escala regional a lo largo de tres décadas. Entre los resultados a largo plazo más significativos, además de información acerca de la pérdida directa de las capas de hielo, figuraban observaciones sobre el impacto crítico de la pérdida de hielo marino, que provocaba cambios en los hábitats con los que algunas especies se veían favorecidas y otras, amenazadas. Los resultados habían gozado de una amplia difusión. En caso de desear más información, Estados Unidos animó a todas las Partes interesadas a ponerse en contacto con el Centro de Datos para la Investigación Antártica estadounidense.

(241) El SCAR presentó el IP 107 rev. 1 *The Southern Ocean contribution to the United Nations Decade of Ocean Science for Sustainable Development* [*La contribución del océano austral al Decenio de las Naciones Unidas de las Ciencias Oceánicas para el Desarrollo Sostenible*], preparado de forma conjunta con Bélgica, los Países Bajos, la IAATO, la OMM y, de forma más general, con el Grupo de Trabajo del Océano Austral.

Según este documento, el grupo de trabajo incluía organizaciones de toda la comunidad de investigación científica, así como de todos los sectores de la industria y los organismos de gestión nacionales e internacionales. El SCAR señaló que el Decenio de las Naciones Unidas de las Ciencias Oceánicas pretendía reunir a partes de todo el mundo interesadas en los océanos en torno a un marco común de investigación para apoyar un futuro sostenible para los océanos del mundo. La comunidad del océano austral había emprendido procesos orientados a los grupos de interés para desarrollar un plan de acción sobre este océano, que finalmente se publicó en abril de 2022. El SCAR afirmó que el Decenio de las Naciones Unidas suponía una oportunidad única para que los grupos de interés se movilizaran en conjunto y pusieran el foco en las necesidades de investigación del océano austral. Añadió que el plan de acción tenía por objeto identificar desafíos para la investigación, reforzar los vínculos entre ciencia, industria y política y promover actividades colaborativas internacionales que abordaran las lagunas en el conocimiento y la cobertura de los datos. En esos momentos, el Plan de Acción para el Océano Austral se encontraba disponible para su descarga conforme a lo indicado en el documento de información.

(242) Colombia presentó el IP 109 *II Congreso Internacional "Colombia y su proyección en la Antártica"*, en el que se daba a conocer un congreso internacional anual celebrado en Colombia sobre la protección de la Antártida como un espacio para la investigación académica y la colaboración científica. En 2021, el congreso había adoptado un formato híbrido y se había centrado en promover el debate y la sensibilización sobre los asuntos antárticos, así como en ayudar a formular una política nacional antártica. En él participaron socios internacionales procedentes del Brasil, Chile, Ecuador y otros países. Además, Colombia expresó su agradecimiento a todos los institutos antárticos nacionales e internacionales por su activa colaboración.

(243) Türkiye presentó el IP 101 *Turkish Polar Science Workshops* [*Talleres turcos sobre ciencia polar*], en el que se informaba de los talleres nacionales anuales sobre ciencia polar celebrados en Türkiye desde 2017. Türkiye mencionó que el quinto Taller Nacional sobre Ciencia Polar había acogido a más de 500 participantes, se habían presentado más de 100 resúmenes y en sus actos había contado con más de 80 instituciones, con ponencias de oradores de alcance internacional que habían recibido una considerable atención en línea.

(244) La Reunión agradeció a todas las Partes y al SCAR sus presentaciones sobre temas científicos y destacó los numerosos logros y avances que se habían abordado.

(245) También se remitieron los siguientes documentos, que se consideraron como presentados en este tema del programa:

- IP 95 *Progress of glaciological research activities at the Dome Fuji station and its vicinity* [*Avance de las actividades de investigación glaciológica en la estación Dome Fuji y sus alrededores*] (Japón).

- IP 108 *The Ice Memory Programme* [*Programa de la memoria del hielo*] (Francia, Italia).

(246) En relación con este tema del programa, se remitieron también los siguientes documentos:

- BP 15 *Russian glaciological investigations at Vostok station during the 67th Russian Antarctic Expedition (January 2022)* [*Investigaciones glaciológicas en la estación Vostok durante la 67.ª expedición antártica rusa (enero de 2022)*] (Federación de Rusia).

- BP 18 *Seeds for Future - Global Wild Plant Seed Vault* [*Semillas para el futuro: bóveda global de semillas de plantas silvestres*] (Italia).

Principales actividades y resultados científicos de los programas nacionales

(247) Como comentario preliminar, la presidenta sugirió a las Partes que, de acuerdo con lo dispuesto en las Reglas de Procedimiento de la RCTA (especialmente las reglas 50 y 51), los documentos que informaran sobre las actividades y resultados de sus programas antárticos nacionales se presentasen a la Reunión en forma de documentos de antecedentes. Asimismo, si los documentos exponían prioridades científicas a medio y largo plazo, dadas las implicaciones que podían tener a la hora de identificar oportunidades de colaboración, sería conveniente presentarlos en forma de documentos de información.

(248) Australia presentó el IP 50 *Australian Antarctic Science Program 2021-22* [*Programa de ciencia antártica australiana 2021/22*], con el que comunicaba los puntos destacados de su programa científico para 2021/22. Entre ellos, la llegada del nuevo rompehielos australiano *RSV Nuyina* y los procesos de prueba y puesta en marcha de los sistemas científicos de la embarcación; el trabajo de campo como apoyo para proyectos sobre cambio y procesos climáticos, así como sobre protección y gestión de los ecosistemas y el entorno del océano austral, y sobre la publicación de diversos documentos de relevancia. Australia informó que había comenzado a desarrollar un plan decenal para la ciencia antártica que establecería las prioridades en materia de preguntas científicas e investigación. Australia hizo hincapié en que su programa de ciencia antártica seguía beneficiándose de la colaboración nacional e internacional en temas operativos y de investigación.

(249) Malasia presentó el IP 63 *Malaysia's activities and achievements in Antarctic research and diplomacy* [*Actividades y logros de Malasia en el campo de la investigación antártica y la diplomacia*], en el que se presentaban las últimas novedades sobre sus actividades de investigación e iniciativas diplomáticas durante la temporada 2021/22. Malasia agradeció a Chile, el Reino Unido y la República de Corea el continuo apoyo prestado a sus actividades en la Antártida.

(250) Malasia presentó el IP 69 *Report from Asian Forum of Polar Sciences to the ATCM XLIV* [*Informe a la XLIV RCTA sobre el Foro Asiático de Ciencias Polares*], en el que se informaba de las actividades del Foro Asiático de Ciencias Polares (AFoPS) para promover la cooperación entre las instituciones asiáticas de ciencia polar. Malasia, que ocupó la presidencia del AFoPS en 2021/22, informó a la Reunión acerca de algunas muestras de su reciente trabajo: un seminario web sobre desarrollo de capacidades; la junta general anual de 2021 del AFoPS, celebrada en línea entre el 28 y el 29 de octubre de 2021, donde se firmó un memorando de entendimiento entre el SCAR, el Comité Internacional de Ciencia Ártica (IASC) y el AFoPS; y una reunión especial en línea celebrada el 28 de marzo de 2022 junto con la Semana de la Cumbre de Ciencia del Ártico (ASSW). Malasia agradeció a los miembros del AFoPS el trabajo que habían realizado.

(251) Japón presentó el IP 96 *Japan's Antarctic Research Highlights 2021- 22* [*Puntos destacados de la investigación antártica de Japón durante el período 2021/22*]. En él se describían los aspectos más destacados en materia de investigación de la temporada 2021/22, incluidas las observaciones de alta resolución de la atmósfera antártica con el programa del radar de mesósfera, estratósfera y tropósfera/dispersión incoherente (PANSY), ubicado en la estación antártica Syowa, y los instrumentos que lo complementaban, así como las observaciones avanzadas en globo de la alta tropósfera y baja estratósfera de la Antártida y la perforación con agua caliente en el glaciar Laghovde. Japón señaló que sus actividades científicas habían vuelto a los niveles previos a la pandemia.

(252) La Secretaría recordó a las Partes que, en respuesta a una petición presentada en la XLII RCTA (Informe Final de la XLII RCTA, párr. 311), había creado una sección en

su sitio web para destacar las prioridades científicas clave de los programas antárticos nacionales, de modo que todas las Partes tuvieran un fácil acceso a ellas. La Reunión animó a las Partes que aún no lo hubieran hecho a que presentaran información a la Secretaría para incluirla en el sitio web.

(253) Se remitieron los siguientes documentos, los cuales se consideraron presentados:

- IP 78 *Update on the Australian Antarctic Strategy and 20 Year Action Plan and major initiatives* [*Actualización de la estrategia antártica australiana y del plan de acción a 20 años y principales iniciativas*] (Australia).

- IP 125 *Actividad de Chile en Glaciar Unión* (Chile).

(254) En relación con este tema del programa, se remitieron los siguientes documentos:

- BP 3 *Aotearoa New Zealand Antarctic Research Directions and Priorities 2021 - 2030* [*Direcciones y prioridades de la investigación antártica de Aotearoa Nueva Zelandia para el periodo 2021-2030*] (Nueva Zelandia).

- BP 9 *Expedición Científica del Perú a la Antártida* (Perú).

- BP 10, *Actividades del Programa Nacional Antártico de Perú Período 2021 – 2022* (Perú).

- BP 19 *Antarctic Publications by Turkish Scientists (2021/2022 Update)* [*Publicaciones antárticas de científicos turcos (actualización de 2021/22)*] (Türkiye).

- BP 21 *The Sixth Turkish Antarctic Expedition (TAE-VI)* [*La sexta expedición antártica turca (TAE-VI)*] (Türkiye).

- BP 23 *Informe de las actividades científicas del Instituto Antártico Argentino – Año 2021* (Argentina).

- BP 25 *VIII Expedición Científica de Colombia a la Antártica, verano austral 2020-2021* (Colombia).

- BP 30 *Indian Antarctic Scientific Activities During 2021-22* [*Actividades científicas antárticas de la India durante 2021/22*] (India).

Diversidad en la ciencia antártica

(255) Australia presentó el IP 55 *Diversity and inclusion in the Australian Antarctic program* [*Diversidad e inclusión en el programa antártico australiano*], que describía una serie de actividades destinadas a aumentar la diversidad en todos los aspectos del programa antártico australiano durante los últimos años. El IP recibía con benelácito el debate sobre igualdad, diversidad e inclusión en la Reunión. Australia señaló que las actividades sobre diversidad e inclusión del programa antártico australiano tenían por objetivo garantizar que todas las personas empleadas o que participaran en expediciones se sintieran seguras, bienvenidas y respetadas, además de protegidas de toda discriminación. Australia recalcó que la División Antártica Australiana estaba comprometida con el aumento de la diversidad en todos los aspectos de su programa antártico.

(256) La Argentina presentó el IP 114 rev.1 *Abordaje de género en el Programa Antártico Argentino*, en el que informaba acerca de las actividades del programa antártico argentino en materia de igualdad entre sexos. Señaló que las mujeres que trabajaban en la Dirección Nacional del Antártico y el Instituto Antártico Argentino ocupaban puestos de liderazgo, como direcciones y jefaturas. En cuanto al personal científico, la Argentina mencionó que hacía años que existía paridad de género entre el personal que realizaba tareas en las distintas estaciones antárticas argentinas. Por lo que respecta al personal de apoyo logístico, afirmó que se estaba contratando a mujeres para puestos de motoristas y

conductoras, y que en la estación Carlini se había alcanzado la paridad de género.

(257) El SCAR aplaudió los documentos presentados por Australia y la Argentina e hizo mención de sus propias iniciativas para impulsar la igualdad, la diversidad y la inclusión mediante la creación de su Grupo de Acción de Igualdad, Diversidad e Inclusión (EDI) en enero de 2022.

(258) El COMNAP agradeció el reconocimiento de la Reunión a sus iniciativas para mejorar la igualdad de género, la inclusión y el desarrollo de recomendaciones para permitir que se pudieran denunciar y comunicar de forma segura los casos de acoso, insinuaciones no deseadas y comportamiento inadecuado en la Antártida. Se remitió al taller de su Grupo de Expertos en Seguridad en la Antártida para la Prevención del Acoso, celebrado en 2018, y señaló que trabajaba con el SCAR, la IAATO y la CCRVMA para garantizar que sus oportunidades para profesionales en el inicio de su carrera también fomentaran la igualdad, la diversidad y la inclusión.

(259) La Reunión dio las gracias a Australia y a la Argentina por sus documentos y reconoció el creciente interés a escala internacional por los factores asociados a la interseccionalidad y la diversidad. La Reunión también expresó su deseo de que se garantizara que todas las personas que trabajaran en asuntos de la Antártida se sintieran seguras, acogidas, respetadas y protegidas de toda discriminación. La Reunión manifestó que estaba firmemente comprometida con esta cuestión y pidió que las Partes, los observadores y los expertos siguieran compartiendo información sobre actividades y buenas prácticas. La Reunión también felicitó al SCAR y al COMNAP por su vasta labor en este tema.

Tema 16: Consecuencias del cambio climático para la gestión del área del Tratado Antártico

(260) El Reino Unido presentó el WP 29 *La Antártida en un clima cambiante – Implementación de la Resolución 8 (2021) de la RCTA*, preparado de forma conjunta con Alemania, Australia, Bélgica, Estados Unidos, Finlandia, Francia, Noruega, los Países Bajos, Suecia, el SCAR y la ASOC. En él se proporcionaba una actualización sobre la implementación de la Resolución 8 (2021), adoptada en la XLIII RCTA en respuesta al informe especial *El océano y la criósfera en un clima cambiante* del IPCC. Destacaba los numerosos eventos y reuniones informativas que se habían realizado desde la XLIII RCTA para compartir el conocimiento científico actual y para informar a los responsables políticos sobre las repercusiones del cambio climático en la Antártida. El Reino Unido agradeció el apoyo prestado por el SCAR, la Iniciativa Internacional para el Clima de la Criósfera (ICCI), la Asociación de Jóvenes Científicos Polares (APECS), la Sociedad Ártica y Antártica del Reino Unido (UKAAP) y el Fondo Mundial para la Naturaleza (WWF), como miembro de la ASOC. Los proponentes destacaron la necesidad de actuar de forma urgente para mitigar el cambio climático, para lo que se centraron en dos temas generales: la contribución de las capas de hielo de la Antártida al ascenso irreversible del nivel del mar a escala global, con repercusiones para las comunidades costeras; y los ecosistemas del océano austral (incluido el kril), que están bajo presión por la acidificación y la dulcificación, y su papel en contribuir a mantener un clima estable. Asimismo, recomendaron a la RCTA que proporcionara apoyo para la investigación sobre las repercusiones actuales y posibles del cambio climático; que continuara brindando apoyo al SCAR en la comunicación de las últimas novedades en la investigación y la información sobre el cambio climático y su impacto a través de sus valiosas actualizaciones periódicas a la RCTA, y que apoyara el trabajo del CPA para considerar las repercusiones medioambientales del cambio climático a través del PTRCC. El Reino Unido también puso de relieve su IP 23 *Antarctic Blue Carbon [Carbono azul antártico]*.

(261) La ASOC dio las gracias a los proponentes y manifestó que apoyaba las recomendaciones y tenía interés en contribuir a la ejecución de una Resolución al respecto. A modo de refuerzo, la ASOC también presentó un cortometraje titulado *Krill: Superheroes of the Southern Ocean*, producido por WWF.

(262) La Reunión agradeció a la ASOC la presentación de su cortometraje, cuyo carácter innovador le hizo destacar la necesidad de aprovechar los métodos de comunicación más novedosos a la hora de interactuar con el público en general sobre temas relacionados con el cambio climático.

(263) Tras expresar su apoyo a las recomendaciones expuestas en el documento, la OMM afirmó que continuaría trabajando con las Partes y el SCAR y redactando documentos relacionados con la cuestión del cambio climático. También quiso llamar la atención de la Reunión sobre el pabellón conjunto del Grupo Intergubernamental de Expertos sobre el Cambio Climático (IPCC) y la OMM en la Conferencia de las Naciones Unidas sobre el Cambio Climático (COP26) de Glasgow en 2021, y señaló que estaba preparando actos similares para la COP27 que se iba a celebrar en 2022 en Egipto.

(264) El SCAR agradeció el apoyo de la Reunión y recalcó su participación en diversos actos de la COP26.

(265) La Reunión dio las gracias a los proponentes y manifestó su apoyo a las recomendaciones formuladas. Además, animó a todas las Partes a comunicar tanto a sus gobiernos como al sector económico y a la sociedad civil la urgencia de tomar medidas para hacer frente al cambio climático. Varias Partes informaron a la Reunión de otras actividades que estaban llevando a cabo como parte de la implementación de la Resolución 8 (2021).

(266) La Reunión respaldó las recomendaciones del WP 29 y aceptó seguir trabajando para implementar la Resolución 8 (2021). Por lo que respecta a la segunda recomendación del WP 29, que instaba a la RCTA a continuar brindando apoyo al SCAR en la comunicación de las últimas novedades en la investigación y la información sobre el cambio climático y su impacto, la Reunión acordó apoyar también a los programas antárticos nacionales en este cometido.

(267) El SCAR presentó el WP 30 rev.1 *Cambio climático y medio ambiente en la Antártida: sinopsis decenal. Conclusiones y recomendaciones sobre políticas* e hizo referencia al IP 72 *Antarctic Climate Change and the Environment: A Decadal Synopsis and Recommendations for Action* [*Cambio climático y medio ambiente en la Antártida: sinopsis decenal y recomendaciones sobre cómo actuar*]. El SCAR también presentó el WP 31 rev. 1 *Cambio climático y medio ambiente en la Antártida: sinopsis decenal. Imperativos de investigación*. El SCAR informó de una importante actualización al informe ACCE, señalando que la sinopsis se basaba principalmente en los hallazgos del Sexto Informe de Evaluación del IPCC y recurría a informes de la Plataforma Intergubernamental Científico-Normativa sobre Diversidad Biológica y Servicios de los Ecosistemas (IPBES). El informe ACCE incluía otros hallazgos de la investigación medioambiental y los resultados de la priorización de la investigación llevada a cabo por el SCAR a través de su Proyecto de Búsqueda Sistemática de los Horizontes Científicos del SCAR para la Antártida y el Océano Austral, así como mediante las prioridades identificadas por los programas de investigación científica del SCAR y otras actividades. El SCAR puso de relieve que el informe mostraba el consenso global, acordado por miles de científicos, sobre la situación física y vital del medio ambiente en la Antártida en esos momentos, en particular en lo que respecta a las capas de hielo, las proyecciones futuras y sus repercusiones, tanto a escala global, por ejemplo para el aumento del nivel del mar, como regional, por ejemplo para la biodiversidad antártica y del océano austral. El SCAR también enunció una serie de recomendaciones de políticas que podían plantearse las Partes a partir de las evidencias que incluía la sinopsis.

(268) El SCAR llamó la atención de la Reunión sobre varios mensajes clave que se derivaban de sus recomendaciones, por ejemplo: la urgencia de actuar, tanto de forma regional como global, para mitigar el impacto previsto del cambio climático; y que la exigencia de actuar de forma urgente no se viera limitada por la necesidad de reducir la incertidumbre asociada a las proyecciones futuras. También llamó la atención sobre; la necesidad de desarrollar, con la debida urgencia, enfoques de investigación integrados a gran escala en todos los programas antárticos nacionales para reducir la incertidumbre en áreas clave, que incluyan una mejora de las proyecciones sobre el cambio en la criósfera antártica, especialmente en un contexto global de aumento medio del nivel del mar, y una mejora de la comprensión y las proyecciones del cambio en la biodiversidad antártica, especialmente en los sistemas y especies que probablemente sean más vulnerables. También resaltó la necesidad de brindar un impulso a la comprensión de las teleconexiones climáticas en latitudes tropicales y los modelos climáticos, especialmente el modo anular austral. El cuarto y último mensaje clave se refería a la necesidad de desarrollar una comunicación clara, oportuna y regular sobre los cambios ambientales en la Antártida, así como sus consecuencias tanto para los entornos antárticos como para el sistema del planeta, con los gobiernos, los firmantes de convenios internacionales relacionados, el sector económico y la sociedad civil. Finalmente, el SCAR recalcó que el informe se basaba en un extraordinario corpus de investigaciones colaborativas a escala internacional, muchas de las cuales habían recibido el apoyo de programas antárticos nacionales, y la gran mayoría de las cuales se habían elaborado gracias al trabajo voluntario de investigadores de la mayoría de los países del mundo.

(269) La Reunión agradeció al SCAR esta importante actualización del informe ACCE y elogió a los científicos que habían contribuido a esta considerable labor conjunta. La Reunión también hizo hincapié en el valor de recibir síntesis científicas de alta calidad. Muchas de las Partes recalcaron la utilidad de la infografía que acompañaba los documentos y tomaron nota de las teleconexiones entre la Antártida y el resto del mundo, así como de los desafíos que los cambios asociados en los patrones meteorológicos planteaban para la estabilidad de la infraestructura de investigación en la Antártida. Muchas Partes felicitaron al país anfitrión de la XLIV RCTA por su apropiada elección del tema de la Reunión: «De la ciencia a la protección a través de las políticas». Las Partes subrayaron el valor del informe para el PTRCC y acordaron que era necesario tomar medidas con carácter urgente para limitar el calentamiento global a 1,5 °C por encima de los niveles preindustriales.

(270) China, pese a apoyar de forma general las recomendaciones planteadas en los documentos, señaló la incertidumbre científica acerca de las tendencias del aumento del nivel del mar, la biodiversidad y los modelos climáticos que el SCAR había generado con su informe, así como la viabilidad del objetivo de gestión propuesto de preservar el entorno del océano austral en un estado similar al conocido durante los últimos 200 años. Aunque reconocía el papel crucial del SCAR a la hora de proporcionar asesoramiento científico independiente y objetivo que sirviera de apoyo y base informativa al trabajo de la RCTA y el CPA, tal como se indica en la Resolución 7 (2019), China manifestó sus dudas de que el SCAR fuera el organismo apropiado para formular recomendaciones de políticas.

(271) En respuesta a China, muchas Partes recordaron que el SCAR llevaba más de sesenta años desempeñando la importante función de facilitar al Sistema del Tratado Antártico sensatas recomendaciones y el mejor material científico disponible, como quedaba reflejado en el artículo 10 (2) del Protocolo.

(272) La OMM agradeció al SCAR los documentos e informó a la Reunión de su papel en la investigación relacionada con el clima, también dentro del Programa Mundial de Investigaciones Climáticas (PMIC).

(273) La ASOC dio las gracias al SCAR por su documento y recalcó que la Antártida tenía una importancia vital para la lucha contra el cambio climático y que la necesidad de limitar las emisiones era algo presente y urgente.

(274) El COMNAP comentó que haría llegar el informe del SCAR a su Grupo de Expertos para la Facilitación Científica. Señaló que mantener una financiación pública suficiente para los programas antárticos nacionales era imprescindible para poder satisfacer las necesidades de la ciencia.

(275) El SCAR agradeció los comentarios de las Partes, así como su respuesta positiva tanto al documento como a la sinopsis decenal. SCAR valoró el reconocimiento de las Partes a la urgencia de estas cuestiones, incluida la exigencia de investigar y la necesidad de cumplir las contribuciones determinadas por cada país para mantener el calentamiento global en 1,5 grados. Para responder a las cuestiones sobre la preservación del estado conocido durante los últimos 200 años, el SCAR aclaró que la dinámica del sistema estaba incluida en este estado. Como respuesta a las dudas suscitadas sobre si era un organismo apropiado para formular recomendaciones de políticas, el SCAR señaló que se trataba de recomendaciones basadas en evidencias y que sería irresponsable no plantearlas.

(276) La Reunión agradeció el informe del SCAR y adoptó la Resolución 4 (2022) *Informe sobre el cambio climático y el medio ambiente en la Antártida: sinopsis decenal y recomendaciones de actuación,* en la que recomendaba distribuir el informe a los departamentos y agencias encargados de las negociaciones sobre el cambio climático, a los organismos científicos y de investigación antárticos y a las agencias de financiación, así como al público en general y a los medios de comunicación. La Reunión también quedó a la espera de actualizaciones del SCAR acerca del cambio climático y sus repercusiones.

(277) La Reunión también adoptó la Decisión 4 (2022) *Cartas sobre la sinopsis decenal y las recomendaciones de actuación del Informe sobre el cambio climático y el medio ambiente en la Antártida* para enviar cartas con la sinopsis decenal del SCAR a la CMNUCC, el IPCC, la OMM, la IPBES y la OMI.

(278) La Reunión acordó celebrar una sesión conjunta a jornada completa entre el CPA y la RCTA, además del SCAR y el COMNAP, para considerar la aplicación de las recomendaciones del informe ACCE en la XLV RCTA. La Reunión animó a las Partes, observadores y expertos a presentar documentos sobre este tema a la XLV RCTA, así como a llevar a la reunión expertos que respaldaran ese trabajo.

(279) China presentó el WP 48 *Implementación del Programa de trabajo de respuesta al cambio climático.* China recordó que la Resolución 4 (2015) alentaba al CPA a comenzar a implementar el PTRCC como asunto prioritario. Asimismo, señaló que el CPA había creado el GSRCC para facilitar una implementación eficaz y oportuna del PTRCC. Sobre la base de un examen inicial del trabajo llevado a cabo por la RCTA y por el CPA en los últimos años, China recomendó que este último centrara sus esfuerzos en la implementación del PTRCC y adoptara el PTRCC reformateado que utiliza el nuevo formato acordado en 2019; que pusiera de relieve el importante papel de la investigación científica y el seguimiento como pieza clave de la implementación del PTRCC; que volviera a confirmar que el GSCCR debería elaborar informes anuales de progreso sobre la implementación del PTRCC y presentarlos al CPA, incluida la medida en que se satisfacían las deficiencias o necesidades de seguimiento, investigación y gestión conexas, y que solicitara al GSRCC que actualizase el PTRCC de acuerdo con las decisiones de la RCTA o del CPA e informase al respecto al año siguiente para debatir más a fondo la implementación del PTRCC del CPA y el papel del GSCCR.

(280) El Comité dio las gracias a China por este documento. Pese a que las Partes estaban de

acuerdo con el papel fundamental de la investigación científica y el seguimiento para responder al cambio climático, no apoyaban las recomendaciones concretas propuestas por China en el WP 48. Las Partes recordaron los largos debates sobre el WP 48 durante la reunión del CPA y manifestaron un amplio apoyo al trabajo del GSRCC y a sus recomendaciones de revisar el PTRCC, recogidas en el WP 37 *Informe del Grupo Subsidiario sobre Respuesta al Cambio Climático (GSRCC) del CPA 2021-2022* (Reino Unido). Tras reiterar la urgencia de responder con decisión al cambio climático, las Partes destacaron la importancia de avanzar de manera productiva hacia nuevas medidas.

(281) La ASOC presentó el IP 90 *Ice Sheet Instability, Long-term Sea-level Rise, and Southern Ocean Acidification: Time for Coordinated Action by Antarctic Treaty Parties* [*Inestabilidad de la capa de hielo, aumento del nivel del mar a largo plazo y acidificación del océano austral: es el momento de que las Partes del Tratado Atlántico tomen acciones coordinadas*], que abogaba por que la clara comunicación de los hallazgos de la ciencia antártica que evolucionan con rapidez constituyera un asunto de máxima preocupación para el Sistema del Tratado Antártico. En particular, la ASOC recomendó que todos los participantes se centraran cada vez más no solo en el impacto del cambio climático en la Antártida, sino también en los efectos de estos cambios en todo el planeta. Para modificar esta forma de actuar, la ASOC propuso: que las partes pusieran claramente los hallazgos de la ciencia antártica en conocimiento de todo el mundo en la CMNUCC; que el SCAR hiciera todo lo posible por que se escucharan los hallazgos de la ciencia antártica en las reuniones de la próxima COP27 y la Conferencia de las Naciones Unidas sobre el Cambio Climático de 2023 (COP28), y que la RCTA revisara periódicamente y comunicara sus prioridades en relación con los efectos irreversibles del cambio climático.

(282) La Reunión agradeció a la ASOC su documento. Muchas de las Partes expresaron su apoyo a las iniciativas de la ASOC para mejorar la comunicación de la investigación antártica y las prioridades en materia de políticas, así como para seguir avanzando en la sensibilización global del papel de la Antártida en los efectos del cambio climático en todo el mundo. La Reunión felicitó a la ASOC por los ejemplos de comunicación pública y divulgación que había presentado en la XLIV RCTA e hizo constar su sólida posición como facilitadora de la comunicación pública de las prioridades, acciones y hallazgos antárticos.

(283) El SCAR agradeció el documento de la ASOC y la elogió por su trabajo continuado por la comunicación científica y normativa. También quiso agradecerle sus recomendaciones y aceptó seguir representando a la ciencia antártica en las reuniones COP, en colaboración con otros expertos y participantes que lo acompañaban, como la OMM.

(284) En relación con este tema del programa se remitió el siguiente documento:

   • IP 89 *Banning Hydrocarbon Extraction in Antarctica Now: Reducing the Risks and Impacts of Global Climate Change* [*Prohibición inmediata de la extracción de hidrocarburos en la Antártida: reducción de los riesgos y efectos del cambio climático global*] (ASOC).

Tema 17: Turismo y actividades no gubernamentales en el área del Tratado Antártico, incluidos asuntos relativos a las autoridades competentes

Políticas y gestión

(285) España presentó el WP 22 *Hacia una gestión adaptativa y sostenible del turismo en la Antártida: programas de observación como herramienta clave para la toma de decisiones*, preparado de forma conjunta con Ecuador y Estados Unidos. En él se señalaba que las actividades turísticas y no gubernamentales en la Antártida habían ido

aumentando de forma continua desde la década de 1960, y recordó las recomendaciones IV-27 y VI-7 de la RCTA, que reconocían que las actividades turísticas podrían poner en peligro la realización de investigaciones científicas, perjudicar la conservación de la fauna y la flora y ocasionar daños permanentes en el medio ambiente antártico. Tras recalcar la escasez de datos sobre el impacto del turismo, los proponentes sugerían: que las Partes favorecieran la creación de programas de vigilancia para evaluar el impacto real derivado de las actividades turísticas; que el CPA favoreciera el desarrollo de dichos programas de vigilancia y continuara con su labor de conocer el impacto acumulativo del turismo en el medio ambiente; que participaran en los programas de vigilancia diversas partes interesadas, incluyendo órganos como el SCAR, el COMNAP y la IAATO, que podían contribuir al desarrollo y aplicación de los programas de vigilancia, y que los programas de vigilancia tuvieran en cuenta las necesidades que se identificaban en ese documento.

(286) La Reunión dio las gracias a los proponentes y manifestó su apoyo a las recomendaciones del WP 22.

(287) La Reunión hizo hincapié en la importancia de la toma de datos que contribuyeran a comprender y gestionar el turismo y las actividades no gubernamentales y sus impactos acumulativos, especialmente en un contexto de reactivación del crecimiento de la actividad turística. La Reunión recalcó la importancia de los programas de vigilancia para evaluar el impacto real derivado de las actividades turísticas; de evaluar la eficacia de las medidas de gestión; de apoyar el requisito de evaluar y verificar los impactos; y de entender la susceptibilidad de los sitios. La Reunión subrayó también la conveniencia de tomar medidas concretas sobre la vigilancia del impacto del turismo para garantizar la sustentabilidad de esta actividad y para proteger al mismo tiempo el medio ambiente antártico. En este sentido, agradeció la atención del CPA, y también del SCAR, en temas de vigilancia. Varias de las Partes sacaron a colación iniciativas y proyectos nacionales que llevaban varias décadas recogiendo datos sobre el turismo y realizando actividades sistemáticas de vigilancia y que podrían servir como base para programas coordinados de vigilancia a largo plazo. La Reunión señaló las dificultades asociadas al establecimiento de un sistema de vigilancia estratégica a largo plazo, como, por ejemplo, el diseño de los planes de vigilancia, las cuestiones relativas a la escala espacial y temporal, la financiación, el acceso a las ubicaciones de vigilancia y la coordinación entre todas las Partes y proyectos. Varias Partes mencionaron la importancia de llevar a cabo iniciativas de vigilancia a pequeña escala, además de los planes coordinados a gran escala.

(288) La IAATO vio con buenos ojos la recomendación de interactuar con un amplio abanico de grupos de interés e hizo constar el apoyo prestado por los miembros de la IAATO a los programas de vigilancia a largo plazo ya existentes. Señaló que no siempre era fácil diferenciar entre el impacto derivado del turismo, el de otras actividades y el cambio climático en la Antártida. La IAATO apuntó la importancia de adoptar un enfoque de colaboración para ayudar a abordar los desafíos tanto prácticos como logísticos, y ofreció su apoyo para desarrollar un programa de vigilancia a largo plazo.

(289) La ASOC dio su respaldo a las iniciativas propuestas en el WP 22 y afirmó que era importante que las Partes desarrollaran programas específicos de vigilancia sobre el impacto del turismo. Recalcó que la vigilancia era importante a la hora de recoger la información científica necesaria para servir de base al desarrollo de las políticas y la gestión del turismo, así como para comprender cómo esta actividad contribuye al impacto acumulado. La ASOC también manifestó su agradecimiento por los datos facilitados por la IAATO y por las Partes, que sirve de complemento para otros tipos de datos sobre vigilancia.

(290) El SCAR agradeció las recomendaciones y destacó su larga tradición de llevar a cabo una actividad científica que trata de distinguir entre la variabilidad natural y la influencia

antropogénica. También dejó constancia de muchos otros programas internacionales que llevaban a cabo un trabajo enfocado a desarrollar actividades de vigilancia efectivas que eran también eficaces desde el punto de vista financiero y logístico.

(291) Los Países Bajos presentaron el WP 36 *Informe del Grupo de Contacto Intersesional sobre instalaciones permanentes para el turismo y otras actividades no gubernamentales en la Antártida*, en el que se informaba del trabajo realizado en un GCI creado en la XLIII RCTA y coordinado por ellos. Los Países Bajos comentaron la amplia participación en los debates entre sesiones, que habían abordado una variada gama de temas, como la información sobre propuestas para establecer instalaciones permanentes para el turismo en la Antártida en el pasado, la definición de «instalaciones permanentes» y las preocupaciones relacionadas con el posible establecimiento de instalaciones permanentes planteadas en reuniones anteriores. Los Países Bajos indicaron que, pese a que el interés en desarrollar este tipo de instalaciones sigue siendo limitado, las Partes habían recibido varias consultas, y que existía una clara urgencia de actuar. El informe del GCI recomendaba que la Reunión adoptara una Resolución acerca de las instalaciones permanentes para el turismo y otras actividades no gubernamentales en la Antártida. Asimismo, sugería mantener el GCI con vistas a que llevara a cabo un inventario de las instalaciones existentes como apoyo para el turismo y otras actividades no gubernamentales y a que debatiera nuevas acciones de regulación, como una posible Medida sobre este tema.

(292) La Reunión agradeció a los Países Bajos que hubieran liderado los debates entre sesiones y manifestó su apoyo de forma general a las recomendaciones del WP 36. La Reunión vio con buenos ojos la recomendación de una Resolución para impedir estos proyectos y apoyó la propuesta de seguir debatiendo en un GCI, que también se encargaría de realizar un inventario de las instalaciones para el turismo y no gubernamentales que surtiera de información los futuros debates.

(293) Las Partes plantearon varios puntos adicionales, como: la importancia de garantizar que el turismo en la Antártida no ejerciera un impacto mayor que mínimo o transitorio; garantizar que el turismo y las actividades no gubernamentales se llevaran a cabo de forma segura; las consecuencias del aumento del tráfico aéreo de apoyo a las actividades turísticas terrestres, incluidos los riesgos de seguridad y el posible impacto en las actividades de búsqueda y salvamento; la posible contribución de las actividades turísticas a los impactos acumulativos; el posible impacto en los valores de vida silvestre, y los nuevos desafíos y amenazas al medio ambiente suscitados por el crecimiento y la diversificación del turismo y de otras actividades no gubernamentales.

(294) Algunas Partes, pese a reconocer las dudas legítimas que suscitaban las actividades que podían ir asociadas a las instalaciones permanentes, sugirieron mantener el foco de los futuros debates en cuestiones clave derivadas de dichas instalaciones, en vez de tratar de abarcar todo un compendio de temas relacionados o secundarios dentro de un mismo debate.

(295) Muchas Partes subrayaron la importancia de atenerse al enfoque precautorio y algunas manifestaron su apoyo a la adopción de una Medida legalmente vinculante sobre este tema. Las Partes recordaron el artículo 3 del Protocolo sobre Protección del Medio Ambiente y su papel fundamental en la protección del medio ambiente antártico y los ecosistemas dependientes y asociados, así como del valor intrínseco de la Antártida, incluyendo sus valores de vida silvestre y estéticos. Algunas Partes expresaron su parecer de que el establecimiento de instalaciones permanentes en la Antártida contravenía el principio fundamental de preservarla como un continente consagrado a la paz y a la ciencia. Una de las Partes señaló que los beneficios que experimentaban los ciudadanos con el turismo antártico podrían lograrse sin necesidad de establecer instalaciones permanentes.

(296) La IAATO dio las gracias a los Países Bajos y manifestó su apoyo al proyecto de Resolución, dejando constancia de que el establecimiento de instalaciones permanentes en la Antártida entraría en conflicto con los estatutos de la asociación y supondría una amenaza para la vida silvestre y los valores estéticos que motivaban las visitas de muchos turistas a la Antártida. La IAATO también valoró la definición de «instalaciones permanentes» que se utilizó en el GCI y en el WP 36, y recordó que esta se basaba en su IP 101 de la XXXII RCTA, donde se hacía una referencia expresa a que el impacto del turismo no fuera mayor que mínimo o transitorio, y que iba en consonancia con sus estatutos en vigor. La IAATO señaló que, frente a las actividades turísticas no autorizadas, convenía reforzar los requisitos de las Partes y apuntó que la colaboración y la cooperación eran aspectos clave a la hora gestionar correctamente el turismo. Hizo hincapié en la necesidad de seguir desarrollando definiciones claras y admitió que cualquier futura ampliación del ámbito de aplicación debería evitar ambigüedades que pudieran dar margen para la interpretación, ya que esta situación podría provocar una desarmonización del sistema de autorizaciones o permisos.

(297) La ASOC dio las gracias a los Países Bajos por el documento y manifestó su apoyo al WP 36 y a la adopción de la propuesta de Resolución. La ASOC estaba deseosa de continuar debatiendo sobre este tema.

(298) La Reunión se mostró de acuerdo con que el GCI sobre Instalaciones Permanentes para el Turismo y otras Actividades No Gubernamentales en la Antártida continuara su labor durante el siguiente periodo entre sesiones, ateniéndose a estos términos de referencia:

- elaborar un inventario de las instalaciones existentes como apoyo para el turismo y otras actividades no gubernamentales en la Antártida;

- debatir sobre las preocupaciones relacionadas con dicha infraestructura, incluidas, por ejemplo, aquellas de índole ambiental y acerca de la presión que pueda ejercer sobre la capacidad de búsqueda y salvamento de los programas nacionales;

- debatir y priorizar nuevas líneas de acción de la RCTA en relación con estas infraestructuras y planes de futuro, incluida, si procede, la adopción de una Medida legalmente vinculante;

- informar a la XLV RCTA al respecto.

(299) La RCTA acordó que se invitaría a observadores y a expertos que participaban en la reunión a que realizaran aportes y, en particular, animó a que lo hicieran la ASOC y la IAATO.

(300) La RCTA agradeció la oferta de los Países Bajos de hacer de coordinador de este GCI.

(301) La Reunión adoptó la Resolución 5 (2022) *Instalaciones permanentes para el turismo y otras actividades no gubernamentales en la Antártida.*

(302) Alemania presentó el IP 8 *Tourism monitoring in Antarctica - Development of a concept for the analysis of the impacts of tourism on the assets to be protected in the Antarctic* [*Observación del turismo en la Antártida: desarrollo de un modelo para el análisis del impacto del turismo en los activos objeto de protección en la Antártida*]. En él se daban detalles de un proyecto de investigación para desarrollar un modelo con el que estudiar y vigilar el impacto a largo plazo del turismo en la Antártida. Durante este proyecto, la Agencia Ambiental alemana había celebrado un taller en las instalaciones del centro Estrel para que los grupos de interés pudieran implicarse en él desde las fases iniciales.

(303) Las Partes celebraron la iniciativa de Alemania en el IP 8 como un ejemplo de acciones concretas y mencionaron otras actividades específicas recientes relacionadas con la vigilancia, como un programa de investigación sobre el turismo implementado por los Países Bajos, que contenía consideraciones sobre temas de vigilancia.

(304) Francia presentó el IP 56 *Feedback on a monitoring conducted on a tourist vessel according to Resolution 9 (2021)* [*Comentarios sobre la observación realizada a una embarcación turística conforme a la Resolución 9 (2021)*]. En él se comunicaban los resultados de una misión de vigilancia turística liderada por la autoridad nacional competente francesa conforme al marco establecido por la Resolución 9 (2021) y se señalaba que la intención de Francia era evaluar la eficacia de dicho marco sobre el terreno. Francia indicó que el documento presentaba varias lecciones críticas aprendidas durante la aplicación del sistema de vigilancia e identificó las ventajas y limitaciones de este marco. Francia llegó a la conclusión de que la Resolución 9 (2021) era eficaz en cuanto a que permitía a las autoridades nacionales competentes comprender mejor las actividades situadas dentro de su jurisdicción y observar el cumplimiento de los instrumentos nacionales e internacionales aplicables. También señaló que la experiencia demostraba que era posible organizar una misión de vigilancia en poco tiempo y con un bajo coste. Francia animó a las Partes a implementar la Resolución 9 (2021) y a compartir su experiencia.

(305) La IAATO dio las gracias a Francia por el documento y recalcó que el intercambio de información daría más solidez a todos los programas de observación. La IAATO informó que, durante las dos temporadas anteriores, había llevado a cabo dos actividades virtuales de vigilancia de superyates desde el puerto. Destacó algunas de las lecciones aprendidas durante estas observaciones virtuales y apuntó la necesidad de mejorar la coordinación y la flexibilidad de todos los participantes, incluido el operador, la embarcación y el observador, así como contar con una capacidad de internet suficiente que permitiera realizar recorridos por las instalaciones y entrevistas de forma virtual. La IAATO comunicó que las inspecciones virtuales habían logrado su objetivo de vigilar las operaciones de superyates, incluso durante la pandemia. Asimismo, informó que tenía previsto llevar a cabo unas 30 actividades de vigilancia de yates y embarcaciones destinadas solo a cruceros durante la temporada 2022/23 y que, dado que la cantidad de pasajeros en las embarcaciones podía llegar a situarse al límite de su capacidad, estaba trabajando para programar estas actividades con la mayor antelación posible. La IAATO mostró su disposición a seguir compartiendo su experiencia en el seguimiento y la vigilancia del turismo.

(306) La Reunión elogió a Francia por esta información de utilidad y animó a las Partes a plantearse la realización de actividades de vigilancia en embarcaciones turísticas, tal como se recomendaba en la Resolución 9 (2021), y a compartir información y experiencias sobre esas actividades en la RCTA.

(307) Estados Unidos presentó los IP 61 *Expeditions within Expeditions: Authorizing Non-Governmental Organization Activities Associated with Tourist and other Non-Governmental Expedition Organizers* [*Expediciones dentro de las expediciones: autorización de actividades de organizaciones no gubernamentales asociadas a organizadores turísticos y de otras expediciones no gubernamentales*] y 62, *Authorization of Science Activities Associated with Tourist and Other Non-governmental Expedition Organizers* [*Autorización de actividades científicas asociadas a organizadores turísticos y de otras expediciones no gubernamentales*]. En el IP 61 se abordaban los cambios recientes en los tipos de solicitud y en las subsecuentes autorizaciones de expediciones no gubernamentales sin carácter científico a la Antártida que requerían la ayuda logística de operadores turísticos. El documento describía también el enfoque y los procedimientos adoptados por Estados Unidos con respecto a estas actividades. El IP 62 presentaba información acerca de cómo Estados Unidos gestionaba las autorizaciones de actividades científicas asociadas a organizadores turísticos y de otras expediciones no gubernamentales como ejemplo de buenas prácticas y para dar a conocer los posibles desafíos en la forma de autorizar y gestionar las actividades no gubernamentales por parte de las autoridades nacionales competentes.

(308) La IAATO agradeció a Estados Unidos estos documentos y animó a armonizar los procesos de autorización entre todas las autoridades nacionales competentes. La IAATO manifestó su compromiso permanente de brindar apoyo a los operadores en el cumplimiento de los procesos de las autoridades nacionales competentes y facilitar la comunicación entre estas y los operadores.

(309) La Reunión dio las gracias a Estados Unidos y reconoció la importancia de debatir los nuevos retos que iban surgiendo para las autoridades competentes. Las Partes tomaron nota de los problemas que podían surgir con la autorización de actividades complejas; en particular, del desafío de llevar a cabo una evaluación integral del impacto global si una misma embarcación sirve de base para varias actividades diferentes. La Reunión mostró su apoyo a las iniciativas para armonizar lo máximo posible los procesos de autorización dentro de los distintos sistemas nacionales e instó a ampliar el debate entre las Partes, por ejemplo, a través del foro para autoridades nacionales competentes en el sitio web de la Secretaría.

(310) El copresidente del Grupo de Trabajo 2, Dr. Phillip Tracey (Australia), presentó el IP 79 *Competent authorities discussion forum on tourism regulatory activities: report by the convener* [*Foro de debate de autoridades competentes sobre actividades de regulación del turismo: informe del coordinador*], que describía el trabajo del foro web para autoridades competentes de la RCTA, en el que se discutían actividades de regulación del turismo y se intercambiaban conocimientos y experiencias, bajo la coordinación del copresidente. Además, informaba de que había comenzado el debate en cinco temas identificados como prioritarios en los que se centraría inicialmente, de acuerdo con el alcance y propósito acordados para dicho foro. El Dr Tracey animó a las Partes a que sus autoridades nacionales competentes participaran en el trabajo del grupo según fuera conveniente. También recalcó que la autorización de múltiples actividades vinculadas o encadenadas, a veces por distintas Partes, era uno de los temas debatidos en el foro, y que el foro brindaba la oportunidad de debatir cuestiones concretas como esta.

(311) La Argentina presentó el IP 86 *Actualización del "Plan Estratégico de Turismo Sustentable de la Provincia de Tierra del Fuego" (PETS-TDF 2025)*, en el que se informaba de la reciente actualización de dicho plan. Señaló que el plan incluía cuestiones relativas al rol de Ushuaia como ciudad puerta de entrada a la Antártida y principal puerto de apoyo a la actividad turística de cruceros antárticos. La Argentina invitó a la Reunión, y en particular a las Partes con ciudades puerta de entrada a la Antártida, a considerar el documento, con miras a articular posibles acciones conjuntas enmarcadas en planes estratégicos de desarrollo del turismo antártico.

(312) La India comentó que este documento de información reflejaba la importancia de actuar de forma estratégica en materia de turismo, y que las deliberaciones sobre la importancia de las ciudades puerto de entrada y los controles portuarios llevaban varios años en el programa de la RCTA. Recalcó asimismo que era importante seguir colaborando en esta cuestión.

(313) La IAATO agradeció a la Argentina y al resto de las Partes puerta de entrada su colaboración constante con los operadores de la asociación, y señaló que el Comité de Puertas de Entrada de la IAATO esperaba poder seguir trabajando con ellas en la planificación estratégica y en otras cuestiones.

(314) La ASOC presentó el IP 91 *Antarctic tourism policies after the "pandemic pause"* [*Políticas de turismo antártico después de la «pausa pandémica»*], en el que se examinaba el posible devenir del turismo tras la pandemia de coronavirus. Este documento incluía recomendaciones para los próximos pasos de la RCTA, como ampliar protección de zonas bajo el Anexo V, garantizar una evaluación uniforme de las actividades turísticas según el Anexo I, desarrollar programas de vigilancia específicos,

evaluar la eficacia de la regulación existente y fomentar las modalidades de turismo de bajo impacto.

(315) La Reunión agradeció a la ASOC su valioso documento. Reconoció la importancia de reflexionar sobre las actividades turísticas según se iban reactivando tras la pausa debida a la pandemia y, de forma más general, sobre el tipo de turismo más conveniente para la Antártida.

(316) Con respecto a su reivindicación de modalidades de turismo con menor impacto, la ASOC aclaró que se había inspirado en el concepto de «turismo lento». La ASOC comentó que estaba trabajando para seguir desarrollando este concepto aplicado a la Antártida.

(317) La India presentó el IP 117 *'Building Back [and forth] Better' for Antarctic Tourism: Enduring Concerns in Pursuit of a Strategic Vision [Reconstruyendo (y haciendo avanzar) mejor el turismo antártico: preocupaciones que subsisten en la búsqueda de una visión estratégica].* En él, se proporcionaba una actualización del IP 104 rev.1 de la XXXVIII RCTA, que resumía ciertas recomendaciones relacionadas con el turismo y las actividades no gubernamentales en el área del Tratado Antártico. La India animó a la RCTA a adoptar una visión estratégica a la hora de abordar las permanentes preocupaciones, largamente debatidas, asociadas al turismo antártico. Al mismo tiempo, la India invitó a las Partes a debatir lo que podría y debería significar el concepto «reconstruyendo mejor» para la gobernanza antártica, en general, y la regulación del turismo en particular. La India esperaba que futuras orientaciones generaran consenso acerca de alternativas más sostenibles mediante el desarrollo de mejores prácticas en gestión ambiental.

(318) La Reunión agradeció a la India este documento, que invitaba a la reflexión. La Reunión recalcó su valor para el trabajo en curso, al abordar cuestiones y perspectivas relevantes dentro del contexto de una visión estratégica.

Información, actividades y tendencias

(319) La Argentina presentó el WP 51 *Informe del debate informal sobre los informes posteriores a las visitas.* En él se recordaban los debates mantenidos durante la XLIII RCTA sobre los informes posteriores a las visitas (PVR) y el acuerdo para continuar con los debates informales sobre dichos informes durante el periodo entre sesiones. Estos debates se centraron en los métodos para asegurar que la lista de sitios y actividades en el formulario PVR y el SEII se actualizara adecuadamente, así como en la especificación de los tipos de incidentes inusuales que podrían informarse a través del formulario. Durante el debate, los participantes consideraron una definición de incidente inusual, así como opciones para incorporar nuevos sitios y actividades al formulario PVR. A partir de estas discusiones, se propusieron modificaciones en la sección D «Informe de la expedición, por parte del líder de la misma» de la parte 1 del formulario PVR, y se presentó una propuesta para actualizar los requisitos de información del SEII. La Argentina recomendó que la Reunión se pusiera de acuerdo en la definición de incidente inusual, acordara mecanismos para lidiar con nuevos sitios y actividades y modificara el formulario PVR y los requisitos de intercambio de información.

(320) La IAATO dio las gracias a la Argentina por el documento y mencionó el valor de la participación en estos debates. Señaló que seguiría trabajando con la Secretaría para garantizar que la exportación de los informes previos y posteriores a las visitas del SEII a sus bases de datos se ajustara a los requisitos establecidos por las Partes, y se comprometió a continuar facilitando el intercambio de datos entre las bases de datos de la IAATO y el SEII. La IAATO apuntó además que los PVR actuales se centraban en las actividades turísticas marítimas, y sugirió que podría ser útil desarrollar también PVR

para actividades remotas sobre el terreno o aéreas.

(321) La Reunión dio las gracias a la Argentina por el documento y por haber liderado el debate entre sesiones en esta importante cuestión. La Reunión apoyó las recomendaciones propuestas en el documento y destacó el valor de los PVR como herramienta que ayuda a comprender y gestionar el turismo antártico.

(322) La Reunión aceptó la oferta de la Argentina de coordinar los debates informales entre sesiones en materia de PVR.

(323) La Reunión adoptó la Decisión 5 (2022) *Requisitos para el intercambio de información* y la Resolución 6 (2022) *Formulario estándar revisado para informes posteriores a visitas.*

(324) La IAATO presentó el IP 42, *IAATO Overview of Antarctic Tourism: A Historical Review of Growth, the 2021-22 Season, and Preliminary Estimates for 2022-23* [*Panorama de la IAATO sobre el turismo antártico: análisis histórico del crecimiento, la temporada antártica 2021/22 y cálculos preliminares para la temporada 2022/23*]. Además de los datos históricos sobre visitantes y actividades, la IAATO proporcionó datos compilados a partir de los informes posteriores a las visitas (PVR) para la temporada 2021/22 y señaló que las cantidades comunicadas solo reflejaban los viajes con compañías de operadores de la IAATO y no incluían a las personas que participaban en proyectos de investigación que habían recibido respaldo de operadores de la IAATO. La IAATO señaló que el número total de visitantes en la temporada 2021/22 fue de 23 023, y que sus previsiones para la temporada 2022/23 indicaban que el número de pasajeros aumentaría hasta, aproximadamente, 70 289 visitantes que realizan desembarcos y 35 717 pasajeros en cruceros que no realizan desembarcos. La IAATO hizo hincapié en que todas las actividades de los miembros y operadores de la IAATO se planeaban de modo tal que no ejercieran un impacto mayor que mínimo o transitorio en el medio ambiente antártico y que estas actividades continuaron realizándose de manera segura.

(325) La Reunión agradeció a la IAATO que siguiera facilitándole información relevante sobre las actividades turísticas en la Antártida. Las Partes señalaron que la información proporcionada podría emplearse para prever las necesidades de gestión y apoyar una visión sostenible y estratégica para el turismo antártico. Asimismo, reiteraron la importancia de que el turismo no ejerciera un impacto mayor que mínimo o transitorio y subrayaron la necesidad de adoptar un enfoque coordinado para la gestión del turismo en la Antártida. Varias de las Partes también destacaron la importancia de que las Partes ratificaran la Medida 15 (2009).

(326) Varias Partes pusieron de relieve las estimaciones de la IAATO de que el total de visitantes a la Antártida superaría los 100 000 en la temporada 2022/23, y manifestaron su preocupación acerca de si una cantidad tan elevada de visitantes se traduciría en una mayor presión para el medio ambiente. Algunas Partes sugirieron que el enfoque precautorio debería servir de base para el enfoque estratégico y coordinado con el fin de garantizar que no se incrementara la presión sobre el medio ambiente debido al crecimiento esperado, y señalaron también la importancia del trabajo y el asesoramiento del CPA en esta cuestión. En respuesta al comentario de que el número de visitantes no tendría por qué equipararse directamente con tensión sobre el medio ambiente antártico, se propuso que la IAATO asesorara acerca de los indicadores que pudieran sugerir tendencias con probabilidad de poner en riesgo una gestión eficaz o suponer un peligro para el medio ambiente antártico.

(327) La IAATO agradeció los comentarios de las Partes. Señaló además que, en su condición de organización comercial, no estaba en situación de limitar el comercio turístico o restringir la cantidad de turistas. Consideraba que eran las Partes quienes debían dotarse

de un marco de gestión uniforme a través de las herramientas del Sistema del Tratado Antártico. La IAATO mencionó la continua evolución de las herramientas que había desarrollado para ayudar a que los viajes se desarrollaran de forma respetuosa con el medio ambiente, como un cronograma de barcos en tiempo real para gestionar las visitas a los sitios, evaluaciones obligatorias del personal de campo, procedimientos para evitar la colisión con ballenas y el sistema obligatorio de observadores de la asociación. La IAATO reiteró la importancia de alinear las normativas de permisos y autorizaciones, así como de ratificar la Medida 4 (2004) y la Medida 15 (2009). La IAATO manifestó su disposición a presentar más información sobre las tendencias del turismo y la evolución de sus herramientas de gestión a la RCTA.

(328) Tras señalar que el informe de la IAATO trataba de las actividades de sus operadores, las Partes reiteraron la necesidad de incluir información sobre las actividades de las embarcaciones ajenas a la IAATO en los informes de las Partes con el SEII, a fin de comprender mejor las actividades de los operadores que no pertenecían a la asociación. Se propuso que la Secretaría presentara breves resúmenes de estos datos para que las Partes se beneficiaran de una visión más exhaustiva de las actividades turísticas desarrolladas en el área del Tratado Antártico.

(329) La ASOC dio las gracias a la IAATO por seguir aportando información en el IP 42. ASOC señaló que la cantidad de turistas era un factor significativo, pero que la dinámica del turismo y sus patrones de desarrollo también tenían relevancia. Por ejemplo, algunas actividades de nicho podían conllevar un riesgo o un impacto mayor. La ASOC se hizo eco de otras intervenciones que habían mencionado la necesidad de que entren en vigor las medidas ya existentes y de abordar el turismo desde un punto de vista estratégico.

(330) La IAATO presentó el IP 43 *A Five-Year Overview and 2021–22 Season Report on IAATO Operator Use of Antarctic Peninsula Landing Sites and ATCM Visitor Site Guidelines* [*Resumen quinquenal e informe de la temporada 2021/22 sobre el uso de los sitios de desembarco en la península antártica por parte de los operadores de la IAATO y las directrices para sitios que reciben visitantes de la RCTA*], que informaba sobre los datos recogidos por la IAATO en los formularios de informes posteriores a la visita de sus operadores para la temporada 2021/22, así como sobre datos históricos. En él, se comunicaba a la Reunión que la cantidad total de pasajeros procedentes de barcos que realizan desembarcos en la península antártica alcanzó los 22 979 en la temporada 2021/22. La cantidad total de embarcaciones SOLAS de la IAATO que desembarcaron en la región de la península en esta temporada fue de 32. La IAATO hizo hincapié en que más del 95 % de toda la actividad turística con desembarque en la Península Antártica seguía centrada en el turismo marítimo comercial tradicional. La IAATO destacó que los sitios más visitados estaban comprendidos en las directrices para sitios que reciben visitantes de la RCTA, las directrices sobre sitios de desembarque para operadores de la IAATO o las directrices de gestión de los programas nacionales. Señaló, además, que todas las visitas se realizaban de conformidad con los límites para el desembarque establecidos en las directrices para sitios que reciben visitantes vigentes, y que se había utilizado de manera eficaz el cronograma de barcos de la IAATO para garantizar que no se sobrepasaran dichos límites.

(331) El SCAR presentó el IP 75 *SCAR Tourism Action Group (Ant-TAG)* [*Grupo de Acción sobre turismo del SCAR (Ant-TAG)*]. En este documento se informaba a la Reunión de la creación del Grupo de Acción del SCAR sobre el Turismo (Ant-TAG) en 2021, un paraguas bajo cuyo abrigo los investigadores y profesionales del SCAR podían establecer nuevas conexiones, conocer otros proyectos en curso o recurrir a la experiencia acumulada para facilitar la investigación en temas importantes y relevantes relacionados con el turismo antártico. El SCAR puso de relieve los principales objetivos del Ant-TAG, por ejemplo: facilitar la colaboración en materia de investigación entre miembros del Ant-TAG y otros grupos relevantes del SCAR para generar asesoramiento específico para políticas destinado al Comité Permanente del SCAR sobre el Sistema del Tratado

Antártico (SC-ATS) y al Portal de Medioambientes Antárticos; establecer una plataforma de comunicación con la IAATO y otras partes interesadas para traducir los resultados de la investigación a recomendaciones de gestión y abordar las lagunas de conocimiento que sean relevantes para el sector; y recopilar información resultante de la investigación científica y ya moldeada para la formulación de políticas sobre la cuestión del turismo antártico, para que el SC-ATS la presentara a la RCTA y el CPA. El SCAR señaló que su documento destacaba las áreas fundamentales en las que se requería mayor investigación.

(332) La Reunión dio las gracias al SCAR por su documento y mencionó que los investigadores podían querer participar en la importante labor del Ant-TAG. Reconoció asimismo que el documento del SCAR servía de recordatorio oportuno del valor de la colaboración interdisciplinar en torno a la investigación del turismo en la Antártida.

(333) La ASOC agradeció al SCAR su contribución y apuntó que el estudio científico del turismo permitía un examen imparcial de esta actividad, lo que era importante para los debates de la RCTA.

(334) El Reino Unido presentó el IP 80 rev. 1 *Data Collection and Reporting on Yachting Activity in Antarctica in 2021-22* [*Recopilación de datos y elaboración de informes sobre la actividad de yates en la Antártida en 2021/22*], preparado de forma conjunta con la Argentina, Chile, Estados Unidos y la IAATO. En este documento se brindaba información consolidada con relación a los yates avistados en la Antártida o de aquellos que habían indicado su intención de viajar allí durante la temporada 2021/22. Tras señalar que muchos de los yates de los que informaba el documento no habían sido incluidos en el SEII, el Reino Unido recordó a las Partes el valor del sistema SEII. El documento ponía de relieve que, pese al descenso del turismo en la Antártida durante la pandemia, el número de yates que visitaban la región sin autorización seguía siendo excesivo, por lo que se requería una mayor atención de las Partes. Los coautores pidieron al resto de las Partes que colaboraran con ellos en estas actividades proporcionando información relativa a los yates en la Antártida, además de invitarles a sumarse al grupo para comunicar la actividad de los yates en el futuro.

(335) La Reunión agradeció a los coautores su trabajo, así como la información facilitada. La Reunión compartió la preocupación de los coautores por el problema que persistía sobre los yates no autorizados o incapaces de presentar permisos en la Antártida. Las Partes señalaron la importancia de hacer un seguimiento de las embarcaciones que no pudieran presentar la autorización o no dispusieran de ella. Varias Partes se mostraron interesadas en colaborar en el futuro en recopilar y comunicar información sobre las actividades de yates.

(336) Francia declaró que daría seguimiento al caso de una embarcación que había recibido la autorización de su autoridad nacional competente pero que, de acuerdo con el IP 80 rev. 1, no había sido capaz de presentarla.

(337) La IAATO dio las gracias a los coautores por la recopilación de esta información y por el IP 80 rev. 1. La IAATO manifestó que compartía la preocupación de las Partes por los yates no autorizados, incluidos algunos que habían sido identificados en distintas ocasiones a lo largo de varios años. Tras reconocer las dificultades a las que las autoridades competentes se enfrentaban para sancionar a estas embarcaciones, la IAATO señaló que algunos yates no autorizados mostraban una osadía cada vez mayor en sus actividades, desvirtuando así los procesos y la intención del Tratado Antártico. Dado que estas actividades podían ejercer un impacto mayor que mínimo o transitorio en el medio ambiente antártico, la IAATO advirtió de que este hecho suponía un mal ejemplo para los operadores y pasajeros responsables. La IAATO reiteró que mantenía su compromiso de informar sobre la actividad de los yates y de intercambiar información pertinente tanto de yates de la IAATO como de aquellos no pertenecientes a ella.

(338) La ASOC llamó la atención sobre el IP 92 *Developments to enhance the safety of pleasure yachts and fishing boats operating in the Antarctic Treaty area* [*Avances para mejorar la seguridad de las embarcaciones de recreo y barcos pesqueros que operen en el área del Tratado Antártico*], presentado dentro del tema 13 del programa «Seguridad y operaciones en la Antártida». En este documento se informaba de los últimos avances en la Organización Marítima Internacional con relevancia para la seguridad y las operaciones de embarcaciones, incluidos yates recreacionales, en el área del Tratado Antártico. Señalaba que la adopción inicial del Código Polar no incluía yates recreacionales y barcos pesqueros, que, juntos, constituyen una parte importante de las embarcaciones que operan en la Antártida. La OMI llevaba trabajando desde entonces para ampliar el Código a este tipo de embarcaciones mediante unas directrices voluntarias. El documento recomendaba que estas *Guidelines for Safety Measures for Pleasure Yachts of 300 Gross Tonnage and above not engaged in trade Operating in Polar Waters* [*Directrices sobre medidas de seguridad para yates srecreacionales a partir de 300 toneladas brutas que no participen en el comercio y operen en aguas polares*] fueran un requisito para cualquier permiso expedido para yates recreacionales que tengan previsto operar en el área del Tratado Antártico.

(339) Argentina presentó el Documento de información IP 111, *Informe sobre flujos de visitantes y de buques de turismo antártico que operaron en el puerto de Ushuaia durante la temporada 2021/2022.* Este documento detallaba los flujos de turistas y de cruceros que operaron en Ushuaia durante la campaña de verano 2021/22 e incluía información sobre la cantidad de viajes efectuados, pasajeros transportados y sus nacionalidades, promedio de tripulantes por embarcación y registros de las embarcaciones. La Argentina recordó que llevaba remitiendo estos informes a la RCTA desde 2008, por lo que había generado una completa base de datos de los flujos de turistas antárticos desde Ushuaia. Al comunicar los datos, la Argentina comparó la temporada de verano 2019/20 con la de 2021/22, reflejando el considerable descenso de la actividad turística desde la pandemia por COVID-19. También hizo referencia al cumplimiento en los barcos de los protocolos sanitarios aplicados en Ushuaia, así como a las diversas cancelaciones de viajes programados y a la situación en que los barcos debían permanecer en aislamiento cerca del puerto de Ushuaia. La Argentina puso de relieve que este documento demostraba las variadas fuentes de información a las que podían recurrir las Partes interesadas en datos sobre los flujos turísticos y los cruceros. Recalcó que estos datos podrían resultar útiles como información para los futuros debates de las Partes sobre las actividades turísticas.

(340) La Reunión dio las gracias a la Argentina por su presentación y su trabajo, y tomó nota de las distintas fuentes de información, como los informes presentados desde hace años sobre las actividades turísticas que hacen uso del puerto de Ushuaia.

Tema 18: Preparación de la XLV RCTA

a. Fecha y lugar

(341) La Reunión agradeció la amable invitación extendida por el Gobierno de Finlandia de organizar la XLV RCTA en Helsinki entre el 29 de mayo y el 8 de junio de 2023.

(342) A los fines de planificación futura, la Reunión tomó nota del siguiente cronograma posible para las próximas RCTA:

- 2024 India
- 2025 Italia

(343) A partir de la RCTA en la India, dejarán de utilizarse números romanos para designar las reuniones. En consecuencia, la RCTA de 2024 se denominará 46.ª RCTA/26.ª Reunión del CPA.

(344) En relación con este tema del programa se remitió el siguiente documento:

- IP 82 *Preparation of the 45th Meeting Helsinki, 2023* [*Preparación de la cuadragésima quinta Reunión en Helsinki en 2023*] (Finlandia).

b. Invitación de organizaciones internacionales y no gubernamentales

(345) De conformidad con las prácticas establecidas, la Reunión acordó que deberían extenderse invitaciones a las siguientes organizaciones con interés científico o técnico en la Antártida a fin de que envíen a sus expertos para asistir a la XLIV RCTA: la Secretaría del ACAP, la ASOC, la CMNUCC, la COI, los FIDAC, la IAATO, el IPCC, la OACI, la OHI, la OMI, la OMM, la OMT, la UICN y el PNUMA.

c. Preparación del programa para la XLV RCTA

(346) La Reunión aprobó el programa preliminar para la XLV RCTA (ver el apéndice 2).

d. Organización de la XLV RCTA

(347) De acuerdo con la regla 11 de las Reglas de Procedimiento, la Reunión decidió proponer los mismos grupos de trabajo de esta reunión para la XLV RCTA. Según las *Directrices* ad hoc *para la XLIV RCTA - XXIV Reunión del CPA, celebradas de forma híbrida* adoptadas en esta RCTA, las presidencias de los grupos de trabajo debían asignarse antes del cierre de la reunión y, en caso de que no se produjeran los nombramientos, las presidencias se asignarían al comienzo de la siguiente RCTA. La Reunión acordó designar al Sr. Theodore Kill, de Estados Unidos, como presidente del Grupo de Trabajo 1 durante 2023. También acordó designar a la Sra. Sonia Ramos García, de España, y al Dr. Phillip Tracey, de Australia, como copresidentes del Grupo de Trabajo 2 durante 2023.

e. Conferencia del SCAR

(348) Teniendo en cuenta la valiosa serie de ponencias impartidas por el SCAR en diversas RCTA, la Reunión decidió invitar al SCAR a dar otra ponencia sobre los asuntos científicos relevantes para la XLV RCTA.

Tema 19: Otros asuntos

(349) Türkiye presentó el IP 98 *Turkey's Membership to the COMNAP* [*Türkiye como miembro del COMNAP*]. En este documento se informaba de la solicitud de Türkiye de incorporarse al COMNAP en 2021, de modo que pudiera participar en el desarrollo y las buenas prácticas de gestión en respaldo de la investigación en la Antártida. Türkiye mencionó que su solicitud de incorporación había sido aceptada en la reunión general anual del COMNAP en 2021. En opinión de Türkiye, su incorporación al COMNAP mejoraría y moldearía el futuro de su investigación polar, por lo que manifestó su agradecimiento a los países y representantes que la apoyaron durante este proceso.

(350) La Argentina realizó la siguiente declaración: «Estamos viviendo una época complicada mientras abordamos importantes desafíos para todo el Sistema del Tratado Antártico. En tiempos difíciles como estos, debe prevalecer nuestro compromiso, coherencia y adhesión a los principios que nos llevan guiando durante los más de 60 años del Tratado Antártico, como la buena fe, la cooperación internacional y el consenso. Lamentablemente, en el día de ayer, durante otro foro del Sistema del Tratado Antártico, una Parte distribuyó una nota que nos sorprende y nos preocupa, puesto que podría sentar un peligroso precedente para nuestro Sistema. No estamos de acuerdo con los planteamientos expresados en dicha nota y responderemos a ella a través de los canales

correspondientes de ese foro. Nuestra postura con respecto al conflicto de soberanía es ampliamente conocida, por lo que no voy a repetirla ahora. Sin embargo, esta cuestión trasciende a una mera disputa bilateral y afecta a los compromisos fundamentales del Sistema del Tratado Antártico. Decisiones como las que refleja esa nota que recibimos ayer no contribuyen a este sistema. En este sentido, hoy me gustaría hacer un llamamiento a reflexionar a todas las Partes. La actitud o conducta de una Parte no puede usarse en ningún caso como excusa por otra Parte para dejar de cumplir sus obligaciones multilaterales adoptando decisiones unilaterales. Me gustaría reiterar una vez más nuestro compromiso con los fundamentos y principios del Sistema del Tratado Antártico. Apelamos al compromiso y la responsabilidad de todas las Partes para apoyar y fortalecer nuestro sistema».

(351) El Reino Unido realizó la siguiente declaración: «El Reino Unido desea recordar también su postura sobre la soberanía en el Atlántico sur, que es bien conocida por todos los delegados. Resulta desafortunado que esta cuestión, que se relaciona con un foro distinto del Sistema del Tratado Antártico, se haya planteado aquí. Sin embargo, esta situación guarda relación con el indignante bloqueo por una tercera parte de la toma de decisiones basada en los mejores conocimientos científicos disponibles. El Reino Unido tiene claro que la medida que hemos tomado, incluido el hecho de asegurar en todo momento elevados estándares para la conservación marina, y que se explica íntegramente en la nota antes mencionada, es perfectamente coherente con nuestras obligaciones conforme a la Convención sobre la Conservación de los Recursos Vivos Marinos Antárticos (CCRVMA). El Reino Unido mantiene su pleno compromiso con los principios y objetivos de dicha convención. En este sentido, seguirá cumpliendo las obligaciones que esta le impone de buena fe, también en relación con la toma de decisiones basada en los mejores conocimientos científicos disponibles, y espera lo mismo del resto de las Partes. El Reino Unido se compromete a trabajar junto con la Argentina y el resto de miembros de la CCRVMA para tratar de restablecer el marco al amparo del cual los intereses de todas las Partes llevan 40 años protegidos. Estamos dispuestos a interactuar con todos los miembros de la CCRVMA sobre esta cuestión, también en la reunión anual de este año en octubre».

(352) La Argentina rechazó la declaración del Reino Unido y reiteró su sobradamente conocida postura legal.

Tema 20: Adopción del Informe Final

(353) La Reunión adoptó el Informe Final de la cuadragésima cuarta Reunión Consultiva del Tratado Antártico de acuerdo con la regla 25 de las Reglas de Procedimiento de la RCTA. No se llegó a un consenso sobre los párrafos 10 y 11 ni sobre los párrafos 35 a 40. La presidenta de la reunión, la Sra. Tania von Uslar-Gleichen, pronunció las palabras de cierre.

Tema 21: Clausura de la reunión

(354) La reunión se clausuró el jueves 2 de junio a las 17:46 horas.

2. Informe de la XXIV reunión del CPA

Informe de la vigésima cuarta Reunión del Comité para la Protección del Medio Ambiente (XXIV Reunión del CPA)

Berlín, Alemania, del 23 al 27 de mayo de 2022

(1)   De conformidad con el artículo 11 del Protocolo al Tratado Antártico sobre Protección del Medio Ambiente, los Representantes de 39 de las 42 Partes del Protocolo (Alemania, la Argentina, Australia, Belarús, Bélgica, Brasil, Bulgaria, el Canadá, Chile, China, la República Checa, Colombia, el Ecuador, España, Estados Unidos, Finlandia, Francia, la India, Italia, Japón, Malasia, Mónaco, los Países Bajos, Noruega, Nueva Zelandia, el Perú, Polonia, Portugal, el Reino Unido, la República de Corea, Rumania, la Federación de Rusia, Sudáfrica, Suecia, Suiza, Türkiye, Ucrania, el Uruguay y Venezuela) se reunieron del 23 al 27 de mayo de 2022 con el propósito de brindar asesoramiento y formular recomendaciones a las Partes con relación a la aplicación del Protocolo. La reunión se llevó a cabo en un formato híbrido, con representantes de las Partes del Protocolo participando en persona en Berlín, Alemania, o virtualmente.

(2)   De conformidad con la regla 4 de las Reglas de Procedimiento del CPA, asistieron también a la Reunión los siguientes observadores:

- el Comité Científico de Investigaciones Antárticas (SCAR), el Comité Científico de la Comisión para la Conservación de los Recursos Vivos Marinos Antárticos (CC-CRVMA) y el Consejo de Administradores de Programas Antárticos Nacionales (COMNAP), y

- organizaciones científicas, medioambientales y técnicas: la Coalición Antártica y del Océano Austral (ASOC), la Asociación Internacional de Operadores Turísticos en la Antártida (IAATO) y la Organización Meteorológica Mundial (OMM).

Tema 1: Apertura de la reunión

(3)   La presidenta del CPA, la Sra. Birgit Njåstad (Noruega), declaró abierta la reunión el lunes, 23 de mayo de 2022 y agradeció a Alemania por organizar la reunión y por ser su país anfitrión. La presidenta del CPA señaló que el mundo había vivido numerosos cambios en los últimos años, pero resaltó la importancia de la vigente responsabilidad del CPA a la hora de ofrecer asesoramiento y recomendaciones sólidos a la RCTA, de acuerdo con el espíritu del Tratado Antártico.

(4)   El Comité expresó sus sinceras condolencias ante el fallecimiento del Dr. Yves Frenot, quien ejerció de presidente del CPA entre 2010 y 2014 y fue un conocido y prestigioso investigador del Instituto Polar Francés. El Comité reconoció la importante contribución del Dr. Frenot al CPA y a la investigación antártica.

(5)   En nombre del Comité, la presidenta dio la bienvenida a Austria como nuevo miembro tras su adhesión al Protocolo el 26 de agosto de 2021. La presidencia señaló que el CPA estaba ahora compuesto por 42 miembros.

Tema 2: Adopción del programa

(6)   El Comité adoptó el siguiente programa y confirmó la asignación de 44 documentos de trabajo (WP), 63 documentos de información (IP), 4 documentos de la Secretaría (SP) y 4 documentos de antecedentes (BP), a los temas del programa:

1. Apertura de la reunión

2. Adopción del programa

3. Deliberaciones estratégicas sobre el trabajo futuro del CPA

4. Funcionamiento del CPA

5. Cooperación con otras organizaciones

6. Reparación y remediación del daño al medio ambiente

7. Implicaciones del cambio climático para el medio ambiente

    a. Enfoque estratégico

    b. Implementación y examen del Programa de Trabajo de Respuesta al Cambio Climático

8. Evaluación del Impacto Ambiental (EIA)

    a. Proyectos de Evaluación Medioambiental Global

    b. Otros temas relacionados con las Evaluaciones del Impacto Ambiental

9. Protección de zonas y planes de gestión

    a. Planes de gestión

    b. Sitios y Monumentos Históricos

    c. Directrices para sitios

    d. Protección y gestión del espacio marino

    e. Otros asuntos relacionados con el Anexo V

10. Conservación de la flora y la fauna antárticas

    a. Cuarentena y especies no autóctonas

    b. Especies especialmente protegidas

    c. Otros asuntos relacionados con el Anexo II

11. Vigilancia ambiental e informes sobre el estado del medio ambiente

12. Informes de inspección

13. Asuntos generales

14. Elección de autoridades

15. Preparativos para la próxima reunión

16. Adopción del Informe

17. Clausura de la Reunión

Tema 3: Deliberaciones estratégicas sobre el trabajo futuro del CPA

(7)   Noruega, en nombre de la presidencia del CPA, presentó el WP 27, *Reconsideración de las prioridades estratégicas del CPA y el Plan de Trabajo Quinquenal del CPA*, que proponía que el CPA revisara su Plan de Trabajo Quinquenal para hacer un balance de su desempeño y para considerar las actualizaciones y ajustes al plan que resultaran pertinentes. Noruega recordó que el CPA se había concentrado inicialmente en establecer procedimientos y prácticas que le permitieran cumplir con su mandato de manera eficaz y eficiente. Con el surgimiento de nuevas presiones ambientales, el CPA comenzó a adoptar un enfoque más estratégico y centrado en prioridades ante los problemas que requerían una atención más urgente. Noruega señaló algunos avances importantes en la evolución del enfoque del trabajo del CPA, incluido un taller informal sobre el futuro desafío ambiental de la Antártida en 2006, y el establecimiento, en la IX Reunión del CPA, de un GCI para impulsar el desarrollo de un plan de trabajo quinquenal basado en los resultados del taller. Noruega señaló, además, que la X Reunión del CPA había acordado adoptar el Plan de Trabajo Quinquenal como un mecanismo formal del Comité. En varias reuniones, el Comité había señalado la utilidad del Plan de Trabajo

Quinquenal para orientar su trabajo y, desde la XV Reunión del CPA, el Comité acordó considerar el Plan de Trabajo al final de cada punto del Programa. Al señalar que han pasado quince años desde que se adoptó el primer Plan de Trabajo Quinquenal, Noruega sugirió que era oportuno realizar una revisión, considerando los avances en el conocimiento del medio ambiente antártico y los desafíos que enfrenta la Antártida en el futuro. Noruega señaló que el CC-CRVMA celebraba simposios regulares para hacer un balance de su trabajo estratégico y sugirió que el CPA adoptase un enfoque similar al revisar su Plan de Trabajo Quinquenal. Noruega señaló que el WP 27 incluía una lista de preguntas que podrían ser relevantes para un intercambio inicial de puntos de vista e ideas durante la XXIV Reunión del CPA. Tras esto podrían establecerse debates entre sesiones antes de la XXV Reunión del CPA, y discusiones específicas en la XXV Reunión del CPA, como modo de operación para un proceso de revisión.

(8)   El Comité elogió a Noruega por su trabajo en la preparación del documento. Se hizo énfasis en que el CPA había funcionado muy bien dentro del actual Plan de Trabajo Quinquenal y que había estado cumpliendo con éxito lo dispuesto en el artículo 12 del Protocolo Ambiental. Además, se señaló que el Plan de Trabajo sirvió como una herramienta de comunicación útil para interactuar con los socios y el público en general. Reconociendo la conveniencia de revisar las prioridades estratégicas a la luz de las circunstancias cambiantes y los problemas emergentes, el Comité apoyó plenamente las recomendaciones del WP 27. El Comité expresó su intención de revisar las prioridades estratégicas y el Plan de Trabajo en forma previa a la XXV Reunión del CPA. Varios miembros sugirieron cuestiones prioritarias, procesos y acciones para su consideración durante los debates entre sesiones. Los temas prioritarios propuestos incluyeron el cambio climático, el enfoque proactivo del turismo, el sistema de áreas protegidas y la contaminación, particularmente centrada en los plásticos.

(9)   El Comité agradeció a Finlandia por ofrecer un lugar para la discusión informal sobre el Plan de Trabajo Quinquenal a través de un taller que se llevará a cabo en Helsinki antes de la XXV Reunión del CPA. También agradeció a varios miembros por proponer formas adicionales de fomentar una plena participación en los debates sobre el Plan de Trabajo Quinquenal, de forma tal de facilitar una mayor inclusión atendiendo a cuestiones como la ubicación geográfica, la edad y el género.

(10)   La ASOC agradeció a Noruega por su documento y agradeció a Finlandia por ofrecerse como sede de debates informales sobre el tema. La ASOC expresó que apoyaba una revisión de las prioridades estratégicas para el CPA y la producción de un Plan de Trabajo Quinquenal actualizado. Aconsejó que la revisión debería considerar si alguna acción en el Plan de Trabajo requería asignársele una prioridad mayor o si necesitaba completarse con puntos de acción. También recomendó que el Comité tuviese en cuenta no solo lo que haría, sino también cuestiones técnicas sobre cómo implementar y agilizar las tareas necesarias.

(11)   Tras ulteriores debates, el Comité aceptó las recomendaciones del WP 27.

Asesoramiento del CPA a la RCTA sobre la revisión de las prioridades estratégicas del CPA y el Plan de Trabajo Quinquenal del CPA.

(12)   El Comité acordó informar a la RCTA que revisaría sus prioridades, el funcionamiento del Comité y su Plan de Trabajo Quinquenal en la XXV Reunión del CPA. El Comité acordó que esto debería llevarse adelante de la siguiente manera:

- La presidencia/la Mesa del CPA tendría la tarea de facilitar los debates entre sesiones para preparar un taller en Helsinki antes de la XXV Reunión del CPA, en colaboración con el país anfitrión, Finlandia.

- Los debates celebrados antes y durante el taller serían abiertos e incluirían a todos los Miembros y Observadores.
- Se alentaría a los miembros y observadores a facilitar la participación en los debates y talleres entre sesiones de investigadores principiantes y responsables de formular políticas/administradores, según corresponda, y garantizar la diversidad y la inclusión; y
- En la XXV Reunión del CPA en Helsinki, el Comité consideraría los resultados del taller y los debates previos entre sesiones.

(13) El Comité señaló que, durante estas consideraciones de las prioridades estratégicas del CPA, se harían esfuerzos para identificar los desafíos existentes y los nuevos. El Comité señaló, además, que los participantes deberían guiarse por los principios del Protocolo Ambiental, basándose en el mejor material científico disponible.

---

(14) El Comité revisó y actualizó su Plan de Trabajo Quinquenal (apéndice 1).

Tema 4: Funcionamiento del CPA

(15) La India presentó el WP 7, *Páginas web de la STA donde se proporcione información sobre los grupos subsidiarios del CPA*, preparado de forma conjunta con Noruega y el Reino Unido. La India apuntó que la Secretaría, con la guía de la RCTA, había desarrollado páginas web que incluían información pertinente para el Sistema del Tratado Antártico, el Protocolo sobre Protección del Medio Ambiente y el CPA. También apuntó que, sin embargo, no se habían desarrollado páginas web dedicadas a los dos grupos subsidiarios del CPA: el Grupo Subsidiario sobre Planes de Gestión y el Grupo Subsidiario sobre Respuesta al Cambio Climático. Los proponentes sugirieron que se desarrollaran páginas web para cada grupo subsidiario para mejorar el acceso a información pertinente sobre el trabajo de dichos grupos. La India destacó que esto podría, además, ayudar a nuevos miembros a entender cómo involucrarse y participar en el trabajo de los grupos subsidiarios. El documento, por tanto, recomendaba que el CPA: apoyara el desarrollo de páginas web STA específicas e individuales para ambos grupos subsidiarios del CPA; aprobara el contenido inicial de estas páginas, tal como se adjuntaba al documento e invitase a cada uno de los dos grupos subsidiarios a pensar en contenido web adicional durante el período entre sesiones 2022-23 y a comunicarlo, a su vez, en la XXV Reunión del CPA.

(16) El Comité agradeció a la India, Noruega y el Reino Unido la preparación del documento. Los miembros mostraron su acuerdo en que las páginas web resultarían útiles para difundir información a miembros actuales y nuevos. Muchos miembros señalaron, además, que las páginas web específicas serían útiles para incrementar la transparencia y para comunicar al público las actividades del CPA. Se sugirió que también sería útil incluir puntos de contacto y un cronograma de tareas para facilitar la participación.

(17) En respuesta a las inquietudes planteadas sobre si las páginas web deberían protegerse con contraseña, sobre el contenido que se adoptará, y sobre la posibilidad de actualizarlo en el futuro, los proponentes aclararon que las páginas web propuestas consolidarían información que ya había sido aprobada por el CPA y era de dominio público a través del sitio web del STA, y que cualquier actualización futura tendría que ser aprobada por consenso por el Comité.

(18) El Comité apoyó el desarrollo de páginas web STA individuales específicas para los dos grupos subsidiarios del CPA y, luego de enmiendas editoriales menores, aprobó el contenido inicial de estas páginas web (apéndices 2 y 3) y señaló que cualquier actualización futura sería aprobada por consenso por el Comité. El Comité alentó a los respectivos grupos subsidiarios a seguir considerando el contenido de la página web durante el período entre sesiones de 2022/23 y a informar a la XXV Reunión del CPA.

(19)   La presidencia del CPA hizo mención al IP 121 *Committee for Environmental Protection (CEP): summary of activities during the 2021/22* [*Comité para la Protección del Medio Ambiente (CPA): resumen de actividades durante el período entre sesiones 2021/22)*] (Noruega) y agradeció a los miembros sus esfuerzos para llevar adelante las actividades del CPA durante el anterior período entre sesiones.

Tema 5: Cooperación con otras organizaciones

(20)   El CC-CRVMA presentó el IP 15 *Report by the CC-CRVMA Observer to CEP* [*Informe del Observador del CC-CRVMA al CPA*] que detallaba actividades pertinentes para el CPA que se llevaron a cabo durante el período entre sesiones. El documento se centró en los cinco asuntos de interés común para el CPA y el CC-CRVMA, de acuerdo a lo identificado en su primer taller conjunto: cambio climático y medio ambiente marino de la Antártida; biodiversidad y especies no autóctonas en el medio ambiente marino de la Antártida; especies antárticas que requieren protección especial; gestión de espacios marinos y zonas protegidas; y vigilancia del ecosistema y el medio ambiente. El documento resaltaba los desafíos que ha afrontado el CC-CRVMA durante este pasado año de reuniones virtuales, como así también el progreso que ha conseguido en ciertas áreas clave, como el desarrollo de un marco de gestión basado en riesgos para la pesca del kril y el nivel récord de involucramiento y participación que premitió el formato virtual. El documento reflejaba que el CC-CRVMA desarrolló su capacidad científica acordando nuevos términos de referencia para el Fondo de Capacidad Científica General. El CC-CRVMA recordó al Comité que habían pasado cinco años desde la designación del AMP del mar de Ross. Además, señaló que el CC-CRVMA había celebrado un simposio informal para estudiar y desarrollar un plan estratégico quinquenal, y que las recomendaciones y plan estratégico surgidas del simposio serían perfeccionadas por los miembros y serían acordadas en la 41.ª Reunión del CC-CRVMA en octubre de 2022.

(21)   El SCAR presentó el IP 16, *Informe anual correspondiente a 2022 del Comité Científico de Investigación Antártica para la XLIV Reunión Consultiva del Tratado Antártico*. El SCAR destacó sus recientes actividades que resultan significativas para el trabajo del CPA, entre las que se incluían: sus tres programas de investigación y grupos especializados subsidiarios cuya labor responde a las necesidades del CPA; la coordinación de su Grupo de Trabajo del Océano Austral como parte del Decenio de las Naciones Unidas de las Ciencias Oceánicas; las actividades educativas y de divulgación, incluidos dos eventos SCAR celebrados en la Conferencia de la ONU sobre el Cambio Climático (COP 26) de Glasgow en 2021; el nuevo cortometraje del SCAR, *Peace and Science,* sobre el trabajo del SCAR, y la constitución del Grupo de Acción sobre Igualdad, Diversidad e Inclusión (EDI, por sus siglas en inglés), al que se encomendó la tarea de analizar, de forma general, cómo podían abordarse con eficacia las cuestiones relativas a EDI dentro del SCAR. El SCAR recordó el plan de conservación sistemática para la Península Antártica que se estaba desarrollando con la IAATO para facilitar la gestión simultánea de la biodiversidad, la ciencia y el turismo. El SCAR señaló que, al finalizar, los resultados se debatirán con los miembros de la IAATO y el SCAR, y se presentarán al CPA. El SCAR también destacó que su Conferencia de Ciencia Abierta de 2022 y las Reuniones del SCAR se organizarán en línea en India del 1 al 10 de agosto, con el tema de la conferencia «La Antártida en un mundo cambiante».

(22)   El COMNAP presentó el IP 19, *Informe anual del Consejo de Administradores de los Programas Antárticos Nacionales (COMNAP) para el período 2021/2022*, que informaba sobre las actividades que resultaban significativas para el trabajo del CPA llevadas a cabo durante el pasado año. El COMNAP destacó que en las sesiones regionales celebradas en su Reunión General Anual se había identificado a la elevada meseta antártica como región fundamental para comprender cómo la Antártida actuaba

como factor de cambios. Señaló también la importancia de que los programas antárticos nacionales apoyaran y coordinaran activamente esfuerzos internacionales para suministrar datos de la criósfera procedentes del área del Tratado Antártico que resulten significativos a efectos de la formulación de políticas. El COMNAP llamó la atención, además, sobre una publicación revisada por pares sobre las nuevas capacidades antárticas de los rompehielos, incluyendo mejoras en la eficiencia, reducción de niveles de ruido o formas de proteger proactivamente el entorno antártico y los ecosistemas dependientes y asociados que se incluyen en sus diseños (BP 2).

(23)   La OMM presentó el IP 21 rev. 1 *Informe anual de la OMM*, que reseñaba sus actividades científicas antárticas recientes realizadas a través de las iniciativas que copatrocina: el Programa Mundial de Investigación del Clima (PMIC) y los Programas Mundiales de Investigación Meteorológica. Esto incluyó: el Proyecto del Clima y la Criósfera (CliC) del PMIC; el CORDEX antártico; las Proyecciones Antártida 2300; la Academia PMIC; el Plan de Acción del Océano Austral; y la cumbre final del Año de la Predicción Polar. La OMM destacó que había adoptado una nueva política de datos unificados, la cual resulta necesaria para proyectos a nivel global para observar, entender y predecir el tiempo atmosférico y el clima, así como su continuo trabajo en el desarrollo de una red de centros climáticos regionales antárticos (AntRCC, por sus siglas en inglés). La OMM apuntó, además, que había elaborado varias publicaciones científicas relacionadas con la Antártida y el clima que resultaban significativas para el trabajo del CPA, incluyendo la *Declaración de la OMM sobre el estado del clima mundial*, *United in Science* y las *Diez nuevas miradas en la ciencia del clima*.

(24)   La IAATO presentó el IP 41, *Report of the International Association of Antarctica Tour Operators 2021-22* [*Informe de la Asociación Internacional de Operadores Turísticos en la Antártida 2021-22*], que informaba de sus actividades durante el año anterior. La IAATO informó que su membresía incluye a 106 operadores y asociados de 21 Partes del Tratado Antártico. Apuntó también que, tras un nivel de actividad mínimo en la temporada de 2021 debido a la pandemia, en la temporada 2021-22 se había experimentado un repunte moderado de las operaciones, aunque aún persistían dificultades. La IAATO informó de que el número total de visitantes que viajaban con operadores IAATO en la temporada 2021-22 fue de 23 597, y de que no había incidentes que informar. También informó de que, en su reciente reunión anual, sus miembros se habían comprometido unánimemente, en respuesta al cambio climático, a reducir las emisiones de gases de efecto invernadero en, al menos, un 50 % para 2050, en comparación con 2008, y la consecución del nivel cero de emisiones netas de carbono para antes de 2050. Los miembros de la IAATO, además, reforzaron y actualizaron algunas de sus directrices operativas, y convirtieron en requisito que los capitanes y algunos oficiales se sometieran a la evaluación en línea de la IAATO y la aprobaran. La IAATO destacó, además, algunos de sus esfuerzos de colaboración científica, entre los que se incluye la oferta de una beca anual para investigadores principiantes, junto con el SCAR, el COMNAP y la CCRVMA.

(25)   La ASOC, en su informe a la Reunión, aludió al IP 88, *ASOC report to the ATCM* [*Informe de la ASOC para la RCTA*] (presentado a la RCTA), que enumeraba las actividades entre sesiones y el apoyo prestado a actividades científicas que resultan significativas para la formulación de políticas y las comunicaciones científicas en las que la ASOC había participado durante el año anterior. La ASOC apuntó que existe una rotunda voluntad política de afrontar las amenazas al estado de la Antártida mediante, por ejemplo, la adopción de nuevas medidas de protección integrales como las Áreas Marinas Protegidas (AMP), la ampliación del sistema de Zonas Especialmente Protegidas, la asignación del estatus de especie antártica especialmente protegida (EEP) al pingüino emperador y la actuación frente al cambio climático. La ASOC instó a los organismos y actores antárticos a participar constructivamente en debates que incrementen los objetivos de conservación del Sistema del Tratado Antártico.

(26)   El Comité agradeció estos informes de los observadores y resaltó la importancia de su trabajo para el CPA.

Nombramiento de los representantes del CPA ante otras organizaciones

(27)   El Comité nombró a las siguientes personas:

- a Birgit Njåstad (Noruega) para representar al CPA durante la 34.ª Reunión General Anual del COMNAP, que tendrá lugar en formato virtual del 8 de junio al 27 de julio de 2022;

- a Polly Penhale (Estados Unidos) para representar al CPA en la 41.ª reunión del CC-CRVMA que se realizará en Hobart en octubre-noviembre de 2022, y

- a Yan Ropert-Coudert (Francia), que representará al CPA en la Reunión de delegados del SCAR de 2022, que organizará la India en formato virtual en septiembre de 2022.

Tema 6: Reparación y remediación del daño al medio ambiente

(28)   Australia presentó el IP 54, *Australia's Cleaner Antarctica Strategy* [*Estrategia de Australia para una Antártida más limpia*]. Este documento informó que Australia estaba estableciendo un programa científico para una Antártida más limpia y desarrollando una estrategia viable para una Antártida más limpia en las estaciones y sitios australianos. En él se resumían los objetivos de esta estrategia, la cual detallaba las acciones de alta prioridad que deberían emprenderse en los próximos cinco años. Australia mostró interés en intercambiar experiencias de investigación y de prácticas con otros miembros que lleven a cabo o planeen similares actividades de evaluación y de limpieza de sitios, con el fin de obtener mejores resultados medioambientales para toda la Antártida.

(29)   El Comité agradeció a Australia la información presentada y tomó nota de la iniciativa a futuro descrita en su documento.

Tema 7: Implicaciones del cambio climático para el medio ambiente

7a) Enfoque estratégico

(30)   El SCAR presentó el WP 30 rev.1 *Cambio climático y medio ambiente en la Antártida: A Decadal Synopsis. Conclusiones y recomendaciones sobre políticas,* y WP 31 rev.1 *Cambio climático y medio ambiente en la Antártida: sinopsis decenal. Imperativos de investigación.* El SCAR también se refirió al IP 72, *Antarctic Climate Change and the Environment: A Decadal Synopsis and Recommendations for Action* [*Cambio climático y medio ambiente en la Antártida: sinopsis decenal y recomendaciones para la acción*]. Estos documentos presentaron una importante actualización del *Informe sobre el cambio climático y el medio ambiente en la Antártida* (ACCE, por sus siglas en inglés) y proporcionaron un resumen infográfico de los hallazgos clave de esta sinopsis decenal del ACCE, así como una serie de recomendaciones. En relación con las recomendaciones sobre formulación de políticas que aparecen en el WP 30 rev.1, el SCAR hizo énfasis en que los Estados cumplan y superen los objetivos de reducción de emisiones de gases de efecto invernadero establecidos en el Acuerdo de París, con el fin de mantener la Antártida y el océano austral en un estado cercano al conocido durante los últimos 200 años. En relación con las recomendaciones para la investigación más significativa y urgente requerida para la región, tal como se presenta en el WP 31 rev.1, el SCAR señaló que estas se centraron en los cambios en la región con implicaciones significativas para el sistema terrestre y la sociedad, así como en los impactos esperados del cambio climático en la biodiversidad de la región. El SCAR señaló que la sinopsis decenal se basó predominantemente en informes recientes del IPCC, que se apoyaban en un extenso

conjunto de investigaciones realizadas por científicos que trabajan en la Antártida y el océano austral.

(31)   El SCAR llamó la atención de la Reunión sobre varios mensajes clave que se derivaron de sus recomendaciones: la necesidad de actuar en forma urgente, tanto a nivel regional como global, para mitigar los efectos del cambio climático; que la urgencia para actuar no estaba limitada por la necesidad de reducir la incertidumbre asociada con las previsiones futuras; la necesidad de desarrollar, con la debida urgencia, enfoques de investigación integrados a gran escala en los programas antárticos nacionales para reducir las incertidumbres en áreas clave, incluida la mejora de las previsiones del cambio de la criósfera antártica, la mejora de la comprensión y las previsiones del cambio de la biodiversidad antártica y la profundización en la comprensión de modelos climáticos y teleconexiones climáticas de alta latitud tropical y el requisito de desarrollar una comunicación clara, oportuna y regular sobre los cambios ambientales en la Antártida, y sus implicaciones tanto para los ambientes antárticos como para el sistema terrestre, los Gobiernos, las partes de los acuerdos internacionales relacionados, el sector económico y la sociedad civil. Finalmente, el SCAR reconoció que el informe se basaba en una gran cantidad de investigaciones colaborativas a nivel internacional, muchas de las cuales habían recibido el apoyo de programas antárticos nacionales, y la gran mayoría de las cuales se habían elaborado gracias al trabajo voluntario de investigadores de una gran cantidad de países del mundo.

(32)   El Comité agradeció al SCAR sus documentos y destacó el valor de contar con tales síntesis científicas de alta calidad como base para su trabajo. El Comité tomó nota del apoyo general expresado a las recomendaciones de los documentos WP 30 rev.1 y WP 31 rev.1. El Comité también acogió con agrado la conferencia del SCAR sobre los resultados del informe ACCE y felicitó al SCAR por su actualización decenal, reconociéndola como una contribución valiosa para futuras deliberaciones sobre las implicaciones del cambio climático y otros debates de gestión. El Comité señaló que el informe subrayaba la necesidad de actuar en forma urgente y la importancia de abordar las necesidades y lagunas científicas existentes.

(33)   Los miembros destacaron la pertinencia de los hallazgos del SCAR en relación con el CCRWP y el GSRCC. Algunos miembros destacaron la importancia de cumplir con, o incluso superar las contribuciones determinadas a nivel nacional del Acuerdo Climático de París. Los miembros también comentaron sobre la necesidad de llenar los vacíos científicos existentes y de avanzar en temas como la bioseguridad, la gestión del área espacial y los impactos medioambientales. También se planteó la necesidad de una mejor comunicación entre los miembros y de facilitar la difusión de la información. Muchos miembros apoyaron las recomendaciones del WP 30 rev.1 y señalaron que habían avanzado significativamente en el trabajo que se había presentado en el informe del GSRCC (XXIII Reunión del CPA -WP 14).

(34)   Los miembros plantearon varios puntos para profundizar, incluidos: las prioridades de investigación compartidas con la CCRVMA; el diálogo entre sesiones entre el SCAR y el GSRCC para potenciar un debate más profundo durante la próxima reunión del CPA; la posibilidad de solicitar al GSRCC que priorice su trabajo en bioseguridad; la priorización de la protección de las especies antárticas ante el impacto del cambio climático; las emisiones de efecto invernadero de las estaciones antárticas; el desarrollo de un sistema integrado de áreas protegidas; la gestión de las lagunas e incertidumbres científicas; los desafíos logísticos relacionados con el cambio climático; la identificación de líneas de base; la necesidad de un seguimiento sistemático a largo plazo y la relevancia de protocolos de bioseguridad efectivos.

(35)   Un miembro señaló las incertidumbres científicas en la tasa de tendencias de aumento del nivel del mar, la biodiversidad y los modelos climáticos planteados por el SCAR, y la importancia de la observación integrada y a largo plazo, y expresó su preocupación

sobre la posibilidad de preservar el medio ambiente del océano austral en un estado cercano a lo conocido en los últimos 200 años como meta de gestión en un sistema tan dinámico. También señaló el papel crucial del SCAR en la prestación de asesoramiento científico independiente y objetivo para servir de apoyo y base informativa al trabajo de la RCTA y el CPA expresado en la Resolución 7 (2019) y expresó su preocupación sobre si el SCAR era el organismo apropiado para brindar recomendaciones sobre formulación de políticas.

(36) Varios miembros señalaron que consideraban que el asesoramiento y las recomendaciones con base científica proporcionados por el SCAR constituían una base importante para las decisiones políticas del Comité.

(37) En respuesta a estas preocupaciones, el SCAR reafirmó su opinión de que superar los objetivos establecidos en el Acuerdo Climático de París era importante para la preservación de la Antártida. Destacó que la Antártida era un sistema dinámico que cambiaba con el tiempo y que la idea subyacente de proteger el medio ambiente antártico implicaba preservar también su dinámica. En relación con las cuestiones planteadas respecto a la pérdida de los mantos de hielo de la Antártida oriental, el SCAR confirmó que, aunque la pérdida de masa de hielo era menor que la pérdida en el manto de hielo de la Antártida occidental, las investigaciones demostraban que el glaciar Totten había perdido masa. El SCAR también recordó que el IPCC había expresado por primera vez su preocupación por los riesgos del cambio climático hacía más de 30 años y que había seguido expresando su preocupación desde entonces. Al responder a la pregunta sobre si era un organismo apropiado para ofrecer recomendaciones de política, el SCAR señaló que se trataba de recomendaciones basadas en evidencias y que sería irresponsable no plantearlas.

(38) La ASOC agradeció al SCAR su conferencia, expresó su apoyo a las recomendaciones del WP 30 rev. 1 y enfatizó en la urgencia de superar los objetivos de emisiones planificados para proteger los entornos de la Antártida y el océano austral. La ASOC consideró que el WP 31 rev.1 ofrecía la oportunidad de difundir la actividad científica antártica más allá del STA e hizo énfasis en que resultaba esencial comunicar estos importantes hallazgos a nivel global, así como actuar teniéndolos en cuenta.

(39) Concluyendo el debate sobre el WP 30 rev. 1 y WP 31 rev. 1, el Comité agradeció y felicitó al SCAR por la actualización decenal del *Informe sobre el cambio climático y el medio ambiente en la Antártida* y también expresó su reconocimiento por la excelente conferencia del SCAR sobre este tema. El Comité señaló que la actualización subrayaba la urgencia de profundizar en las investigaciones para llenar vacíos científicos e implementar acciones de respuesta. El Comité destacó el enorme valor del informe ACCE, que se basó en el mejor material científico disponible para apoyar las deliberaciones del Comité sobre las respuestas de gestión ante el cambio climático en la Antártida y la pertinencia de los hallazgos para el trabajo del GSRCC y para el CCRWP. Finalmente, el Comité destacó la importancia de comunicar y difundir los hallazgos de este informe a la comunidad mundial en general.

(40) La OMM presentó el IP 71 *Winter Targeted Observing Periods and Further Plans of the Year of Polar Prediction in the Southern Hemisphere (YOPP-SH)* [*Períodos de observación de invierno antártico y otros planes para el Año de la Predicción Polar en el hemisferio sur (YOPP-SH)*], que resume las actividades recientes realizadas en la Antártida como parte del Proyecto de Predicción Polar (PPP), del Programa Mundial de Investigaciones Meteorológicas de la OMM. La OMM informó de que una evaluación de los pronósticos de modelos globales durante el período especial de observación de la Antártida había confirmado que la capacidad de pronóstico extratropical en el hemisferio sur era menor que en el hemisferio norte, siendo el contraste mayor entre la Antártida y el Ártico. Señaló también que el Año de la Predicción Polar en el hemisferio sur (YOPP-

SH) estaba actualmente recorriendo un segundo período especial de observación, y que el análisis de estos resultados continuaría en 2023-24. La OMM también informó de que la próxima cumbre final del YOPP se llevará a cabo en Montreal en agosto de 2022. Recomendó, además, a los miembros, difundir información sobre el portal de datos del YOPP para permitir que las comunidades de investigación nacionales hagan uso del portal y aporten sus propios datos a través de sus centros de datos nacionales en un esfuerzo por construir una base de datos meteorológica polar integral.

(41) La ASOC presentó el IP 90, *Ice Sheet Instability, Long-term Sea-level Rise, and Southern Ocean Acidification: Time for Coordinated Action by Antarctic Treaty Parties* [*Inestabilidad de la capa de hielo, aumento del nivel del mar a largo plazo y acidificación del océano austral: Tiempo para la acción coordinada por parte de las Partes del Tratado Antártico*] señalando que, en general, los órganos del STA se han centrado en abordar los efectos del cambio climático en los ecosistemas de la Antártida y el océano austral, pero que había llegado el momento de que estos organismos abordaran directamente los impactos globales del cambio climático. El documento incluía varias recomendaciones para hacerlo, entre ellas: tomar medidas para que los hallazgos de la ciencia climática antártica recibieran una mayor atención pública y política, incluso en las Conferencias de las Partes (COP) de la CMNUCC; solicitar al SCAR que aumente la presencia de la actividad científica antártica en las COP y, en paralelo, solicitar a las PCTA que revisen sus propias contribuciones determinadas a nivel nacional (NDC).

(42) En respuesta a una sugerencia de la OMM, el SCAR expresó su voluntad de trabajar junto con la OMM y otros para garantizar que la ciencia antártica estuviera representada en la Conferencia de las Partes de la Convención Marco de las Naciones Unidas sobre el Cambio Climático.

(43) El Comité tomó nota de los siguientes documentos de información presentados en relación con este tema del programa:

- IP 23 *Antarctic Blue Carbon* [*Carbono Azul Antártico*] (Reino Unido).

- IP 26 *International Thwaites Glacier Collaboration: The Future of Thwaites Glacier and its Contribution to Sea-Level Rise* [*Colaboración internacional en el glaciar Thwaites: el futuro del glaciar Thwaites y su contribución al aumento del nivel del mar*] (Estados Unidos, Reino Unido).

- IP 27 *The Value of Long-term Ecological Datasets to Evaluate Ecosystem Response to Environmental Change along the Antarctic Peninsula* [*El valor de los conjuntos de datos ecológicos a largo plazo para evaluar la respuesta de los ecosistemas al cambio ambiental a lo largo de la Península Antártica*] (Estados Unidos).

- IP 32 *Efectos del derretimiento del Glaciar Collins en el ecosistema costero marino antártico* (Uruguay).

7b) *Implicaciones del cambio climático para el medio ambiente: Implementación y examen del Programa de Trabajo de Respuesta al Cambio Climático*

(44) El coordinador del GSRCC, Kevin Hughes (Reino Unido), presentó el WP 37 *Informe del Grupo Subsidiario sobre Respuesta al Cambio Climático (GSRCC) del CPA 2021-2022*, que describe el trabajo y los resultados del GSRCC durante el período entre sesiones de 2021 a 2022. El coordinador señaló que el GSRCC está formado por 22 representantes de 17 países miembros del CPA, así como la ASOC, el COMNAP, la IAATO, el SCAR y la OMM. El coordinador resumió el progreso relacionado con los términos de referencia del GSRCC. Indicó que el GSRCC había tomado medidas para facilitar la coordinación y la comunicación del PTRCC y había informado sobre el trabajo realizado por el SCAR, el CC-CRVMA y el COMNAP, así como los esfuerzos para fomentar la inclusión de las necesidades de investigación en las estrategias

científicas nacionales. El GSRCC también había realizado actividades para actualizar el proyecto del PTRCC para la consideración del Comité y la implementación del PTRCC, que describe la presentación, o el progreso, de las 34 acciones del PTRCC. El coordinador también informó sobre el trabajo del GSRCC planificado para el período entre sesiones en relación con las introducciones de especies no autóctonas, el cambio del medio ambiente biótico y abiótico terrestre y de agua dulce, el cambio del medio ambiente marino biótico y abiótico cercano a la costa, los riesgos para las especies antárticas y el impacto en los valores patrimoniales. Agradeció a los miembros del GSRCC el trabajo dedicado a la presentación de los términos de referencia del grupo y alentó enfáticamente a que los miembros y observadores del CPA continuaran participando, señalando el trabajo sustancial que queda por hacer. El GSRCC recomendó que el CPA adopte el proyecto actualizado del PTRCC (2022) y lo use para sustituir la versión actual del PTRCC (2016).

(45) El Comité elogió al coordinador del GSRCC por su liderazgo y al GSRCC por su trabajo durante el período entre sesiones. También expresó su apoyo al trabajo realizado por los miembros del GSRCC durante el período entre sesiones 2021-22 y señaló la necesidad de seguir implementando el PTRCC sobre la base del conocimiento sobre el cambio climático y los retos que éste presenta. De forma general, los miembros acordaron que el GSRCC funcionaba de forma adecuada y que su estructura no necesitaba revisión, aunque reconocieron que siempre existía margen para debatir mejoras y actualizaciones. El Comité también reconoció el trabajo del SCAR y otros observadores en el trabajo del GSRCC. Varios miembros también instaron a un mayor involucramiento por parte de los nuevos miembros, mientras que otros miembros expresaron su deseo de comenzar a involucrarse activamente en el GSRCC.

(46) China presentó el WP 48 *Implementación del Programa de trabajo de respuesta al cambio climático.* Durante el período entre sesiones 2021-22, China había revisado el progreso de la implementación del PTRCC desde su adopción en 2015. China consideró que había margen para mejorar en los informes de progreso anual presentados por el GSRCC al CPA, en especial en el cumplimiento de las lagunas/necesidades específicas y en la realización de las acciones/tareas definidas en años anteriores. Sobre la base de esta revisión, China recomendó que el CPA: centre sus esfuerzos en la implementación del PTRCC; enfatice la importancia de la supervisión y la investigación científica; reconfirme que el GSRCC debe presentar informes de progreso anuales para su revisión por parte de la sesión plenaria del CPA; solicite al GSRCC que actualice el PTRCC según requiera la RCTA o el CPA, o sugiera actualizaciones específicas presentando documentación sobre cuestiones específicas para ofrecer información plena en apoyo a estas sugerencias. Según un acuerdo de la XXII Reunión del CPA, China también presentó una versión del proyecto del PTRCC reformateada (2016) y recomendó su adopción.

(47) El Comité consideró los siguientes pasos para avanzar el PTRCC basándose en las recomendaciones presentadas en el WP 37 y el WP 48. Muchos miembros expresaron su apoyo al borrador de la versión actualizada del CCRWP adjunto al WP37, señalando que estaba bien escrito, y debatieron eficazmente sobre lo que el CPA necesitaba en el campo del cambio climático. Los miembros consideraron que el informe reflejaba eficazmente las diversas actividades del GSRCC en el último período entre sesiones y los vínculos establecidos entre otros órganos y el CPA. Los miembros señalaron que el informe actuó para mejorar la comunicación de las cuestiones relacionadas con el cambio climático y adaptó el programa mediante la aplicación de los desarrollos y decisiones actuales. Un miembro agradeció al coordinador del GSRCC la incorporación de sus comentarios al WP 37, aunque consideró que debe preferirse la versión reformateada del PTRCC de 2016 incluida en el WP 48. Si el borrador actualizado del PTRCC presentado en el WP 37 no era aceptable para el Comité, varios miembros sugirieron que se podría

considerar el reformateado al mismo tiempo que cualquier actualización futura. Varios miembros hicieron énfasis en que el PTRCC representaba una herramienta práctica para apoyar el importante trabajo del CPA en el ámbito del cambio climático. Los miembros señalaron que el Programa no constituía un instrumento legal y no vinculaba a los miembros, quienes podían plantearse en qué medida contribuir a abordar las acciones identificadas. La mayoría de los miembros lamentaron que no se pudiera llegar a un acuerdo para actualizar el PTRCC.

(48) La ASOC señaló que apreciaba la oportunidad de participar en el GSRCC y dio las gracias al coordinador por su trabajo. La ASOC señaló que se estaba llevando a cabo una importante cantidad de trabajo para implementar el CCRWP y subrayó la urgencia para progresar en la acción climática, lo que incluye actualizar el plan acordado hace años.

(49) El Comité concluyó que, debido a que no hubo consenso para adoptar el PTRCC actualizado preparado por el GSRCC, por el momento se mantendría el PTRCC 2016 en su formato actual. El Comité pidió al GSRCC que continuara su trabajo durante el período entre sesiones y alentó encarecidamente a los miembros interesados a unirse o participar activamente en el GSRCC.

Asesoramiento del CPA a la RCTA sobre la implementación del Programa de Trabajo de Respuesta al Cambio Climático (CCRWP).

(50) El Comité acordó informar a la RCTA que no había llegado a un consenso sobre las actualizaciones del CCRWP propuestas por el GSRCC, y que el GSRCC continuaría trabajando en el próximo período entre sesiones para implementar el PTRCC existente (2016). De acuerdo con sus Términos de Referencia actualizados, el GSRCC tendría la tarea de:

- comenzar a implementar el PTRCC como asunto prioritario, y proporcionar informes de progreso anuales a la RCTA sobre su implementación;

- mantener bajo revisión regular el PTRCC con los aportes del SCAR y del COMNAP sobre asuntos científicos y prácticos, respectivamente;

- prestar atención, dentro de los sistemas de financiación de la ciencia y programas nacionales de investigación antártica de los miembros, a la forma en que éstos pueden abordar las necesidades y acciones de investigación identificadas en el PTRCC del CPA.

(51) El Comité también acordó informar a la RCTA que estaba pasando a una fase más centrada en la implementación del PTRCC y que había presentado o iniciado el trabajo en casi la totalidad de las 34 acciones identificadas dentro del PTRCC. El Comité dio los siguientes ejemplos de acciones que se habían realizado o que se referían a investigaciones en curso que se proporcionaban periódicamente al Comité:

- 1e. Acciones de progreso identificadas bajo «Respuesta» en el Manual sobre especies no autóctonas del CPA: El *Manual sobre especies no autóctonas* del CPA (2019).

- 2a. Apoyar y llevar a cabo investigaciones con el fin de lograr una mayor comprensión de los cambios actuales y futuros, y de servir de base informativa: La actualización decenal del *Informe sobre el cambio climático y el medio ambiente en la Antártida* y el IP 81 *Mapping SCAR affiliated research to climate change related Science Needs identified by the CEP*) [*Planificación de la investigación del SCAR vinculada a las necesidades científicas relacionadas con el cambio climático identificadas por el CPA*].

- 3e. Mantener un diálogo (o intercambio de información) regular sobre el cambio climático y el océano austral con el CC-CRVMA, particularmente sobre las medidas que se adoptan: los informes regulares del CC-CRVMA y el trabajo que sirva de base informativa a un posible taller conjunto CPA/CC-CRVMA en el futuro (XLIV RCTA-WP16).

- 4b. Considerar el próximo informe del SCAR sobre la acidificación de los océanos y actuar en consecuencia: XLIII RCTA – WP 36 e Informe de la XXIII Reunión del CPA, párr. 211-217.

- 5d. Actualizar las directrices de la EIA para tener en cuenta los impactos del cambio climático: Resolución 1 (2016).

- 5e. Desarrollo adicional del *Manual sobre limpieza*: Resolución 1 (2019).

(52) El Comité también acordó informar a la RCTA que quedaba mucho por hacer para implementar completamente todas las acciones del CCRWP. El Comité señaló que las acciones prioritarias en las que sería útil centrar los esfuerzos incluían:

- 1a. Continuar el desarrollo del *Manual sobre especies no autóctonas* en conformidad con la Resolución 6 (2011), garantizando que se incluyan los impactos del cambio climático.

- 1b. Revisar las directrices de la OMI sobre bioincrustaciones para comprobar si resultan adecuadas para el océano austral y para las embarcaciones que se desplazan entre las regiones.

- 2e. Examinar y modificar, cuando sea necesario, las herramientas de gestión existentes con el fin de considerar si proporcionan las mejores medidas prácticas de adaptación para las zonas en riesgo debido al cambio climático.

- 5b. Evaluar el riesgo de cambios por el cambio climático en Sitios y Monumentos Históricos/patrimonio de las Áreas Antárticas Especialmente Protegidas.

- 6e. Cuando proceda, desarrollar medidas de gestión para mantener o mejorar el estado de conservación de las especies amenazadas por el cambio climático, por ejemplo, a través de planes de acción para especies especialmente protegidas.

(53) El Comité señaló que, en cuanto a las acciones prioritarias 1b, 2e, 5b y 6e, el trabajo estaba en marcha o estaba planificado para el período entre sesiones de 2022-23.

---

(54) Australia presentó el WP 16 *Revisión de los avances en la implementación de las recomendaciones establecidas en el Taller Conjunto del CPA/CC-CRVMA sobre cambio climático y vigilancia (2016)*, preparado con la Argentina, Francia y Estados Unidos. El documento respondía a las prioridades y acciones identificadas en el Plan de Trabajo Quinquenal del CPA en el CCRWP. Presentaba, además, los resultados de una revisión realizada durante el período entre sesiones 2021-22 sobre los avances en la implementación de las recomendaciones establecidas en el informe del Taller conjunto del CPA/CC-CRVMA de 2016 sobre Cambio Climático y Vigilancia. Los proponentes recomendaron que el CPA: considerara la revisión (presentada en el anexo 1 al WP 16); remitiera el WP 16 al CC-CRVMA para su consideración y, de acuerdo con las acciones identificadas en el Plan de Trabajo Quinquenal del CPA, trabajara en colaboración con el CC-CRVMA para planificar otro taller conjunto sobre cambio climático y vigilancia que tenga lugar en un futuro próximo.

(55) El Comité agradeció a los coautores por su trabajo. Enfatizando la importancia de la colaboración y la comunicación entre el CPA y el CC-CRVMA, los miembros expresaron un sólido apoyo a las recomendaciones presentadas en el WP 16. El Comité

acordó desarrollar los términos de referencia de cara al próximo taller conjunto del CPA/CC-CRVMA durante el siguiente período entre sesiones.

(56)   El CC-CRVMA acogió con beneplácito el trabajo del Comité para avanzar en la implementación de las recomendaciones que surgieron del taller conjunto CPA/CC-CRVMA de 2016 y expresó su voluntad de continuar trabajando con los miembros en esta iniciativa.

Asesoramiento del CPA a la RCTA sobre un taller conjunto del CPA/CC-CRVMA sobre cambio climático y vigilancia.

(57)   El Comité informó a la RCTA que había acordado establecer un grupo de debate informal para facilitar el desarrollo de un taller conjunto CPA/CC-CRVMA que se llevaría a cabo a más tardar en 2024, y nombró a Maude Jolly (Francia) para dirigir el grupo, que se integraría en el foro del CPA. El Comité también señaló que se establecería un comité directivo conjunto CPA/CC-CRVMA y nombró a Maude Jolly como miembro del Comité Directivo, en su calidad de coorganizadora del taller conjunto. También nombró a la presidenta del CPA, Birgit Njåstad (Noruega), y a Polly Penhale (Estados Unidos) como miembros del Comité Directivo.

---

(58)   Nueva Zelandia presentó el WP 26 *Evaluación del riesgo de los efectos del cambio climático en los valores patrimoniales de la Antártida*, preparado por la Argentina, Noruega y el Reino Unido. El documento resume las consideraciones clave identificadas por los proponentes, relacionadas con la mejor forma de actuar en los sitios de patrimonio antárticos, que se especifican en el CCRWP. Los proponentes presentaron un plan de dos años para avanzar en el desarrollo de una herramienta de evaluación de riesgos del cambio climático para el patrimonio antártico. Además, recomendaron que el CPA: tomara nota de las consideraciones clave identificadas y propusiera los siguientes pasos a seguir; debatiera la propuesta sugerida para avanzar en la implementación de la acción del CCRWP para evaluar el riesgo de los impactos del cambio climático en los valores patrimoniales de la Antártida y proporcionara una expresión de interés en participar en el desarrollo de una herramienta de evaluación de riesgos del cambio climático.

(59)   El Comité dio las gracias a los proponentes por el documento y expresaron su pleno apoyo al trabajo descrito en el WP 26. Se animó a los miembros a participar en el trabajo, y Australia y el SCAR se ofrecieron a contribuir al desarrollo de la herramienta.

(60)   El SCAR presentó el IP 81 *Mapping SCAR affiliated research to climate change related science needs identified by the CEP* [*Planificación de la investigación del SCAR vinculada a las necesidades científicas relacionadas con el cambio climático identificadas por el CPA*], que proporcionó un análisis de la investigación en curso por parte de grupos subsidiarios y afiliados del SCAR, calificándola de pertinente de cara a las necesidades científicas relacionadas con el cambio climático identificadas por el CPA. El SCAR explicó que la investigación en curso en un amplio rango de sus grupos científicos físicos, biológicos y sociales se alineaba prácticamente con todas las necesidades científicas relacionadas con el cambio climático identificadas por el CPA. El SCAR señaló que sus grupos estaban bien situados para contribuir a los resultados del CCRWP y para continuar abordando las necesidades científicas identificadas por el CPA, y que continuaría comunicando los resultados de investigación pertinentes al CPA.

(61)   El Comité dio las gracias al SCAR por su documento y por el apoyo continuado al trabajo del CPA.

(62)   El Reino Unido presentó el IP 22 *Consideration of climate change within the Antarctic Protected Areas System [Consideración del cambio climático en el Sistema de Zonas*

Antárticas Protegidas], que ofrece apoyo al análisis y a la revisión de herramientas de gestión de zonas examinando cómo el cambio climático se representó en los documentos de directrices de protección de zonas y en los planes de gestión de zonas protegidas del CPA. El documento explicaba también que el cambio climático recibe poca atención en las directrices existentes sobre las zonas protegidas. Además, los efectos del cambio climático señalados en los planes de gestión de zonas protegidas incluyen cambios drásticos en las poblaciones de pingüinos, retroceso importante del hielo, cambios en la cubierta vegetal y el establecimiento de especies no autóctonas. El Reino Unido recomendó el desarrollo de directrices específicas para ayudar a las Partes en su participación en el Sistema de Zonas Antárticas Protegidas.

(63)   El Comité dio las gracias al Reino Unido por este importante documento. El Comité señaló que ofrecía una útil evaluación para su futuro trabajo y apoyó los debates en curso en el GSPG.

(64)   El Comité tomó nota del siguiente documento de información presentado en relación con este tema del programa:

- IP 49 *Work to review International Maritime Organization and Antarctic Treaty system guidelines and agreements concerning ship biofouling and ballast water management [Trabajo para revisar las directrices y acuerdos de la Organización Marítima Internacional y el Sistema del Tratado Antártico sobre las bioincrustaciones de las embarcaciones y la gestión del agua de lastre]* (Australia, Nueva Zelandia y el Reino Unido).

Tema 8: Evaluación del Impacto Ambiental (EIA)

8a) Proyectos de Evaluación Medioambiental Global

(65)   El Comité tomó nota del siguiente documento de información presentado en relación con este tema del programa:

- IP 20 *Response to comments on the draft Comprehensive Environmental Evaluation (CEE) for the Scott Base Redevelopment [Respuesta a los comentarios sobre el borrador de la Evaluación Medioambiental Global (EMG) para la renovación de la base Scott]* (Nueva Zelandia).

8b) Otros temas relacionados con las Evaluaciones del Impacto Ambiental

(66)   El Reino Unido presentó el WP 33, *Informe sobre la eficacia de las evaluaciones de impacto ambiental en la Antártida*, preparado de forma conjunta con los Países Bajos. El documento resumía los hallazgos de una evaluación independiente sobre la eficacia de la EIA en la Antártida. Como conclusión de la evaluación se extrajo que, pese a que el sistema de EIA antártico había resultado efectivo en términos generales, el sistema podía mejorarse dadas las presiones cada vez mayores que sufre el medio ambiente antártico. El Reino Unido señaló que la eficacia del sistema de EIA antártico se veía limitada por el hecho de que no todas las Partes del Protocolo disponían de legislación vigente para implementarlo. Se hizo hincapié sobre cinco oportunidades de alta prioridad para mejorar el sistema de EIA antártico, tal como se expuso en la evaluación, y que incluían: una mejor definición de la evaluación de la fase preliminar; el desarrollo de directrices más exhaustivas para evaluar los impactos acumulativos, que se basen en enfoques de mejores prácticas aplicados en otras situaciones; la necesidad de medidas de mitigación para la fase preliminar y para las EMI; el desarrollo de directrices o listas de verificación para apoyar a las autoridades nacionales competentes en su evaluación de EIA, así como el recordatorio a las Partes de sus obligaciones de efectuar actividades de seguimiento, tal como se expone en el Protocolo Ambiental, y de desarrollar una

plantilla y un procedimiento de informes para asistir a las Partes con el cumplimiento de estos requisitos.

(67) El Comité agradeció al Reino Unido y a los Países Bajos la presentación de esta evaluación de EIA, y destacó la contribución del anterior presidente del CPA, Neil Gilbert, a esta tarea. El Comité subrayó la importancia del proceso de EIA para la protección del medio ambiente antártico. Los miembros sugirieron la necesidad de considerar mejoras en el sistema de EIA de la Antártida, dado el creciente impacto de la actividad humana y el cambio climático en el medio ambiente de la Antártida, y de proporcionar una orientación coherente para que los miembros planifiquen y lleven a cabo sus actividades en la Antártida. Varios miembros expusieron la opinión de que el desarrollo de directrices más completas sobre evaluaciones de impacto acumulativo debía convertirse en algo absolutamente prioritario. Algunos miembros sugirieron que los debates del Comité sobre cuestiones más amplias de formulación de políticas de EIA planteadas durante el anterior GCI que había evaluado las directrices para EIA (establecidas en la XII Reunión del CPA) podían revisarse y evaluarse al abordar este trabajo. Varios miembros expresaron la necesidad de directrices más claras para la comprensión de los términos «mínimo» y «transitorio»; otros, la conveniencia de plantearse mejoras en el proceso de EMG, indicando su disposición a trabajar en ello. Muchos miembros secundaron la propuesta general de que la acción prioritaria se incluyera en el Plan de Trabajo Quinquenal.

(68) Los miembros también señalaron la necesidad de proceder con cautela en algunos elementos identificados en el informe de evaluación independiente para evitar consecuencias no deseadas, en particular en lo que respecta a la legislación y los procedimientos nacionales; y que la consideración por parte del Comité de cualquier posible enmienda al Anexo I del Protocolo Ambiental dependería de los resultados de los debates relacionados en la RCTA. Algunos miembros indicaron que estaban de acuerdo con algunas de las recomendaciones del estudio independiente, pero no con otras, como las que se aplican a los procedimientos nacionales correspondientes. Por lo tanto, esos miembros indicaron que les gustaría tener acceso a la información completa sobre el estudio, dado que los criterios de análisis de datos podían ser diferentes. Algunos miembros subrayaron la importancia de realizar revisiones periódicas de los anexos.

(69) La ASOC agradeció al Reino Unido y a los Países Bajos el WP 33, y señaló que abordaba un tema muy oportuno, dado que el Anexo 1 se había redactado más de 30 años atrás. Además, sugirió que entre las áreas clave para mejorar la práctica de EIA debía considerarse una mayor coherencia en la aplicación de criterios para determinar impactos menores o transitorios, perfeccionar la evaluación de impactos acumulativos y las actividades de seguimiento de la EIA.

(70) La IAATO destacó la importancia de la herramienta EIA para evaluar los impactos de los visitantes. Destacó la utilidad de una mayor claridad con respecto a los términos «mínimo» y «transitorio» y alentó a una mayor cooperación entre las autoridades nacionales competentes para garantizar la coherencia en la implementación.

(71) El SCAR, consciente también de la importancia del proceso de EIA, dio muestras de su disposición a contribuir en varias de las cuestiones identificadas en el informe de evaluación de EIA, tales como involucrar al Grupo de Humanidades y Ciencias Sociales del SCAR (SC-HASS) y al programa Ant-ICON para que contribuyan en la evaluación de impactos en los valores antárticos; aporten ideas en la puesta en marcha de estudios de base y en el diseño de estándares de calidad medioambiental y de emisiones, reconociendo también la experiencia del COMNAP en este ámbito.

(72)   El Comité acordó avanzar en este tema a través de debates informales durante el período entre sesiones, pero acordó que las oportunidades para mejorar el sistema de EIA antártico deben manejarse con cuidado para no causar desafíos adicionales.

Asesoramiento del CPA a la RCTA sobre debates adicionales para mejorar la eficacia del sistema de EIA.

(73)   El Comité informó a la RCTA que había acordado revisar y avanzar en las recomendaciones del documento WP 33 para mejorar la eficacia del sistema de EIA antártico a través de debates informales entre sesiones. El Comité acordó, además, que los debates entre sesiones abordarían lo siguiente:

Tema	Para debates entre sesiones	Cronograma propuesto
Recomendación del informe: definir mejor la evaluación de la fase preliminar en entornos antárticos, teniendo en cuenta los procesos de selección y alcance observados en otras situaciones.	Considerar compartir ejemplos de mejores prácticas o estudios de casos que podrían facilitar la coherencia en el enfoque para determinar el nivel apropiado de EIA para una actividad en entornos antárticos. También podría considerarse la necesidad de cualquier orientación de apoyo.	Para su presentación al CPA 2023.
Recomendación de informe: requisito de medidas de mitigación para la fase preliminar y las EMI.	Revisar debates previos sobre este tema y considerar cómo compartir las mejores prácticas o proponer una Resolución para alentar la inclusión de medidas de mitigación como parte de las fases preliminares y de EMI, teniendo en cuenta también las mejores prácticas aplicadas en otros casos. Considerar formas en que las ANC podrían monitorear la implementación de estas medidas, así como la consistencia entre la actividad y la EIA.	Para su presentación al CPA 2023.
Recomendación de informe: elaborar orientaciones más exhaustivas sobre las evaluaciones de impacto acumulativo, teniendo en cuenta los enfoques de mejores prácticas usados en otros lugares.	Presentación por parte del CPA de alternativas generales para explorar en las evaluaciones de impacto acumulativo basadas en un estudio de referencia sobre las mejores prácticas en esta área.	Presentación de una propuesta de plan para los próximos pasos al CPA 2023.
Consideración de los próximos pasos y acciones para los años siguientes.	Más debates sobre cómo llevar adelante otras acciones para mejorar la eficacia del sistema de EIA antártico.	Propuestas de trabajo adicional que se presentarán al CPA 2023.

(74)   El Reino Unido introdujo el WP 39, *Cartografía de la sensibilidad litoral a contaminación por petróleo en la región de la península antártica*, que describía un

proyecto piloto del British Antarctic Survey y Oil Spill Response Limited (OSRL) para desarrollar un mapa de susceptibilidad de las costas de la península antártica a la contaminación por hidrocarburos. El Reino Unido destacó que, pese a que la Antártida era considerada a menudo un entorno remoto y prístino, hoy se veía expuesta a niveles cada vez mayores de actividad humana, incluido turismo, la pesca y las actividades de operadores nacionales gubernamentales, lo cual generaba niveles crecientes de tráfico de barcos. Señaló, además, que las cartas náuticas antárticas tenían un bajo nivel de detalle y que las condiciones temporales del hielo marino podían convertir las aguas en peligrosas y dar pie a un mayor número de accidentes marinos, con importantes consecuencias negativas en la biodiversidad local, que incluye aves, focas, peces y comunidades bénticas e intermareales. El Reino Unido informó que se han dado pasos para reducir la probabilidad y los impactos de vertidos de hidrocarburos derivados de incidentes, y acogió positivamente el Código Polar presentado por la OMI. Hizo, además, hincapié en que una evaluación de la susceptibilidad del litoral permitiría elaborar mejores planes de contingencia o facilitaría una aplicación más eficaz de respuesta en caso de producirse un vertido de hidrocarburos. También informó que se evaluaron aproximadamente 24 985 km de litoral, con 807 km (3.2 %) categorizados con el nivel máximo de susceptibilidad, y que las áreas consideradas de máxima susceptibilidad incluían el área litoral en torno al sur de la isla Anvers, las islas Shetland del Sur (en particular, isla Decepción) y las islas Orcadas del Sur.

(75) El Comité elogió el trabajo del Reino Unido, reconoció la utilidad de la iniciativa y destacó la importancia de profundizar en el trabajo de cartografiar la susceptibilidad del litoral en la región de la península antártica. Varios miembros informaron de sus propias experiencias en relación con vertidos de hidrocarburos y se ofrecieron a compartir su información con el Reino Unido y a colaborar a profundizar este trabajo.

(76) Los miembros aportaron varias sugerencias y observaciones, entre ellas: utilizar un enfoque basado en ecosistemas en el proceso de mapeo, añadiendo datos y capas adicionales, como corrientes oceánicas y dirección del viento, áreas en el mar utilizadas por las aves, costas y laderas libres de hielo, ZIA, ZAEP, e infraestructura; el seguimiento de buques para identificar las zonas de mayor tráfico y localizar zonas de riesgo, así como la importancia de dichos mapas de susceptibilidad para elaborar planes de contingencia y evaluaciones de impacto ambiental.

(77) Los miembros señalaron, además, la importancia de, en primera instancia, evitar vertidos y de iniciar acciones de respuesta adecuadas, y, en este contexto, destacaron la utilidad que las embarcaciones cuenten con transpondedores que permitan compartir ubicaciones geográficas precisas, la importancia de respaldar la entrada en vigor del anexo VI y la importancia de colaborar con el COMNAP en esta cuestión.

(78) La IAATO apoyó la opinión de que se necesitaban planes de contingencia para derrames de hidrocarburos en muchas partes de la Antártida e informó que todos los buques de la IAATO de más de 500 toneladas brutas o más debíann llevar transpondedores de la IAATO como condición para ser miembros.

(79) El COMNAP señaló que esperaba que esta información se presentara en la Reunión Anual del COMNAP de 2022 a través del British Antarctic Survey, miembro del COMNAP. El COMNAP informó que la información se discutiría en el Grupo de Trabajo Regional de la Península del COMNAP.

(80) La ASOC acogió positivamente el proyecto, y se mostró de acuerdo en que la gestión de los vertidos de hidrocarburos requiere de un enfoque basado en el ecosistema, dado que los vertidos repercuten en toda la vida silvestre, así como en la fauna y flora marinas. La ASOC apuntó que sería importante abordar las causas originarias de los vertidos de hidrocarburos, las que, en ocasiones, estaban fuera de las competencias del CPA,

mediante, por ejemplo, el uso cada vez mayor de Sistemas de Identificación Automática (SIA) en el mar por parte de todas las embarcaciones que operen en el área.

(81) En respuesta a varios comentarios aportados por miembros, el Reino Unido aclaró que el proyecto se hallaba todavía en fase preliminar, y que se someterían a consideración los puntos planteados en futuros avances, y expresó su deseo de que los miembros y observadores aportaran comentarios adicionales. Hizo énfasis, además, en que evitar que los vertidos de hidrocarburos no lleguen ni tan siquiera a producirse debería ser el objetivo de base, dada la enorme complicación que conllevaban las actividades de limpieza.

(82) El Comité se mostró de acuerdo con la utilidad del mapa de susceptibilidad preliminar para asistir en la elaboración de planes de contingencia y respuesta frente a vertidos de hidrocarburos, y animó a los miembros y observadores a aportar sugerencias para mejorar la precisión y utilidad del mapa, para así mejorar la gestión de posibles vertidos de hidrocarburos en la región de la península antártica.

(83) La Argentina presentó el IP 93 *Proceso de planificación de futura ampliación de capacidades de la Base Petrel, Cabo Welchness, Isla Dundee*, en el que informaba de planes en actual desarrollo por parte del Programa Antártico Argentino para incrementar la capacidad de la base antártica Petrel. La Argentina informó al Comité de que las renovaciones en la estación tenían como objetivo ampliar y mejorar las capacidades de apoyo logístico a sus actividades científicas en la Antártida, con miras a enfrentar futuros desafíos científicos. El trabajo inicial en la base incluyó la recopilación de información medioambiental de base, el estudio de información meteorológica y batimétrica y diversos estudios de viabilidad operativa. La Argentina afirmó que, además, había llevado a cabo una evaluación sobre las repercusiones medioambientales del uso de la base como estación permanente, e informó de que la EMI correspondiente estaba disponible en el SEII. Apuntó también que se estaban evaluando en ese momento planes para la construcción de nuevos alojamientos y nuevos laboratorios, para el reacondicionamiento de la pista de aterrizaje original de la base y para la construcción de un muelle en la base, y que el proyecto de EMG se presentaría al CPA para su consideración. El Comité tomó nota de la información facilitada por la Argentina.

(84) Türkiye presentó el IP 100 *Extension of the Use of Turkish Scientific Research Camp* [*Ampliación del uso del campamento de investigación científica turco*], que informaba sobre la intención de dicho país de ampliar su uso de un campamento de investigación temporal establecido en la isla Herradura en febrero de 2019 durante la 3.ª expedición antártica turca (TAE-3). Teniendo en cuenta que las dificultades relacionadas con la COVID-19 han retrasado la construcción de su nueva estación de investigaciones antárticas, Türkiye informó de que pretendía utilizar el campamento temporal hasta que la nueva estación entrara en servicio. El Comité mostró su agradecimiento a Türkiye y resaltó la utilidad de recibir información acerca de cambios en actividades previamente notificadas.

(85) El Comité tomó nota de los siguientes documentos de información y documento de la Secretaría presentados en relación con este tema del programa:

- IP 35 *Nueva metodología para la valoración cuantitativa de los impactos ambientales del Programa Antártico Argentino* (Argentina).

- IP 40 *Metodología para evaluación de la vulnerabilidad por cambio climático en los estudios de impacto ambiental* (Argentina).

- IP 48 *Davis Aerodrome Project: Decision by Australia not to proceed, and knowledge gained of the Vestfold Hills environment* [*Proyecto del aeródromo de Davis: decisión de Australia de no proceder y conocimientos adquiridos del entorno de los cerros Vestfold*] (Australia).

- IP 53 *On the issue of developing regulatory and methodological provision of the reduction of air pollutant emission sources impact on the Antarctic environment* [*En relación con el desarrollo de una vía regulatoria y metodológica para reducir el impacto en el medio ambiente antártico de fuentes de emisiones contaminantes del aire*] (Belarús).

- IP 59 *Report on Refurbishment and Modernization of the German Antarctic Receiving Station GARS O'Higgins* [*Informe sobre la remodelación y modernización de la estación receptora antártica alemana GARS O'Higgins*] (Alemania).

- IP 95 *Progress of glaciological research activities at the Dome Fuji station and its vicinity* [*Avance de las actividades de investigación glaciológica en la estación Dome Fuji y sus alrededores*] (Japón).

- SP 8, *Lista anual de evaluaciones medioambientales iniciales (EMI) y evaluaciones medioambientales globales (EMG) preparadas entre el 1 de abril de 2021 y el 31 de marzo de 2022* (STA).

Tema 9: Protección de zonas y planes de gestión

9a) Planes de gestión

   i) *Proyectos de planes de gestión examinados por el Grupo Subsidiario sobre Planes de Gestión*

(86)   El coordinador del Grupo Subsidiario sobre Planes de Gestión (GSPG), Dr. Anoop Kumar Tiwari (India), presentó el WP 8 rev. 1 *Informe de actividades del Grupo Subsidiario sobre Planes de Gestión durante el período entre sesiones 2021-2022*, en representación del GSPG. El coordinador agradeció a todos los participantes del GSPG por su arduo trabajo y recordó al Comité que todos los miembros que desearan unirse al GSPG eran bienvenidos. El coordinador del GSPG agradeció a Ewan McIvor (Australia) por coordinar la revisión de la ZAEP 145 de manera eficiente y a Polly Penhale (EE. UU.) por moderar la revisión previa a la reunión de los planes de gestión de las ZAEP y ZAEA.

(87)   De acuerdo con los términos de referencia n.º 1 a n.º 3, el GSPG revisó un proyecto de Plan de Gestión revisado de Zona Antártica Especialmente Protegida (ZAEP) para la ZAEP n.º 145 Puerto Foster, isla Decepción, islas Shetland del Sur. El GSPG comunicó al Comité que el plan de gestión revisado estaba bien redactado, era de buena calidad y que abordaba de forma adecuada los puntos fundamentales planteados en su recomendación a los proponentes. Por consiguiente, el GSPG propuso que el Comité aprobara el Plan de Gestión revisado de la ZAEP 145.

(88)   Se planteó una pregunta en relación con la adición propuesta de un nuevo subsitio marítimo a la ZAEP n.º 145, y sobre si el proyecto de Plan de Gestión había sido aprobado por el sistema de la CCRVMA. Chile explicó que el estudio de este plan se había completado de acuerdo con la Decisión 9 (2005), que indicaba que la aprobación de la CCRVMA sería necesaria para la creación de ZAEP y ZAEA cuyas regulaciones afectaran o impidieran actividades relacionadas con la CCRVMA. Chile apuntó que había presentado tres planes de gestión para ZAEP modificadas a la CCRVMA en 2012 (ZAEP n.º 144, ZAEP n.º 145, ZAEP n.º 146). La CCRVMA había reafirmado la importancia de dichas zonas para la investigación científica e indicó que no afectarían a las actividades de la CCRVMA. Por lo tanto, la CCRVMA había recomendado que el CPA aprobara los Planes de Gestión correspondientes. Chile explicó que no había solicitado la aprobación de la inclusión de un tercer subsitio (C) a la ZAEP n.º 145, para

la que la CCRVMA ya había aprobado dos subsitios. Dado que el subsitio C presentaba las mismas características de los subsitios aprobados anteriormente, Chile había determinado que el subsitio C quedaría enmarcado bajo los mismos criterios de aprobación y que no requeriría revisión por parte de la CCRVMA. Por lo tanto, Chile recomendó que el Comité refrendara su plan de gestión propuesto para la ZAEP n.º 145 y que lo remitiera a la RCTA para su adopción.

(89) El Comité le dio las gracias a Chile por la aclaración y señaló que el subsitio C ameritaba ser incluido en la ZAEP n.º 145. Un miembro consideró que se debe seguir el procedimiento de aprobación previa de la CCRVMA si el nuevo subsitio tiene las mismas características que los dos subsitios existentes. Otros miembros consideraron que este sitio no requería el cumplimientode los criterios para la aprobación de la CCRVMA establecidos en la Decisión 9 (2005).

(90) La IAATO señaló que estaba complacido de haber participado en la revisión del GSPG de la ZAEP 145. Reconociendo la importancia de los debates del Comité en torno a la ZAEP, la IAATO señaló, además, que planeaba alertar a sus operadores miembros sobre la importancia del área bajo consideración, así como incluir el plan de gestión revisado en su manual de operaciones de campo (FOM, por sus siglas en inglés).

(91) La ASOC preguntó por qué la CCRVMA podría tener interés en este sitio, ya que la ASOC entendía que el subsitio propuesto era una zona pequeña que protege el fondo marino y no la columna de agua.

(92) El Comité agradeció al GSPG su cuidadoso análisis y sus útiles sugerencias para mejorar el plan de gestión. El Comité señaló que no había podido llegar a un acuerdo sobre el envío del Plan de Gestión revisado para la ZAEP 145 a la RCTA para su adopción. El Comité señaló que Chile presentaría el Plan de Gestión revisado para la ZAEP 145 para su consideración por parte de la CCRVMA. El Comité manifestó entender que era probable que la CCRVMA aprobara el plan de conformidad con la Decisión 9 (2005). El Comité invitó a la observadora del CPA al CC-CRVMA, Dra. Polly Penhale, para llamar la atención del CC-CRVMA sobre el tema discutido con respecto a los criterios de activación de la Decisión 9 (2005).

(93) El coordinador del GSPG informó al Comité de que Chile aún estaba revisando los planes de gestión para las siguientes tres ZAEP:

- ZAEP 125: Península Fildes, isla Rey Jorge (isla 25 de Mayo) (Chile).

- ZAEP 146: Bahía South, isla Doumer, archipiélago de Palmer (Chile).

- ZAEP 150: Isla Ardley (península Ardley), bahía Maxwell, isla Rey Jorge (isla 25 de Mayo) (Chile).

(94) El coordinador del GSPG informó al Comité de que Chile tenía la intención de presentar planes de gestión revisados al GSPG para estas ZAEP antes de la próxima reunión del CPA. El Comité tomó nota de esta información.

ii) Proyectos de planes de gestión revisados no examinados por el Grupo Subsidiario sobre Planes de Gestión

(95) El Comité consideró una revisión quinquenal de 17 planes de gestión de ZAEP y un plan de gestión de una Zona Antártica Especialmente Administrada (ZAEA). En cada caso, el Comité consideró los cambios sugeridos al actual plan de gestión y señaló que los planes de gestión para la ZAEA se habían analizado y revisado en referencia a la *Guía para la preparación de planes de gestión para las Zonas Antárticas Especialmente Protegidas* («la Guía»):

- WP 1 *Plan de Gestión y mapas revisados para la Zona Antártica Especialmente Administrada n.º 7 (sudoeste de la isla Anvers y cuenca Palmer)* (Estados Unidos).

- WP 2 *Plan de Gestión revisado de la Zona Antártica Especialmente Protegida n.º 149, cabo Shirreff e isla San Telmo, isla Livingston, islas Shetland del Sur* (Estados Unidos).

- WP 3 *Plan de Gestión revisado de la Zona Antártica Especialmente Protegida n.º 122, Alturas de Arrival, península Hut Point, isla Ross* (Estados Unidos).

- WP 4 *Plan de Gestión revisado de la Zona Antártica Especialmente Protegida n.º 124, cabo Crozier, isla Ross* (Estados Unidos).

- WP 5 *Revisión de los Planes de Gestión para las Zonas Antárticas Especialmente Protegidas (ZAEP) n.º 113 de isla Litchfield, puerto Arthur, archipiélago de Palmer; n.º 119 de valle Davis y laguna Forlidas, macizo Dufek, y n.º 139 de punta Biscoe y archipiélago de Palmer* (Estados Unidos).

- WP 6 *Revisión y fusión de los Planes de gestión para las Zonas Antárticas Especialmente Protegidas n.º 152, parte occidental del estrecho de Bransfield (mar de la Flota) y n.º 153, parte oriental de la bahía Dallmann* (Estados Unidos).

- WP 19 *Revisión del Plan de gestión para la Zona Antártica Especialmente Protegida (ZAEP) n.º 164, monolitos Scullin y Murray, Tierra de Mac Robertson* (Australia).

- WP 32 *Revisión del Plan de Gestión de la Zona Antártica Especialmente Protegida N.º 127, Isla Haswell (Isla Haswell y zona adyacente de hielo terrestre con colonia de pingüinos emperador)* (Federación de Rusia).

- WP 40 *Revisión del Plan de Gestión para la Zona Antártica Especialmente Protegida (ZAEP) n.º 109, isla Moe, islas Orcadas del Sur* (Reino Unido)

- WP 41 *Revisión del Plan de Gestión para la Zona Antártica Especialmente Protegida (ZAEP) n.º 110, isla Lynch, islas Orcadas del Sur* (Reino Unido).

- WP 42 *Revisión del Plan de Gestión para la Zona Antártica Especialmente Protegida (ZAEP) n.º 111, isla Powell del Sur e islas adyacentes, islas Orcadas del Sur* (Reino Unido).

- WP 43 *Revisión del Plan de Gestión para la Zona Antártica Especialmente Protegida (ZAEP) n.º 115, isla Lagotellerie, bahía Margarita, Tierra de Graham* (Reino Unido).

- WP 44 *Plan de Gestión Revisado para la Zona Antártica Especialmente Protegida n.º 126, Península Byers, isla Livingston, islas Shetland del Sur* (Reino Unido, Chile, España).

- WP 45 *Revisión del Plan de Gestión para la Zona Antártica Especialmente Protegida (ZAEP) n.º 129, punta Rothera, isla Adelaida* (Reino Unido).

- WP 46 *Revisión del Plan de Gestión para la Zona Antártica Especialmente Protegida (ZAEP) 140, partes de la isla Decepción, islas Shetland del Sur* (Reino Unido, España).

- WP 53 *Revisión del Plan de Gestión de la Zona Antártica Especialmente Protegida (ZAEP) n.º 133, Punta Armonía, isla Nelson, islas Shetland del Sur* (Argentina, Chile).

(96) Con respecto a la ZAEP 109 (WP 40), ZAEP 110 (WP 41), ZAEP 111 (WP 42), ZAEP 115 (WP 43), ZAEP 126 (WP 44), ZAEP 127 (WP 32), ZAEP 129 (WP 45), ZAEP 133 (WP 53), ZAEP 140 (WP 46) y ZAEP 164 (WP 19), el Comité señaló que los planes de gestión revisados proponían solo revisiones menores y no aportó más comentarios.

(97) Con respecto a la ZAEP 149 (WP 2), ZAEP 122 (WP 3), ZAEP 124 (WP 4), ZAEP 113 (WP 5), ZAEP 119 (WP 5), ZAEP 139 (WP 5), el Comité señaló que los planes de gestión revisados proponían solo revisiones menores. En respuesta a una pregunta sobre el uso de la frase «presencia humana innecesaria» como algo a evitar, Estados Unidos

explicó que las restricciones de entrada eran coherentes con las disposiciones del artículo 3 del anexo V y se refirieron a la *Guía para la elaboración de planes de gestión* que fomenta el uso de una redacción flexible. Estados Unidos también recordó al Comité que el Plan de Gestión de la ZAEP 176 previamente aprobado ya contenía la frase «presencia humana innecesaria». En respuesta a una solicitud adicional presentada por un miembro, el Comité acordó cambiar «deben» por «se alienta encarecidamente» que los programas antárticos nacionales consulten con otros programas que trabajan en el área para evitar la duplicidad científica y minimizar los impactos acumulativos (WP 3).

(98) Con respecto a la ZAEP 152 y la ZAEP 153 (WP 6), Estados Unidos informó que la revisión integral de estos sitios había identificado que fusionar las dos ZAEP en un solo plan que cubriera ambos sitios supondría un beneficio considerable. Estados Unidos señaló que la fusión mantendría el mismo nivel de protección que antes, al tiempo que simplificaría el plan y eliminaría la duplicidad innecesaria asociada con los propósitos, fines, objetivos y políticas de gestión comunes compartidos por la ZAEP 152 y la ZAEP 153. Estados Unidos consideró que las revisiones eran importantes y, por lo tanto, recomendó una revisión entre sesiones por parte del GSPG y que el plan de gestión se presentaría a la CCRVMA para su aprobación de conformidad con la Decisión 9 (2005).

(99) La ASOC agradeció a Estados Unidos por el WP 6 y señaló que los cambios en los límites verticales de las ZAEP con un componente marino deberían considerarse caso por caso y en función del sitio específico.

(100) Con respecto a la ZAEA 7 (WP 1), Estados Unidos señaló que la necesidad de revisión se inició con la adopción de la ZAEP 176 a través de la Medida 19 (2021), que anteriormente se había clasificado como zona restringida. Los mapas también se actualizaron para reflejar el cambio de estado de las Islas Rosenthal. Estados Unidos señaló que, durante varios años, la isla Torgensen se había dividido en una zona restringida y una zona de visitantes para poder comparar las tendencias de la población de pingüinos Adelia entre dos lados de la isla. Estados Unidos informó que, en los últimos años, la cantidad de pingüinos Adelia reproductores dentro de la zona de visitantes y la zona restringida había disminuido drásticamente y ahora era tan pequeña que se decidió cerrar la zona de visitantes y designar toda la isla como zona restringida. Las causas y los mecanismos de esta tendencia probablemente estuvieron influenciados por el calentamiento y no necesariamente podían atribuirse a los impactos de los visitantes. Estados Unidos había consultado a la IAATO y a la comunidad científica que trabaja en Palmer sobre el cierre de la zona de visitantes para proteger a los pingüinos Adelia restantes, y para ampliar la actual zona restringida de la isla Torgersen para que cubra toda la isla.

(101) La IAATO agradeció a Estados Unidos su invitación a participar en el proceso de revisión y expresó su apoyo a la propuesta.

(102) El Comité aprobó todos los planes de gestión revisados que no habían sido revisados por el GSPG, con la excepción de la fusión de la ZAEP 152 y 153, que el Comité acordó remitir al GSPG para su revisión en el período entre sesiones.

Asesoramiento del CPA a la RCTA sobre planes de gestión revisados para ZAEP y ZAEA

(103) El Comité aceptó presentar los siguientes planes de gestión revisados ante la RCTA para su aprobación por medio de una Medida:

N.º	Nombre
ZAEA 7	Sudoeste de la isla Anvers y cuenca Palmer
ZAEP 109	Isla Moe, islas Orcadas del Sur
ZAEP 110	Isla Lynch, islas Orcadas del Sur

ZAEP 111	Isla Powell del Sur e islas adyacentes, islas Orcadas del Sur
ZAEP 113	Isla Litchfield, Puerto Arthur, isla Anvers, archipiélago de Palmer
ZAEP 115	Isla Lagotellerie, bahía Margarita, Tierra de Graham
ZAEP 119	Valle Davis y laguna Forlidas, macizo Dufek, montañas Pensacola
ZAEP 122	Alturas de Arrival, península Punta Hut, isla Ross
ZAEP 124	Cabo Crozier, isla Ross
ZAEP 126	Península Byers, isla Livingston, islas Shetland del Sur
ZAEP 127	Isla Haswell (Isla Haswell y zona terrestre adyacente de hielo permanente con una colonia de pingüinos emperador)
ZAEP 129	Punta Rothera, isla Adelaida
ZAEP 133	Punta Armonía, isla Nelson, islas Shetland del Sur
ZAEP 139	Punta Biscoe, isla Anvers, archipiélago de Palmer
ZAEP 140	Partes de isla Decepción, islas Shetland del Sur
ZAEP 149	Cabo Shirreff e isla San Telmo, isla Livingston, islas Shetland del Sur
ZAEP 164	Monolitos Scullin y Murray, Tierra de Mac Robertson

iii) Nuevos proyectos de planes de gestión de zonas protegidas y administradas

(104) El Comité consideró un proyecto de plan de gestión para una nueva ZAEP propuesta:

- WP 15 *Propuesta de nueva Zona Antártica Especialmente Protegida en partes de la región occidental de las montañas Sør Rondane, Tierra de la Reina Maud, Antártida Oriental* (Bélgica).

(105) Bélgica explicó que la razón principal para designar varios sitios de las montañas occidentales de Sør Rondane como ZAEP era la de proteger la biodiversidad terrestre y los ecosistemas únicos de la zona. También señaló que esta área era objeto de investigación científica sobre la biodiversidad y el impacto del cambio climático. Al destacar los sitios como representativos de las comunidades biológicas terrestres naturales típicas de las regiones montañosas de la Antártida, Bélgica señaló, además, que la ZAEP aumentaría la representación de los hábitats montañosos en el sistema de zonas protegidas de la Antártida y mejoraría la representación de las ZAEP en la Región Biogeográfica de Conservación de la Antártida (RBCA) 6. El sitio también contenía importantes valores científicos, naturales y estéticos. Bélgica agregó que el plan de gestión propuesto se basó en la evaluación previa presentada en la XX Reunión del CPA, WP 42, y se refirió a la XXI Reunión del CPA, IP 42, en la que había respondido a las preguntas planteadas por varios miembros con respecto a la evaluación previa. Bélgica recomendó que el Comité remitiera la propuesta al GSPG para su revisión durante el período entre sesiones.

(106) El Comité se reafirmó en que reconocía que los valores sobresalientes del sitio de las montañas Sør Rondane merecían protección. También señaló la utilidad del proceso de evaluación previa.

(107) Un miembro expresó una preocupación sustancial sobre las dos áreas prohibidas propuestas que excluirían absolutamente las actividades humanas y cuestionó su coherencia con el espíritu del Protocolo, que designó a la Antártida como reserva natural consagrada a la paz y a la ciencia.

(108) Bélgica señaló que los lugares de referencia libres de interferencia se describen en el anexo V del Protocolo y que las designaciones propuestas de estos dos lugares de referencia libres de interferencia como zonas prohibidas serían por un tiempo limitado de 50 años. Además, señaló que consideraría la posibilidad de simplificar los límites de la ZAEP propuesta. Bélgica señaló que esperaba trabajar en estos y otros asuntos, tanto técnicos como sustanciales, en el GSPG.

Asesoramiento del CPA a la RCTA sobre un proyecto de planes de gestión para una nueva zona protegida

(109) El Comité acordó informar a la RCTA de que había decidido remitir los siguientes proyectos de plan de gestión para una nueva zona protegida al GSPG para su revisión:

- Propuesta de nueva Zona Antártica Especialmente Protegida en partes de la región occidental de las montañas Sør Rondane, Tierra de la Reina Maud, Antártida Oriental.

iv) Documentos relacionados con la evaluación previa de las nuevas áreas protegidas propuestas

(110) El Comité consideró tres documentos de trabajo relacionados con la evaluación previa de nuevas ZAEP propuestas, de acuerdo con las *Directrices: un proceso de evaluación previa para la designación de ZAEP/ZAEA.*

(111) Alemania presentó el WP 12 *Evaluación previa de una Zona Antártica Especialmente Protegida propuesta en Otto-von-Gruber-Gebirge (Tierra de la Reina Maud, Antártida Oriental)*, preparado junto con Estados Unidos. Alemania describió los valores ambientales de la ZAEP multisitio, entre los que se incluyen grandes y profundos lagos de agua dulce cubiertos de hielo, una gran colonia reproductora de petreles de las nieves y valores científicos para la ecología, la exobiología, la geomorfología, la paleoclimatología y la geología. Además, señaló la presencia de valores históricos, estéticos y naturales, así como la importancia científica de los sitios.

(112) El Comité tomó nota de los valores importantes dentro de la ZAEP propuesta. Tras recordar la importancia del trabajo en curso del Comité para apoyar un mayor desarrollo sistemático del sistema de áreas protegidas de la Antártida, luego del Taller conjunto del SCAR y el CPA de 2019 sobre Desarrollo Complementario del Sistema de Zonas Antárticas Protegidas de la Antártida (XXII Reunión del CPA-WP 70), los miembros expresaron su apoyo a ampliar el sistema para que incluya más ecosistemas de lagos cubiertos de hielo perenne. En respuesta a una duda planteada sobre datos más antiguos sobre los petreles de las nieves y el tamaño del sitio propuesto, Alemania mencionó que estaba planeada una expedición para 2022-23 para recopilar más datos. Alemania expresó su agradecimiento por las ofertas de asistencia de los miembros y la IAATO para el trabajo futuro.

(113) El Comité acogió con satisfacción la evaluación previa y alentó a los miembros a trabajar con los proponentes en un plan de gestión durante el período entre sesiones.

(114) Alemania presentó el WP 13 *Evaluación previa de una propuesta de Zona Antártica Especialmente Protegida en el archipiélago de las islas Danger (noreste de la península antártica)*, preparado con Estados Unidos. Los proponentes explicaron que la principal motivación para proponer esta ZAEP terrestre formada por siete islas en gran parte libres de hielo estaba relacionada con la protección de importantes lugares de cría de aves marinas. Esto incluye varias Zonas Importantes para la Conservación de las Aves designadas por sus poblaciones de pingüinos, incluido uno de los mayores lugares de reproducción del pingüino Adelia de la región de la península antártica. Los proponentes también señalaron los valores científicos, de vida silvestre y estéticos presentes en la ZAEP propuesta. Los proponentes recomendaron que el Comité reconociera que los valores presentes en la propuesta de ZAEP ameritan protección especial, que refrendara el desarrollo de un plan de gestión para la Zona y que alentara a las Partes interesadas a trabajar con Alemania y Estados Unidos de manera informal durante el período entre

sesiones en el desarrollo de un plan de gestión para su presentación ante la XXV Reunión del CPA.

(115) El Comité dio las gracias a Alemania y a Estados Unidos por presentar la evaluación previa para la ZAEP multisitio en el archipiélago de las islas Danger. El Comité señaló la calidad de la evaluación presentada por los proponentes y estimó que la zona amerita una mayor consideración durante el período entre sesiones a fin de realizar un proyecto de Plan de Gestión para la zona. El Comité alentó a los miembros con conocimientos e información relevantes en este proceso a participar en estos debates entre sesiones.

(116) La IAATO dio las gracias a Alemania y a Estados Unidos por presentar la evaluación previa para la ZAEP propuesta en el archipiélago de las islas Danger. La IAATO señaló que sus operadores visitaban las islas Danger —aunque las visitas eran escasas—, habitualmente a la isla Heroína, y a menudo concentrados en cruceros de pequeñas embarcaciones o de buques. Señaló que desde 2017 se han realizado un total de treinta visitas por parte de operadores de la IAATO a las islas, nueve de las cuales fueron visitas con desembarque. Tomando nota de los importantes valores que se han identificado, y con el fin de apoyar el proceso de trabajo entre sesiones por el fortalecimiento de la protección de las islas, la IAATO señaló que crearía directrices IAATO para sitios que reciben visitantes para los operadores del sitio de desembarco del puerto del lado oeste de la isla Heroína, que era el más utilizado. Estas directrices de sitios de visitantes de la IAATO se promulgarían para la temporada 2022-23. La IAATO también expresó que se complacería en colaborar con los proponentes del WP 13 al crearse estas directrices provisionales, y estaría dispuesta a contribuir a los debates futuros sobre la cuestión, así como al futuro trabajo entre sesiones.

(117) El Reino Unido presentó el WP 38 *Evaluación previa de una Zona Antártica Especialmente Protegida en el collado Farrier, isla Herradura, bahía Margarita*, preparado conjuntamente por Bélgica y Türkiye. Los proponentes explicaron que la ZAEP propuesta protegería una variedad de valores científicos y medioambientales asociados con lagos de la región. Enfatizaron que las investigaciones habían caracterizado los lagos como ejemplos poco frecuentes de refugio para especies durante el ciclo glacial, así como ejemplos poco frecuentes de lagos oligotróficos ligados a zonas rocosas, lo que les confiere relevancia ecológica. Los proponentes señalaron, además, que los lagos eran importantes para la investigación internacional y tenían un valor estético y natural. Los proponentes expresaron que era apropiado asignar un mayor nivel de protección para los lagos en vista del hecho de que los lagos estaban cerca de una estación de investigación turca recientemente propuesta.

(118) El Comité agradeció al Reino Unido, Bélgica y Türkiye por su trabajo en la preparación de esta evaluación previa y señaló el valor de centrar la atención del CPA en la importancia de los lagos de la región. El Comité acordó que el valor dentro de la ZAEP propuesta merecía una protección especial y respaldó el desarrollo de un plan de gestión para el área dirigido por los tres proponentes. También animó a los miembros y observadores interesados a que trabajen de manera informal junto a los proponentes durante el período entre sesiones para elaborar un plan de gestión para su posible presentación en la XXV Reunión del CPA.

(119) El Comité destacó, además, la utilidad del procedimiento de evaluación previa, que ofrecía la oportunidad de considerar las nuevas áreas propuestas antes de que se implementara la mayor parte del trabajo con vistas a la designación.

(120) La IAATO agradeció al Reino Unido, Bélgica y Türkiye por realizar la evaluación previa presentada en el WP 38. Señaló que los operadores de la IAATO visitaban la isla Herradura principalmente para conocer la base Y, que brinda una perspectiva histórica y experiencias inspiradoras dentro de los programas educativos de los operadores. La IAATO declaró que durante la temporada 2021-22 se realizaron catorce visitas a la isla

Herradura. Si bien la base Y no estaba incluida en la ZAEP propuesta, la IAATO expresó su interés en que se desarrolle el trabajo en torno a esta ZAEP y señaló que le agradaría contribuir en el período entre sesiones, si los miembros lo consideraran útil.

(121) En referencia a los documentos de trabajo WP 12, 13, 15 y 38, la ASOC agradeció a todos los miembros que habían propuesto nuevas o futuras ZAEP. La ASOC señaló que cada una de ellas contaba con sus propios méritos, de acuerdo con el Anexo V, como proteger Zonas Importantes para la Conservación de las Aves o Regiones Biogeográficas de Conservación de la Antártida insuficientemente representadas, y que contribuían significativamente a la expansión del sistema de ZAEP requerido por el Anexo V del Protocolo ambiental.

iv) Otros asuntos relacionados con los planes de gestión de zonas protegidas y administradas

(122) Chile presentó el IP 127 *Revisión del estado de la Zona Antártica Especialmente Protegida No. 144, bahía Chile (bahía Discovery)*, y se refirió al IP 128 *Análisis del estado actual de la Zona Antártica Especialmente Protegida No. 144, bahía Chile (bahía Discovery), isla Greenwich*. Chile informó al Comité que se está realizando una revisión de la anulación de la designación de la ZAEP n.º 144. Señaló que el análisis se estaba realizando de acuerdo con las *Directrices para la anulación de la designación de ZAEP*, y que su análisis completo se presentó en el documento IP 128. Chile señaló que tenía la intención de presentar un documento de trabajo con una conclusión final relacionada con la revisión de la ZAEP para la consideración de los miembros en la XXV Reunión del CPA.

(123) El Comité agradeció a Chile por poner sobre la mesa los IP 127 e IP 128. Reconoció que la anulación de la designación de las ZAEP era un tema importante que requería una cuidadosa consideración. El Comité señaló que esperaba con interés que el trabajo descrito en los documentos IP 127 e IP 128 se discutiera en la XXV Reunión del CPA.

(124) Brasil presentó el documento IP 65 *Progress in the revision process of the Management Plan for Antarctic Specially Managed Area N° 1, Admiralty Bay* [*Avances en el proceso de revisión del Plan de Gestión para la Zona Antártica Especialmente Administrada bahía Almirantazgo (bahía Lasserre)*], preparado conjuntamente por Brasil, Ecuador, Perú, Polonia y Estados Unidos. El documento analizaba la revisión quinquenal del Plan de Gestión para la ZAEA n.º 1 iniciada por el Grupo de Gestión de la ZAEA n.º 1. Brasil informó al Comité que, durante el período entre sesiones 2021-22, y como parte del proceso de revisión del plan de gestión, el Grupo de Gestión había trabajado para actualizar el estado actual de los valores a proteger, sus comunidades biológicas, la investigación científica y las actividades de seguimiento en curso, así como las cuestiones relacionadas con el clima, el turismo y la captura comercial dentro de la ZAEA. El Grupo de Gestión también se había puesto en contacto con la IAATO para obtener información actualizada sobre el turismo en la bahía del Almirantazgo (bahía Lasserre) y había actualizado el mapa de la ZAEA n.º 1. Los próximos pasos del grupo incluirían: la actualización de los mapas para reflejar la orientación del anexo B de las Directrices para la preparación de planes de gestión de ZAEA; la revisión del código de conducta para visitantes y las directrices científicas y ambientales y la presentación de un documento de trabajo conjunto con el plan de gestión revisado al CPA, una vez concluida la revisión.

(125) El Comité agradeció a los proponentes del IP 65 por informar sobre el progreso realizado en la revisión del Plan de Gestión para la ZAEA n.º 1. También tomó nota de una solicitud de mayor información relacionada con el tema de las especies no autóctonas dentro de la ZAEA. El Comité expresó su interés por los resultados de la revisión.

(126) El Comité tomó nota del siguiente documento de información presentado en relación con este tema del programa:

- IP 120 *Exploring the possibilities for the designation of Barrientos (Aitcho) Island as an ASMA* [*Exploración de las posibilidades para la designación de la isla Barrientos (Aitcho) como ZAEA*] (Ecuador).

9b) Sitios y Monumentos Históricos

(127) El Reino Unido presentó el WP 47 *Hallazgo del pecio del Endurance. Actualización de información sobre el SMH 93 y elaboración de un Plan de Gestión*, preparado junto con Sudáfrica. En él se informaba de que el barco *Endurance* de Sir Ernest Shackleton, atrapado, aplastado por el hielo y hundido en el mar de Weddell en 1915, se había encontrado en marzo de 2022 en un notable estado de conservación. Se destacaba que el rompehielos sudafricano *SA Agulhas II* fue fundamental para la misión. En el WP 47, los proponentes habían aconsejado que el Comité recomendara a la RCTA la adopción de una medida destinada a actualizar los campos de información «Descripción», «Ubicación del sitio», «Estado de conservación», «Herramientas de gestión» y «Características físicas del entorno y contexto cultural y local» del SMH 93. Sin embargo, el Reino Unido explicó que, en conversaciones con el presidente del CPA, se había señalado que las actualizaciones del «Estado de conservación» y las «Herramientas de gestión» no necesitaban adoptarse a través de una Medida, sino que debería acordarlas el Comité y anotarse en el informe. Por lo tanto, los proponentes solicitaron que la RCTA adoptase una Medida para actualizar solo los campos de información «Descripción», «Ubicación del sitio» y «Características físicas del medio ambiente y el contexto cultural y local» del SMH 93, al tiempo que señalaron que se actualizaría el «Estado de conservación» y las «Herramientas de gestión».

(128) La IAATO señaló que la posición y la profundidad del *Endurance* harían improbable cualquier visita turística y apoyó el desarrollo de un plan de gestión para el SMH 93.

(129) El Comité felicitó a todos los involucrados en el hallazgo de la ubicación del naufragio y acordó enviar a la RCTA los detalles modificados que fueran relevantes para el SMH para su adopción por medio de una Medida.

(130) La Argentina presentó el WP 52 *Propuesta de Modificación de coordenadas de ubicación de nueve Sitios y Monumentos Históricos*. Propuso una actualización de las coordenadas de los SMH 26, 29, 36, 38, 39, 40, 41, 42 y 43, cuyas responsabilidades en la gestión la Argentina comparte sobre la base de la Medida 3 (2003). La Argentina explicó que las modificaciones propuestas pretendían reflejar las ubicaciones de los SMH con mayor precisión que lo que actualmente aparece registrado en la lista de SMH. La Argentina señaló que una revisión detallada había hecho posible identificar las ubicaciones con una precisión de una centésima de minuto y con una resolución de 20 m en el terreno y, en consecuencia, permitiendo ajustar la ubicación de los SMH. La Argentina recomendó que el CPA apruebe las actualizaciones propuestas para la ubicación de estos SMH y las remita a la RCTA para su adopción.

(131) El Comité agradeció a la Argentina por el trabajo realizado para actualizar las coordenadas de estos Sitios y Monumentos Históricos, aceptó las enmiendas sugeridas a los SMH 26, 29, 36, 38, 39, 40, 41, 42, 43 y acordó remitir los detalles modificados para los SMH a la RCTA para su adopción por medio de una Medida.

Asesoramiento del CPA a la RCTA sobre la propuesta de modificaciones a la lista de Sitios y Monumentos Históricos

(132) El Comité acordó enviar diez propuestas de modificación de la lista de Sitios y Monumentos Históricos a la RCTA para su adopción a través de una Medida.

SMH n.º	Nombre
26	Instalaciones ceremoniales de la base San Martín
29	Faro "Primero de Mayo"
36	Placa de la expedición Dallmann
38	Cabaña sueca en Cerro Nevado
39	Cabaña de piedra de bahía Esperanza
40	Instalaciones ceremoniales de la base Esperanza
41	Restos históricos de la tripulación del *Antarctic* en la isla Paulet
42	Observatorios de la isla Laurie
43	Cruz de la estación Belgrano
93	Pecio del *Endurance*

(133) Con respecto al SMH 93, el Comité acordó informar a la RCTA que había aceptado las siguientes actualizaciones adicionales de los campos de la lista del SMH:

Campo	Texto actualizado
(viii) Estado de conservación	Parece encontrarse en buen estado de conservación.
(xi) Herramientas de gestión	Se está elaborando un plan de gestión de conservación.

(134) El Reino Unido presentó el documento WP 28 *Directrices para la planificación de la gestión de la conservación de Sitios y Monumentos Históricos en la Antártida*, preparado en conjunto con Australia, Nueva Zelandia, Noruega y Estados Unidos. Recordando los debates de la XLII RCTA en relación con el cuidado responsable del patrimonio en la Antártida, los autores propusieron que se adoptaran nuevas directrices para apoyar a las Partes en el desarrollo de planes de gestión de conservación como herramientas para proteger el patrimonio antártico. Señalaron que las nuevas directrices alentarían a las Partes a cumplir con sus responsabilidades respecto al patrimonio antártico a un nivel uniforme de acuerdo con los principios del Tratado Antártico y el Protocolo sobre Protección del Medio Ambiente, y comparable a la labor de custodia llevada a cabo con el patrimonio de otras partes del mundo.

(135) El Comité agradeció a los proponentes por su documento y apoyó la propuesta de actualizar las Directrices. El Comité reconoció la importancia de compartir información sobre los planes de gestión de conservación relacionados con los SMH y subrayó su valor para la conservación del patrimonio antártico. El Comité destacó que, aunque no eran obligatorios para todos los SMH, los planes de gestión de conservación eran una herramienta útil para proteger los SMH. Un miembro enfatizó la necesidad de considerar la naturaleza de los SMH al evaluar si era necesario desarrollar un plan de gestión de conservación.

(136) En respuesta a una consulta, el Reino Unido aclaró que proponía una bibliografía sugerida y que la lista no pretendía ser totalmente exhaustiva, y acordó incluir enlaces adicionales para que la lista fuera más completa.

(137) El Comité acordó reafirmar el valor de los planes de gestión de conservación como una herramienta eficaz para la custodia responsable del patrimonio en la Antártida, así como actualizar las *Directrices para la evaluación y gestión del patrimonio antártico* según lo recomendado por los proponentes. El Comité animó a los miembros a seguir compartiendo entre ellos sus planes de gestión de conservación y sus conocimientos técnicos para mejorar el nivel de custodia del patrimonio, y a estudiar la forma en que esto podría facilitarse.

Asesoramiento del CPA a la RCTA sobre las Directrices para la planificación de la gestión de la conservación de Sitios y Monumentos Históricos en la Antártida

(138) El Comité acordó remitir la versión revisada de las *Directrices para la evaluación y gestión del patrimonio antártico a la RCTA* para su adopción mediante una Resolución.

(139) La Argentina presentó el IP 112 rev. 1 *Situación actual del impacto del cambio climático sobre el Refugio Suecia en la Isla Cerro Nevado (SMH Nro 38),* elaborado en conjunto con Suecia. El documento resumía los impactos del cambio climático en la cabaña de refugio sueca en Cerro Nevado, según lo observado por investigadores del Programa Antártico Nacional de la Argentina, y como parte de una colaboración conjunta con Suecia. La Argentina informó que el avanzado estado de erosión del gelisuelo, causado por el aumento de las temperaturas, el retroceso del glaciar adyacente y el aumento de la erosión fluvial representaban un riesgo inminente para la cabaña del refugio y destacó la necesidad de estabilizar el terreno sobre el que se ubica el refugio.

(140) El Comité agradeció a la Argentina y a Suecia por su documento y por sus esfuerzos para apoyar la conservación de este importante monumento histórico.

(141) El Comité tomó nota del siguiente documento de información presentado en relación con este tema del programa:

- IP 31 *Análisis de la precisión de las coordenadas de ubicación algunos Sitios y Monumentos Históricos* (Argentina).

9c) Directrices para sitios

(142) El Reino Unido presentó el documento WP 49, *Directrices revisadas para sitios que reciben visitantes relativas al sitio n.º 22, la casa Wordie, isla Winter*, preparado en conjunto con Ucrania. El Reino Unido señaló que la casa Wordie había sido reconocida como SMH en la Medida 4 (1995), y que las directrices para sitios de la casa Wordie no se habían revisado desde su adopción mediante la Resolución 4 (2009). Agregó que se realizaron una serie de mejoras y aclaraciones editoriales en el curso de la revisión. En particular, se agregó una zona de visitantes claramente definida y un camino recomendado hacia la parte superior de la capa de hielo de la isla, y se actualizó y mejoró el mapa de las directrices del sitio.

(143) El Comité agradeció al Reino Unido y Ucrania por presentar las directrices del sitio revisadas para la casa Wordie y destacó lo oportuno de la propuesta. Luego de una enmienda menor, el Comité acordó aprobar las directrices del sitio revisadas y remitirlas a la RCTA para su adopción. El Comité también solicitó que la Secretaría publicara las directrices en su sitio web.

(144) La IAATO agradeció a los proponentes de las directrices para sitios revisadas para la casa Wordie. Hizo hincapié en que las directrices para sitios que reciben visitantes eran una herramienta fundamental para gestionar las visitas a sitios y que la IAATO valoraba la oportunidad de participar en estos debates. La IAATO informó que las directrices para sitios revisadas para la casa Wordie se incluirían en su manual de operaciones de campo

de 2022-23. Tras señalar que el IP 97, *Revised Tourism Management Policy for Vernadsky Station, Galindez Island* [*Política de gestión turística revisada para la estación Vernadsky, isla Galíndez*] cubría un área similar a las directrices para sitios de la casa Wordie, la IAATO se ofreció a trabajar con los proponentes para aclarar la interacción entre los dos antes de la temporada turística 2022-23.

(145) El Reino Unido también agradeció a Ucrania por el documento IP 97 y ofreció su apoyo a la hora de proporcionar cualquier aclaración que pudiera resultar útil.

(146) Con referencia al WP 1, discutido bajo el tema del programa 9a, el Comité acordó que el cierre de la zona de visitantes en la ZAEA 7 implicaría que las directrices para sitios para la isla Torgersen, Puerto Arthur ya no serían pertinentes.

Asesoramiento del CPA a la RCTA sobre las directrices para sitios nuevas y revisadas

(147) El Comité acordó remitir a la RCTA las siguientes directrices para sitios revisadas para su adopción:

- casa Wordie, isla Winter (isla Invierno)

(148) El Comité acordó solicitar la eliminación de *isla Torgersen, Puerto Arthur* de la lista de directrices para sitios mantenida por la Secretaría del Tratado Antártico.

(149) Ucrania presentó el IP 97 *Revised Tourism Management Policy for Vernadsky Station, Galindez Island* [*Política de gestión turística revisada para la estación Vernadsky, isla Galíndez*], que incluía una política de gestión turística revisada para la estación Vernadsky. Ucrania señaló la naturaleza dinámica de este documento y que su política de gestión del turismo para la estación Vernadsky se revisaría periódicamente.

(150) El Comité agradeció a Ucrania por su documento y acogió con beneplácito la política revisada de gestión del turismo para la estación Vernadsky.

(151) La IAATO presentó el IP 43 *A Five-Year Overview and 2021–22 Season Report on IAATO Operator Use of Antarctic Peninsula Landing Sites and ATCM Visitor Site Guidelines* [*Resumen quinquenal e informe de la temporada 2021-22 sobre el uso de los sitios de desembarco en la península antártica por parte de los operadores de la IAATO y las directrices para sitios que reciben visitantes de la RCTA*], que informaba sobre datos recopilados de los formularios de informes posteriores a la visita del operador de la IAATO para la península antártica durante la temporada 2021/-22. La IAATO informó que, durante la temporada 2021-22, un total de 22 979 pasajeros desembarcaron en la Península Antártica desde 32 embarcaciones SOLAS. Señaló también que los operadores de la IAATO tuvieron menos clientes dispuestos a viajar durante la temporada 2021-22 debido a la COVID-19 y, por lo tanto, contaron con una ocupación más baja. La IAATO destacó que la mayoría de los sitios más visitados están comprendidos en las directrices para sitios que reciben visitantes de la RCTA, las directrices de la IAATO sobre sitios de desembarco para operadores o en las directrices de gestión de los programas nacionales. Señaló, además, que todas las visitas se realizan de conformidad con los límites para el desembarco establecidos en las directrices vigentes, y que el controlador de cronogramas de barcos de la IAATO se había utilizado con eficacia para garantizar que no se sobrepasaran dichos límites.

(152) El Comité agradeció a la IAATO por proporcionar esta útil información sobre sus actividades en la Antártida.

9d) Protección y gestión del espacio marino

(153) No se presentaron documentos en relación con este tema del programa.

(154) La presidenta mencionó la obligación pendiente del Comité de responder a la solicitud de la RCTA en la Resolución 5 (2017), en la que se solicitó al CPA que considerara cualquier acción apropiada dentro de la competencia de la RCTA para contribuir al logro de los objetivos específicos establecidos en la Medida de Conservación 91-05 de la CCRVMA.

9e) Otros asuntos relacionados con el anexo V

(155) Australia presentó el WP 20, *Localidades tipo en la Antártida*, que informaba sobre recientes investigaciones para desarrollar un inventario de localidades tipo para especies terrestres y de agua dulce en el continente antártico y las islas del litoral dentro del área del Tratado Antártico. La investigación también consideró la medida en que esas localidades tipo se encontraban representadas dentro de las ZAEP. Australia señaló que este trabajo podría apoyar la implementación del Protocolo Ambiental, incluso brindando información sobre áreas que constituían la «localidad tipo o el único hábitat conocido de cualquier especie» y que, de conformidad con el artículo 3.2 (d) del Anexo V, podría justificar la consideración de su designación como ZAEP. Australia destacó que sus investigadores habían realizado grandes esfuerzos para revisar y recopilar los datos para desarrollar el inventario. Compartió algunos de los hallazgos clave presentados en el documento, que incluyen que: más de 400 especies tienen localidades tipo en el continente antártico o islas del litoral dentro del área del Tratado Antártico; más de 100 de esas especies estaban ubicadas dentro o muy cerca de ZAEP existentes y que las localidades tipo se dan en 41 ZAEP existentes.

(156) El Comité elogió a Australia por el desarrollo de un exhaustivo trabajo de investigación sobre localidades tipo y reconoció su valor para mejorar la protección sistemática de la Antártida.

(157) Algunos miembros señalaron que, al considerar las designaciones de ZAEP, se podrían priorizar otros aspectos, incluidas las amenazas y los riesgos potenciales, y que esta herramienta desarrollada recientemente debería considerarse junto con muchas otras herramientas existentes.

(158) Al responder a los puntos planteados por los miembros, Australia señaló que la investigación referida representaba el mejor material científico disponible en relación con las disposiciones del artículo 3.2 del Anexo V con respecto a las localidades tipo, y constituía una de las muchas contribuciones importantes para desarrollar en mayor profundidad el sistema de zonas antárticas protegidas. Australia se refirió al IP 47 *Research to inform CEP discussions about further development of the Antarctic protected area system* [*Investigación que sirva de base informativa en los debates del CPA sobre el futuro desarrollo del sistema de áreas protegidas de la Antártida*], que informaba sobre el trabajo realizado por investigadores australianos para desarrollar un conjunto de ejemplos de escenarios sobre cómo una serie de áreas terrestres protegidas podría abordar las disposiciones del artículo 3.2 del Anexo V.

(159) La ASOC agradeció a Australia por proporcionar una herramienta científica útil que podría contribuir a la ampliación de las zonas protegidas en la Antártida. Señaló que se disponía de abundante información para desarrollar sistemáticamente el sistema de zonas protegidas en la Antártida y alentó a los miembros a utilizar las herramientas desarrolladas recientemente al momento de considerar designaciones de ZAEP en el futuro.

(160) El Comité alentó a los miembros a aprovechar la investigación presentada en el WP 20, así como otras herramientas pertinentes, a la hora de revisar los planes de gestión de las ZAEP existentes; de planificar, evaluar y realizar actividades, y al considerar la

designación de nuevas ZAEP dentro de un marco ambiental y geográfico sistemático. El Comité también alentó a los miembros a continuar apoyando los esfuerzos para mejorar los conocimientos sobre la biodiversidad antártica, incluyendo los estudios para determinar la distribución, el estado y las tendencias de especies con localidades tipo en el área del Tratado Antártico.

(161) El coordinador del GSPG, Dr. Anoop Tiwari (India), presentó la segunda parte del WP 8, *Informe de actividades del Grupo Subsidiario sobre Planes de Gestión durante el período entre sesiones 2019-2022*. La primera tarea del GSPG en virtud de los TdR 4 y 5 fue trabajar con las Partes pertinentes para garantizar el progreso en la revisión de los planes de gestión atrasados para la revisión quinquenal. El coordinador del GSPG informó que no se recibieron solicitudes de las Partes que pudieran necesitar asesoramiento para iniciar la revisión quinquenal de los planes de gestión, y recordó a los miembros que el GSPG estaba disponible para asesorar, facilitar o guiar tales tareas de revisión cuando sea necesario.

(162) La segunda tarea del GSPG conforme a los TdR 4 y 5 fue considerar opciones para la revisión eficiente, con carácter previo a la reunión, de los planes de gestión revisados que se presentaron al CPA para su consideración y adopción.

(163) La Dra. Polly Penhale (Estados Unidos), en su calidad de moderadora de los debates del GSPG sobre esta tarea, se dirigió al Comité. La Dra. Penhale recordó que, en la XXIII Reunión del CPA, los miembros sugirieron que el GSPG podría considerar opciones para revisiones eficientes, con carácter previo a la reunión, de los planes de gestión revisados que se presentaron al CPA para su consideración y adopción. Los miembros habían solicitado que el GSPG debatiera la forma de mejorar el proceso de revisión de planes de gestión y que remitiera sugerencias al Comité sobre cómo mejorar su eficiencia. La Dra. Penhale informó que, como resultado de estos debates, el GSPG había propuesto una revisión, con carácter previo a la reunión, de los planes de gestión nuevos y revisados que se presentaron al CPA para su consideración y aprobación, con el objetivo de instar a miembros y observadores con interés y experiencia en planes de gestión en general y conocimientos y familiaridad de los entornos específicos de sitios, a comentar los planes de gestión presentados antes de la reunión del CPA para obtener las mejores recomendaciones posibles. El GSPG también había destacado que, con los asuntos planteados y las modificaciones propuestas antes de la reunión, los proponentes de un plan de gestión podrían considerar los comentarios y responder a las revisiones de los planes en forma previa a la reunión. También señaló que se presentaría a todos los miembros un resumen de los debates previos a la reunión, con las recomendaciones surgidas de esta revisión, y que la conclusión final de los debates se alcanzaría durante la reunión del CPA. La Dra. Penhale enfatizó que la revisión de los planes de gestión era una tarea importante del CPA, que aumentaba cada año, y que el proceso propuesto estaba destinado a ahorrar tiempo y a organizar la carga de trabajo de una manera más eficiente.

(164) El Comité agradeció al coordinador del GSPG y a la moderadora de los debates del GSPG sobre el proceso de revisión previo a la reunión por sus presentaciones. Los miembros respaldaron la idea de una revisión previa a la reunión de los planes de gestión revisados con el fin de guiar y simplificar el proceso de revisión, y señalaron que unas primeras revisiones podrían ayudar a ahorrar un tiempo valioso durante la reunión. Algunos miembros también enfatizaron que todos los miembros del CPA pueden convertirse en miembros activos del GSPG, y que la amplia participación en 2021 había demostrado ser efectiva.

(165) En respuesta a una inquietud planteada, se señaló que el proceso de revisión previo a la reunión se llevaría a cabo dentro de la estructura existente del GSPG y no requeriría el establecimiento de un nuevo grupo o mecanismo.

(166) El Comité acordó añadir un nuevo término de referencia del GSPG para reflejar la nueva tarea regular de revisión previa a la reunión de los planes de gestión (ver apéndice 4, TdR n.º 4).

(167) La tercera tarea del GSPG en virtud de los TdR 4 y 5 fue revisar y actualizar el plan de trabajo del GSPG. Al hacerlo, el GSPG señaló que el CCRWP incluyó una acción para «Examinar y modificar, cuando sea necesario, las herramientas de gestión con el fin de considerar si proporcionan la mejor medida práctica de adaptación para las zonas en riesgo debido al cambio climático». Para cumplir con esta acción, los coordinadores del GSPG y del GSRCC debatieron opciones para respaldar un programa de trabajo a fin de desarrollar una guía que permita abordar el cambio climático en el proceso de identificación y gestión de zonas protegidas, entre lo que se encuentra identificar a qué grupo subsidiario pertenece esta tarea. Llegaron a la conclusión de que este trabajo debería llevarlo a cabo el GSPG como una tarea adicional en virtud del TdR 5.

(168) El Comité agradeció al GSPG su recomendación y, tras algunas enmiendas menores, expresó su acuerdo en adoptar el plan de trabajo del GSPG para el período 2022/2023:

Términos de referencia	Tareas sugeridas
TdR 1 al 3	Analizar los proyectos de los planes de gestión remitidos por el CPA para su revisión entre sesiones y proporcionar asesoramiento a los proponentes (incluidos los cuatro planes pendientes del período entre sesiones anterior)
TdR 4 al 6	Trabajar con las Partes pertinentes a fin de garantizar el progreso en la revisión de los planes de gestión cuya revisión quinquenal se encuentre pendiente
	Revisar en forma previa a la reunión todos los planes de gestión con cambios menores y presentar un resumen de recomendaciones al CPA como documento de trabajo separado
	Examinar y actualizar el plan de trabajo del GSPG
	Para implementar la acción 2(e) del CCRWP, «Revisar y modificar, según sea necesario, las herramientas de gestión existentes para la protección y la gestión posterior de los entornos y hábitats en riesgo por el cambio climático», considerar si tienen en cuenta los problemas del cambio climático y cómo lo hacen.
Documentos de trabajo	Preparar un informe para la XXV Reunión del CPA cotejándolo con los TdR 1 a 6 del GSPG.

(169) Brasil presentó el IP 66 rev. 1 *Report of the Joint Inspections' Program undertaken by Brazil, Ecuador, Peru, Poland, and the United States to the ASMA No. 1 - Admiralty Bay, King George Island,* [Informe del Programa de inspecciones conjuntas realizado por Brasil, el Ecuador, el Perú, Polonia y Estados Unidos a la ZAEA n.º 1, bahía del Almirantazgo (bahía Lasserre), isla Rey Jorge (isla 25 de Mayo)], elaborado junto con el Ecuador, el Perú, Polonia y Estados Unidos. El documento informaba de que funcionarios de los países proponentes habían visitado la ZAEA n.º 1 para asegurarse de que su designación como ZAEA continuara brindando protección a los valores especiales por los que fuera designada inicialmente. Brasil señaló que los funcionarios habían llegado a la conclusión de que los valores por los que se designó la ZAEA n.º 1 seguían siendo pertinentes y que se habían implementado varias medidas para garantizar que se cumplieran las metas y los objetivos del plan de gestión. Los proponentes recomendaron que: todo el personal que acceda a la ZAEA n.º 1 debe ser consciente de las disposiciones del plan de gestión y debe seguir sus orientaciones; se debe capacitar

al personal para reducir el riesgo de introducir especies no autóctonas en la ZAEA n.º 1, incluidos los patógenos transmitidos por los alimentos; se debe instruir al personal para que use senderos peatonales libres de vegetación siempre que sea posible para minimizar el pisoteo; y debe continuar la coordinación entre los miembros del grupo de gestión de la ZAEA n.º 1 para garantizar la gestión exitosa del área.

(170) El Comité agradeció a los proponentes su inspección de la ZAEA n.º 1 y recibió con agrado su informe y recomendaciones.

(171) La IAATO agradeció al Brasil, al Ecuador, al Perú, a Polonia y a Estados Unidos por su documento y por su continuo compromiso con la IAATO sobre la gestión de esta importante zona. La IAATO señaló que, durante la temporada 2021-22, no se habían realizado visitas turísticas a las estaciones activas de programas antárticos nacionales. Estas orientaciones de la IAATO se encuentran actualmente en revisión en previsión de la temporada 2022-23. La IAATO comentó que esperaba trabajar con el grupo de gestión de la ZAEA n.º 1 para garantizar la continuidad de la exitosa gestión de esta área.

(172) El Comité tomó nota de que se habían presentado los siguientes documentos de información en relación con este punto del orden del día:

- IP 77 *A classification system of Antarctic inland aquatic ecosystems* [*Un sistema de clasificación de ecosistemas acuáticos continentales antárticos*] (Nueva Zelandia).

Tema 10: Conservación de la flora y la fauna antárticas

10a) Cuarentena y especies no autóctonas

(173) La República de Corea presentó el IP 9, *Report of a new non- native insect (moth fly) on King George Island, South Shetland Islands* [*Informe sobre un nuevo insecto no autóctono (mosca polilla) en la isla Rey Jorge y las islas Shetland del Sur*], elaborado junto con Chile. Informó acerca del descubrimiento de un nuevo insecto no autóctono, la mosca polilla *Psychoda albipennis*, en dos bases de investigación en la isla Rey Jorge (isla 25 de mayo) durante las temporadas 2019-20 y 2021-22. La mosca polilla se había identificado a través de un código de barras de ADN. Para evitar una mayor propagación de la mosca polilla en la isla Rey Jorge (isla 25 de mayo), los proponentes instaron a todas las Partes que operan sus programas antárticos nacionales en dicha isla a realizar un seguimiento periódico dentro y fuera de sus instalaciones, así como de sus cadenas de suministro, y a considerar una respuesta coordinada a esta introducción de especies no autóctonas.

(174) El Comité agradeció a la República de Corea y Chile por su documento y su contribución a este tema prioritario en el Plan de Trabajo Quinquenal del CPA.

(175) El Reino Unido presentó el IP 25 *International response under the Antarctic Treaty System to the establishment of a non-native fly on the South Shetland Islands* [*Respuesta internacional en virtud del Sistema del Tratado Antártico al establecimiento de una mosca no autóctona en las islas Shetland del Sur*], elaborado junto con el Uruguay. En él se resumía la información sobre el desarrollo potencial de un plan internacional de gestión de especies no autóctonas para la mosca no autóctona *Trichocera maculipennis* en las islas Shetland del Sur y en la región antártica marítima más amplia. El Reino Unido señaló que, junto con otras directrices sobre la gestión de especies no autóctonas del CPA, dicho plan podría ayudar a lograr una gestión coordinada de esta especie no autóctona cada vez más extendida. Además, señaló que el documento académico adjunto al IP 25 detalla las opciones relativas a la educación, el seguimiento, la concientización,

la reducción de la dispersión de la mosca, la prevención de su reintroducción y su erradicación.

(176) El Comité agradeció al Reino Unido y al Uruguay por su documento. Varios miembros expresaron su apoyo a un plan de gestión internacional, así como un intercambio de experiencias, con respecto a la *Trichocera maculipennis*.

(177) El Comité tomó nota de que se habían presentado los siguientes documentos de información en relación con este punto del orden del día:

- IP 24 *Ship traffic connects Antarctica to worldwide locations, with implications for non-native marine species introduction risk* [*El tráfico marítimo conecta la Antártida con lugares de todo el mundo, con implicaciones para el riesgo de introducción de especies marinas no autóctonas*] (Reino Unido).

- IP 30 *Detección de una especie no nativa de Díptero en el Refugio Elefante, ZAEP N°132, Isla 25 de Mayo / Rey Jorge* (Argentina, Uruguay).

- IP 84 *Definitive eradication of the presence of a Lepidoptera at Carlini Base* [*Erradicación definitiva de la presencia de un lepidóptero en la base Carlini*] (Argentina, Alemania).

(178) El Comité tomó nota de que se había presentado el siguiente documento de antecedentes en relación con este tema del programa:

- BP 18 *Seeds for Future - Global Wild Plant Seed Vault* [*Semillas para el futuro: bóveda global de semillas de plantas silvestres*] (Italia).

10b) Especies especialmente protegidas

(179) El Reino Unido introdujo el WP 34 *Informe del Grupo de Contacto Intersesional del CPA establecido para desarrollar un Plan de acción para Especies Especialmente Protegidas para el pingüino emperador*. Recordó que el SCAR, en su análisis sobre el estatus del pingüino emperador, había descubierto que este era vulnerable al cambio climático en curso y previsto, y se justificaba su protección como especie antártica especialmente protegida (EAEP). El SCAR había recomendado que el Comité estableciera un GCI para revisar el borrador del plan de acción preparado por el SCAR (WP 37 de la XLIII RCTA) y había sugerido que lo más oportuno sería clasificar a la especie dentro de la Lista Roja de la UICN como «vulnerable». El Reino Unido informó que, después de seis rondas de debate durante el período entre sesiones de 2021-22, el GCI recomendó que el CPA: considerase el borrador del plan de acción para especies especialmente protegidas para el pingüino emperador desarrollado por el GCI; remitiese el borrador del plan de acción y la evaluación del SCAR sobre el estado de conservación del pingüino emperador (WP 37 de la XLIII RCTA) a la RCTA para su consideración; y recomendase a la RCTA (i) que se designe al pingüino emperador como especie especialmente protegida en virtud del Anexo II del Protocolo mediante la adopción de un proyecto de Medida, y (ii) que se aliente a las Partes a implementar oportunamente el plan de acción para especies especialmente protegidas.

(180) China presentó el WP 24, *Reseña del marco jurídico en materia de especies especialmente protegidas y su aplicación*, que revisó el marco jurídico en materia de especies antárticas especialmente protegidas y su aplicación en el ámbito de la RCTA y el CPA, para que sirva como material de referencia de utilidad para la designación de especies antárticas especialmente protegidas en el futuro. China destacó varias observaciones sobre las prácticas de la RCTA y el CPA en relación con el marco jurídico en materia de especies antárticas especialmente protegidas. Sobre la base de su revisión, China recomendó que el CPA: vuelva a confirmar la importancia de designar especies antárticas especialmente protegidas de conformidad con el Anexo II y las *Directrices para la consideración por el CPA de propuestas relativas a designaciones nuevas y*

revisadas de especies antárticas especialmente protegidas en virtud del Anexo II al Protocolo y, en concreto, con el estado de conservación de "vulnerable" o superior como umbral a partir del cual considerar la posible designación y el procedimiento para considerar propuestas de designación de especies especialmente protegidas; adapte las designaciones de especies antárticas especialmente protegidas en el futuro a las prácticas previas de la RCTA y el CPA, concretamente, en cuanto a la aplicación de criterios y enfoques sobre la base de información científica adecuada; inste al SCAR a evaluar el riesgo de extinción de las especies, recurriendo a los criterios más actualizados de la UICN, de conformidad con su práctica anterior; y revise y unifique la discrepancia entre las Directrices y el Anexo II al Protocolo.

(181) China presentó el WP 35 *Propuesta para el desarrollo de un plan específico de investigación y seguimiento sobre los pingüinos emperador*. El documento extraía las conclusiones del proyecto de plan de acción como resultado de seis rondas del GCI a partir de la XXIII Reunión del CPA-WP 37, presentado por el SCAR: que los pingüinos emperador están actualmente catalogados como «Casi Amenazados» en la Lista Roja de la UICN; que la población de la especie ha aumentado a escala regional (antártica); que la colonia de pingüinos emperador más septentrional de la isla Cerro Nevado es estable; que las amenazas terrestres y marinas conocidas y emergentes que afectan al pingüino emperador se consideran relativamente pequeñas, si no insignificantes; que la evaluación de la amenaza del cambio climático y la reducción del hielo marino sobre la especie es considerablemente incierta y que se prevé que la amenaza solo tendrá lugar hasta después de 2050. Siguiendo el asesoramiento científico del SCAR en el documento XXVIII RCTA/VIII Reunión del CPA-WP 34 y XXIX RCTA/IX Reunión del CPA-WP 38, China recomendó que el CPA establezca un GCI para desarrollar un plan de gestión e investigación específico para los pingüinos emperador como una especie casi amenazada a escala regional (antártica), en lugar de designarlas como EEP, para garantizar la consistencia en la aplicación del Anexo II del Protocolo y de las *Directrices para la consideración por el CPA de propuestas relativas a designaciones nuevas y revisadas de especies antárticas especialmente protegidas*.

(182) China también se refirió al IP 123 *The Case of Polar Bears Conservation informed by Climate Models and the Potential Similar Case of Emperor Penguins* [*El caso de la conservación de los osos polares con los modelos climáticos como base informativa y el caso potencialmente similar al de los pingüinos emperador*], que presentó dos artículos sobre osos polares y pingüinos emperador, respectivamente, que China consideró útiles para que el CPA los considerase en relación con la situación del pingüino emperador. Uno de los artículos trataba sobre los osos polares, señalando que su clasificación había cambiado en 2006, de «Preocupación Menor» a «Vulnerable» ante la extinción en la Lista Roja de la UICN, y tuvo como base informativa un modelo climático que predijo que el número de osos polares disminuirían en más del 30 % durante los próximos 45 años. Señaló que la población de osos polares se había recuperado en la década de 1980 y se mantuvo estable. El artículo proporcionó además la información de que el número de osos polares es ahora el más alto de los últimos 60 años.

(183) El Comité agradeció a China por presentar el documento WP 35, pero señaló que ningún otro miembro expresó su apoyo a las recomendaciones del documento. El Comité agradeció al Reino Unido por su trabajo para la protección del pingüino emperador. En particular, elogió a Kevin Hughes por su trabajo como coordinador del GCI durante el período entre sesiones. También agradeció al SCAR por los documentos que presentó en la XXIV Reunión del CPA, que habían servido de base informativa para el WP 34.

(184) El Comité enfatizó la importancia del uso de las mejores evidencias científicas disponibles para respaldar las decisiones de gestión del CPA, tales como la inclusión en listas de especies especialmente protegidas, y reconoció las evaluaciones del SCAR

sobre la necesidad de asegurar la conservación del pingüino emperador. Con una excepción, los miembros expresaron un amplio apoyo al plan de acción descrito en el WP 34 como un documento integral basado en la mejor evidencia científica disponible. Los miembros observaron que el Comité disponía de suficientes conocimientos científicos para demostrar la vulnerabilidad del pingüino emperador al cambio climático, tal y como se puso de manifiesto en la conferencia del SCAR. Algunos miembros y el SCAR señalaron que, en general, la población de pingüinos emperador no tendía a crecer, como se indica en el documento WP 35. El aumento en número antes mencionado se debía al descubrimiento de nuevas colonias, pero las proyecciones de población continuaban indicando una disminución. Con una excepción, los miembros también enfatizaron que la necesidad de contar con mayor información científica no debería socavar la importancia de adoptar un enfoque precautorio para la protección ambiental como un componente fundamental del Protocolo Ambiental, que era una herramienta reconocida que permitía tomar decisiones o medidas necesarias para la protección del medio ambiente antártico, cuando sea necesario. Los miembros advirtieron que no actuar de manera oportuna sería contrario a la función y responsabilidades del CPA y a su compromiso con el principio precautorio. Los miembros enfatizaron que no existía un requisito previo para que una especie se incluyera en la Lista Roja de la UICN como "Vulnerable" o superior antes de que pudiera ser considerada para su designación como EEP, y que en la evaluación del estado de conservación preparada por el SCAR se habían seguido las disposiciones del Anexo II y las actuales directrices del CPA sobre especies especialmente protegidas para fundamentar las recomendaciones para su designación. Con una excepción, los miembros expresaron su firme apoyo a las recomendaciones presentadas en el WP 34 para que el pingüino emperador sea designado como especie especialmente protegida en virtud del Anexo II del Protocolo, así como para implementar el plan de acción. Los miembros destacaron que, si el CPA y las Partes no actúan de manera oportuna sobre la designación de especies especialmente protegidas, cualquier acción que se emprenda para conservar el pingüino emperador en una etapa posterior podría resultar demasiado tardía para ser efectiva. Como consecuencia, no hubo apoyo para las recomendaciones del WP 35 sobre un enfoque alternativo.

(185) Con una excepción, los miembros acordaron que el marco legal actual sobre especies especialmente protegidas no presentaba impedimentos para progresar en la designación del pingüino emperador como especie especialmente protegida y que, aunque había espacio para revisar algunos aspectos de su orientación, el marco no requería una consideración inmediata adicional. Por lo tanto, no hubo apoyo para las recomendaciones del WP 24.

(186) Muchos miembros mostraron serias dudas sobre la calidad científica y la precisión de la información presentada en el IP 123 y no lo consideraron pertinente para los temas abordados en el WP 34. Se señaló que los artículos a los que se hace referencia en el IP 123 no se habían publicado en ninguna revista científica que gozara de credibilidad sino en un sitio web conocido por difundir desinformación para socavar la confianza en la ciencia del clima, y se señaló también que presentaban errores fácticos y conclusiones equivocadas. Los miembros subrayaron la importancia de utilizar publicaciones científicas revisadas por expertos como base para las deliberaciones de gestión.

(187) La ASOC agradeció a los autores de los WP 34 y 35 y expresó su firme apoyo a la designación del pingüino emperador como especie especialmente protegida, lo cual constituía un paso concreto que la RCTA podría asumir para responder al cambio climático. La ASOC consideró que existía una base precautoria para la designación, así como una evidente base argumental científica, y que, por lo tanto, creía que la designación no debería retrasarse.

(188) El Comité no llegó a un consenso sobre la recomendación del documento WP 34, que proponía la inclusión del pingüino emperador en la lista de especies especialmente

protegidas a pesar de haber recibido pleno apoyo de todos los miembros excepto uno. Muchos miembros y observadores expresaron su intención de utilizar el borrador del plan de acción proporcionado en el WP 34 como guía para respaldar sus acciones en la gestión de esta especie, incluido un mayor seguimiento de las poblaciones de pingüinos emperador, y alentaron al Comité a hacer lo mismo. Los miembros expresaron su intención de volver a las recomendaciones presentadas en el WP 34 en la XXV Reunión del CPA e instaron a todos los miembros a participar en debates en el período entre sesiones para trabajar hacia el consenso.

(189) El Comité tomó nota de que se habían presentado los siguientes documentos de información en relación con este punto del orden del día:

- IP 10: *Recent status of emperor penguin population in Northern Victoria Land, Ross Seas* [*Situación reciente de la población de pingüinos emperador en el norte de la Tierra Victoria, mar de Ross*] (República de Corea).

10c) Otros asuntos relacionados con el anexo II

(190) Francia presentó el WP 25 *Áreas Importantes para Mamíferos Marinos (IMMA)* elaborado junto con Chile, Alemania, Mónaco, Sudáfrica y el Reino Unido. Recordando el IP 24 de la XXIII Reunión del CPA, en la que se habló de un taller científico de 2018 convocado para identificar Áreas Importantes para Mamíferos Marinos (IMMA) en el océano austral, el documento sugirió que las IMMA podrían ser una herramienta útil para ayudar a las Partes en la planificación y realización de una serie de actividades antárticas. Francia informó que, durante el taller, expertos de 11 países identificaron 15 IMMA, que fueron presentadas a un grupo de expertos independientes que validaron y confirmaron 13 de ellas. Señaló que el documento consideraba cuatro de esas IMMA, que estaban total o parcialmente dentro del área del Tratado Antártico. Asimismo, señaló que el concepto de IMMA se fundamentaba en el ejemplo que ofrece el exitoso proceso de BirdLife International para determinar las ZIA. Las IMMA se identificaron con arreglo a unos criterios concretos derivados de las ZIA y adaptados a los mamíferos marinos que integran actividades tanto en tierra como en el mar. Los proponentes recomendaron que el Comité: acoja y reconozca el contenido del informe final del cuarto taller sobre IMMA para las tres IMMA identificadas que se encontraban dentro del área del Tratado Antártico y la IMMA de la sección del Arco de Scotia que se encontraba dentro del área del Tratado Antártico; considere la necesidad de enumerar las herramientas de particular importancia para el trabajo del Comité a la hora de planificar y realizar actividades en la Antártida en una sola Resolución que podría modificarse a medida que se disponga de nuevos resultados científicos; aliente a los miembros a tener en cuenta el contenido del informe sobre las IMMA dentro del área del Tratado Antártico en la planificación y realización de sus actividades en la Antártida; aliente a los miembros a considerar hasta qué punto la información científica en la que se fundamentan estas IMMA podría ser útil para el desarrollo de nuevas ZAEP con un componente marino, o a la hora de revisar los planes de gestión existentes de ZAEP y ZAEA y aliente a los miembros a continuar realizando un seguimiento adecuado de las poblaciones de mamíferos marinos en tierra y mar a fin de comunicar las futuras actividades de gestión que puedan ser necesarias.

(191) El Comité agradeció a los proponentes por volver a llamar su atención sobre este tema y agradeció la información proporcionada en el documento. Reconoció el contenido del informe final del cuarto taller sobre IMMA y estuvo de acuerdo en la utilidad de tener en cuenta las IMMA a la hora de planificar y realizar actividades en la Antártida. Un miembro destacó la importancia de considerar tanto la información del e-Atlas IMMA como la información de los proyectos de investigación y seguimiento de los programas antárticos nacionales. El miembro señaló la diferencia en la escala geográfica entre la

información del e-Atlas y la escala más pequeña de las ZAEP y las ZAEA. El miembro también manifestó que el apoyo del Comité a las IMMA debería limitarse a la información científica referente al área del Tratado Antártico, ya que en otras áreas geográficas podría contener referencias no compartidas por algunas Partes. El Comité alentó a los miembros a continuar realizando un seguimiento adecuado de las poblaciones de mamíferos marinos en tierra y mar a fin de servir de base informativa a futuras actividades de gestión, como se sugiere en una de las recomendaciones del documento.

(192) Un miembro expresó preocupaciones sobre el uso de esta herramienta y cuestionó la necesidad de enumerar todas las herramientas existentes en una Resolución única y separada, y afirmó que hacerlo requeriría una propuesta concreta y una evaluación de si la información incluida era aceptable.

(193) La ASOC agradeció a los proponentes y expresó su apoyo a las recomendaciones del WP 25. En particular, la ASOC consideró que la sugerencia de recopilar esta y otras herramientas disponibles en una sola resolución es una forma práctica de centralizar el creciente número de recursos de base científica disponibles para planificar y realizar actividades, así como para la protección del medioambiente en la interfaz de tierra y mar.

(194) En respuesta a una pregunta formulada, Francia confirmó que en el trabajo presentado se habían tenido en cuenta las tendencias demográficas. Aclaró además que las IMMA enumeradas no se propusieron como posibles ZAEA o ZAEP, y señaló que la información podría ser útil al considerar la designación de ZAEA o ZAEP con componentes marinos, ya que las IMMA incorporan áreas de forrajeo para focas y también áreas donde las focas permanecen en el hielo o en la tierra para mudar el pelaje, reproducirse o descansar.

(195) El Comité alentó a los miembros a considerar este asunto más a fondo y a revisar los debates sobre las IMMA en una futura reunión. Con una excepción, los miembros destacaron la importancia de las herramientas y evaluaciones espaciales para mejorar nuestra comprensión del medioambiente y los esfuerzos de gestión. Algunos miembros expresaron su intención de comenzar a usar la información sobre las IMMA para informar la planificación en el futuro.

(196) Alemania presentó el WP 14 *¿Necesitan revisión las Directrices medioambientales para la operación de Sistemas de Aeronaves Dirigidas por Control Remoto (RPAS) en la Antártida (v 1.1).?* Y se refirió al IP 39 *The usefulness of the Environmental Guidelines for operation of Remotely Piloted Aircraft Systems in Antarctica - Insights from a survey* [*La utilidad de las Directrices medioambientales para la operación de Sistemas de Aeronaves Dirigidas por Control Remoto en la Antártida: perspectivas de una encuesta*]. Alemania informó sobre los resultados de su evaluación para determinar si se deben revisar las *Directrices medioambientales para la operación de RPAS en la Antártida (v. 1.1)* adoptadas mediante la Resolución 4 (2018). Alemania señaló que había revisado y resumido el desarrollo técnico de la tecnología de drones y había evaluado el estado del conocimiento científico sobre los impactos del uso de RPAS en la vida silvestre de la Antártida desde que se desarrollaron las Directrices en 2017. Además, había realizado una encuesta entre las autoridades nacionales competentes interesadas. Como resultado de su evaluación, Alemania recomendó que el Comité: considerara la necesidad de una revisión estructural y sustantiva de las Directrices; estableciera un GCI informal para debatir este tema más a fondo y estableciera Términos de referencia para un GCI formal con el objetivo de revisar las directrices a partir de la XXV Reunión del CPA; y que alentara a las Partes a profundizar en los estudios y a recopilar información sobre los impactos del uso de RPAS en la vida silvestre de la Antártida.

(197) Alemania también se refirió al IP 37 *Impact of RPAS (drone) use on emperor penguins* [*Impacto del uso de RPAS (drones) en los pingüinos emperador*]. Alemania informó que en su estudio se había concluido que los vuelos RPAS con fines de seguimiento de los pingüinos emperador podrían resultar razonables, siempre que el dron pasara sobre la colonia durante poco tiempo y, en particular, siempre que lo hiciera por encima de los 70 metros. El estudio también descubrió que se deberían evitar las actividades repetidas, particularmente con cambios de dirección recurrentes.

(198) El Comité agradeció a Alemania por sus documentos y por realizar sus evaluaciones sobre las directrices y el uso de RPAS en la Antártida. Varios miembros apoyaron la recomendación de Alemania de revisar las directrices actuales sobre RPAS y expresaron su disposición a participar en un GCI. El Comité observó que el uso de RPAS en la Antártida era una actividad cada vez más frecuente y que requería atención especial. Algunos miembros sugirieron que algunas de las directrices, particularmente relacionadas con cuestiones operativas y de seguridad, ya estaban cubiertas por el *COMNAP Antarctic Remotely Piloted Aircraft Systems (RPAS) Operator's Handbook* [*Manual del operador de Sistemas Aéreos no Tripulados en la Antártida del COMNAP*], y se preguntaron si el CPA era el organismo competente para debatir el uso de RPAS en la Antártida. Un miembro sugirió que podría ser útil trabajar en la revisión de la parte ambiental de las actuales directrices del COMNAP. Algunos miembros señalaron que sería preferible esperar hasta que se dispusiera de nuevos conocimientos e investigaciones antes de trabajar en la actualización de las directrices. Tras nuevos debates, el Comité observó que no había un acuerdo claro sobre la necesidad inmediata de revisar las directrices RPAS.

(199) La IAATO agradeció a Alemania por su trabajo. Señaló que los operadores de la IAATO no permitían el uso de RPAS con fines recreativos en las zonas costeras con abundante vida silvestre, y que sus operadores de turismo terrestre profundono permitían el uso de RPAS en sitios de vida silvestre, incluido dentro o cerca de colonias de pingüinos emperador. La IAATO agregó que el uso de RPAS se hallaba restringido cerca de zonas con operaciones de vuelo y no estaba permitido dentro de la ZAEA 5 de la estación Amundsen-Scott **del Polo Sur**. Señaló, además, que los miembros de la IAATO deben adherirse a la Resolución 4 (2018), cuando corresponda. Finalmente, la IAATO señaló que fomentaba el intercambio y la recopilación de información para fundamentar la toma de decisiones sobre el uso de RPAS, y valoró el compromiso continuo con los miembros, los observadores y las autoridades nacionales competentes, incluso en apoyo de futuras revisiones de directrices.

(200) El COMNAP señaló que valoraba el recordatorio de Alemania de que era importante que los operadores de RPAS contaran con lineamientos sólidos y pertinentes, y que garantizaran que dichos lineamientos estuvieran disponibles para quienes toman decisiones sobre sus actividades. El COMNAP confirmó que muchos programas antárticos nacionales contribuyeron al Manual del Operador de Sistemas de Aeronaves Dirigidas por Control Remoto (RPAS) del COMNAP, el cual era continuamente revisado y actualizado y recordó que estaba disponible en el sitio web del COMNAP como versión 6 del 15 de septiembre de 2021. El COMNAP expresó su agradecimiento por la revisión bibliográfica del IP 37, la cual se consideraría en su revisión actual.

(201) Al responder a los comentarios de los miembros, Alemania señaló su intención de concentrarse en los aspectos medioambientales relacionados con las actividades de RPAS en la Antártida, a fin de ayudar a las autoridades nacionales competentes en los procedimientos de permisos y encontrar formas de priorizar las acciones.

(202) El Comité alentó más debates en el período entre sesiones entre los miembros interesados, así como un informe de dichos debates en una futura reunión del CPA.

(203) China presentó el documento IP 122 *Group-size effect on vigilance and flight initiation distances of Adélie penguins in south-eastern Antarctica* [*Efecto del tamaño del grupo sobre las distancias de vigilancia e inicio de vuelo de los pingüinos Adelia en el sureste de la Antártida*], que informaba sobre la investigación realizada en materia de distancias de inicio de vigilancia y distancias de inicio de vuelo de los pingüinos Adelia por posibles perturbaciones causadas por actividades humanas en el mar de Cosmonautas, el mar de la Cooperación y la bahía Prydz. China sugirió que esta investigación podría usarse para apoyar el desarrollo futuro de posibles directrices para la operación de embarcaciones, que el Comité podría animar a los miembros a realizar dicha investigación con sus respectivos programas nacionales y que el Comité podría alentar al SCAR y la IAATO a informar sobre sus datos y resultados relacionados para su consideración futura.

(204) El SCAR y la IAATO indicaron que reportarían cualquier información relevante al CPA para su futura consideración.

(205) El Comité tomó nota de que se habían presentado los siguientes documentos de información en relación con este punto del orden del día:

- IP 36 *Population decline of Cape Petrel on Fildes Peninsula* [*Disminución poblacional del petrel damero en la península Fildes*] (Alemania).

- IP 38 *Update: Managing the Effects of anthropogenic noise in the Antarctic – Steps towards the development of an underwater noise protection concept for Antarctica* [*Gestión de los efectos del ruido antropogénico en la Antártida: pasos hacia el desarrollo de un concepto de protección contra el ruido subacuático para la Antártida*] (Alemania).

(206) El Comité tomó nota de que se había presentado el siguiente documento de antecedentes en relación con este tema del programa:

- BP 14, *State of Antarctic Penguins 2022 Report* [*Informe sobre el estado de los pingüinos antárticos 2022*] (SCAR).

Tema 11: Vigilancia ambiental e informes sobre el estado del medio ambiente

(207) El SCAR presentó el WP 10 *Portal de Medioambientes Antárticos,* en el que se señalaba que el Portal constituía una fuente independiente en línea que respaldaba el trabajo del CPA al proporcionar información imparcial y actualizada basada en el mejor material científico disponible. Se señalaba además que el SCAR asumió la gestión del Portal y su sitio web en 2020. El SCAR proporcionó una actualización sobre el funcionamiento del Portal, incluidos ejemplos de resúmenes de información que se relacionaban directamente con temas de interés prioritario para el CPA. El SCAR agradeció el apoyo de los miembros en relación con el Portal. Agradeció a España y Francia por proporcionar traducciones y reconoció a los miembros que habían proporcionado fondos. El SCAR recomendó que el CPA continuase apoyando el Portal e identificase cualquier resumen de información adicional que le gustaría ver publicado.

(208) El Comité agradeció al SCAR por su extenso trabajo en el Portal de Medioambientes Antárticos y destacó que los Resúmenes de información del portal brindan una fuente de alta calidad del mejor material científico disponible en la que los encargados de formular políticas pueden apoyarse en la toma de decisiones. El Comité señaló que el Portal era una herramienta valiosa para apoyar las actividades antárticas y la toma de decisiones, y alentó al SCAR a continuar con sus esfuerzos para facilitar estos datos científicos de gran relevancia para la consideración de los miembros. El Comité reconoció el arduo trabajo realizado por el editor anterior del Portal, Neil Gilbert, y dio la bienvenida a su nuevo editor, Keith Reid. Reconoció además el papel que habían desempeñado los programas antárticos nacionales en el desarrollo del Portal, también a

través de la financiación y la provisión de traducciones. También reconoció su papel fundamental en la prestación de apoyo científico a la labor del CPA.

(209) Algunos miembros destacaron la importancia de tener en cuenta el equilibrio geográfico en relación con los autores del Portal y de involucrar a científicos y autores más jóvenes en este trabajo. Los miembros también subrayaron la necesidad de garantizar la neutralidad científica en los resúmenes, así como la importancia de que la información del Portal esté disponible en los cuatro idiomas oficiales del Tratado.

(210) El Comité agradeció al SCAR su trabajo y reiteró su continuo apoyo al Portal, destacando una vez más su valor como fuente de información científica de alta calidad sobre temas de relevancia para el trabajo del Comité.

(211) Alemania presentó el WP 11 rev.1 *Profundización en el trabajo para la consecución de una muestra estructurada y para la recopilación de datos sobre la contaminación ambiental,* y se refirió al IP 7 rev. 1 *Update on current initiatives for a more structured sample and data collection of environmental contamination in the Antarctic* [*Actualización sobre las iniciativas actuales para una recopilación de datos y muestras más estructuradas sobre la contaminación ambiental en la Antártida*] preparada junto con Australia, Italia, Suecia, el Reino Unido y Estados Unidos. Tras señalar que las actividades globales y regionales estaban provocando cada vez mayores niveles de contaminación química en la Antártida, Alemania llamó la atención del Comité sobre la necesidad de un sistema más estructurado de muestreo y recopilación de datos para la contaminación química en la Antártida. Destacó el taller de expertos de 2021 *Act now – Legacy and Emerging Contaminants in Polar Regions* [*¡Actuemos ya! - Contaminantes ya presentes y emergentes en las regiones polares*] y el informe *Emerging and legacy organic contaminants in the polar regions* [*Contaminantes orgánicos emergentes y ya presentes en las regiones polares*], y sus llamamientos para mejorar la cooperación entre expertos, investigadores, tomadores de decisiones y partes interesadas con respecto a la selección, el seguimiento, la evaluación y el intercambio de datos.

(212) El Comité agradeció a los proponentes por su documento y reconoció el valor de mejorar los esfuerzos colectivos hacia el desarrollo de una base de datos de muestra estructurada de la contaminación ambiental en la Antártida. El Comité reconoció la valiosa contribución del SCAR con respecto a los datos de muestreo y el seguimiento a largo plazo de los contaminantes antárticos, y destacó los valiosos hallazgos del taller de expertos sobre contaminantes en las regiones polares. El Comité expresó su apoyo general a las recomendaciones de los proponentes y solicitó al SCAR que presentara recomendaciones a la XXV Reunión del CPA sobre cómo podría llevarse a cabo un muestreo y una recopilación de datos más sistemáticos sobre la contaminación química en la Antártida. El Comité también alentó a los miembros a intensificar la cooperación entre todas las partes interesadas para iniciar una muestra y una recopilación más estructurada de datos sobre la contaminación ambiental en la Antártida.

(213) El SCAR agradeció a los proponentes por sus documentos, recordando su IP 137 presentado a la XXIII Reunión del CPA: *Persistent Organic Chemicals in Antarctica: A horizon scan of priority challenges* [*Productos químicos orgánicos persistentes en la Antártida: una exploración del horizonte de los desafíos prioritarios*] y llamó la atención de los miembros sobre el trabajo de su grupo de acción ImPACT sobre contaminantes orgánicos persistentes. El SCAR expresó su apoyo a las recomendaciones de los documentos y acordó brindar asesoramiento a la XXV Reunión del CPA sobre cómo se podría llevar a cabo un muestreo y una recopilación de datos más sistemáticos sobre la contaminación química en la Antártida.

(214) La IAATO agradeció a los proponentes por su trabajo y expresó su apoyo a sus recomendaciones. Comentó que continuaría trabajando con las partes interesadas en este asunto.

(215) La ASOC agradeció a los proponentes por su trabajo y por abordar estas brechas en los esfuerzos actuales de recopilación y monitoreo de datos sobre contaminantes antárticos.

(216) El Comité reiteró su agradecimiento a Alemania y a los coauspiciadores de estos documentos. También agradeció al SCAR por su oferta de brindar asesoramiento sobre este asunto y mostró su interés en avanzar en este trabajo en la XXV Reunión del CPA.

(217) España presentó el WP 22 *Hacia una gestión adaptativa y sostenible del turismo en la Antártida: programas de observación como herramienta clave para la toma de decisiones*, elaborado en conjunto con el Ecuador y Estados Unidos, en el que se describía el crecimiento constante del turismo y las actividades no gubernamentales en la Antártida desde la década de 1960, y en el que se destacaba la interrupción de esta curva de crecimiento reflejada en la temporada 2020-2021 debido a la COVID-19. El documento aludía a las Recomendaciones IV-27 (1966) y VI-7 (1970), que reconocían que las actividades turísticas podrían poner en peligro la investigación científica realizada, obstaculizar la conservación de la fauna y la flora y dañar el medio ambiente antártico. Con miras a lograr una gestión del turismo adaptable y sostenible en la Antártida y abordar las lagunas de información en los programas de seguimiento del turismo, los proponentes recomendaron que el CPA promueva el establecimiento de programas de seguimiento para evaluar los impactos reales derivados de las actividades turísticas; promueva el desarrollo de estos programas de monitoreo y continúe con su trabajo para comprender los impactos acumulativos del turismo en el medio ambiente, y asegure que los programas de monitoreo involucren a múltiples partes interesadas, incluidos organismos como el SCAR, el COMNAP y la IAATO.

(218) El Comité agradeció a los proponentes del WP 22 y reconoció su contribución para mejorar el seguimiento a largo plazo de los impactos del turismo en el medio ambiente antártico. El Comité recordó su Plan de Trabajo Quinquenal y su solicitud de asesoramiento del SCAR sobre el diseño de un programa de seguimiento ambiental para evaluar los impactos del turismo. También señaló el trabajo en curso entre sesiones que se está realizando para identificar y evaluar los impactos acumulativos y alentó a los miembros a participar en estas discusiones.

(219) Algunos miembros comentaron sobre los desafíos inherentes al monitoreo de los impactos del turismo, incluidas las implicaciones presupuestarias del monitoreo remoto, las dificultades logísticas de coordinar las actividades de monitoreo, los problemas con el procesamiento de permisos y la interferencia de los visitantes en las actividades científicas. Los miembros también señalaron la necesidad de conceder importancia a la integración de las diferentes fuentes de información sobre las actividades turísticas antárticas, por ejemplo fomentando tanto la recopilación de datos de las actividades turísticas a través de los programas nacionales de monitoreo en las estaciones antárticas, como así también la información recopilada en las puertas de entrada a la Antártida, para contribuir al desarrollo de herramientas de gestión del turismo basadas en esta información.

(220) La IAATO afirmó que los programas de monitoreo a largo plazo eran esenciales para comprender los impactos y cambios ambientales, y destacó su continuo apoyo a esta investigación. Dio la bienvenida al trabajo con la comunidad antártica para el desarrollo de programas de monitoreo y agradeció a los proponentes por recomendar un enfoque de múltiples partes interesadas. La IAATO reiteró que toda actividad humana tenía el potencial de generar un impacto y que una gestión eficaz impulsada por una toma de decisiones informada, incluida la supervisión, era de vital importancia. Alentó a los miembros y las autoridades nacionales competentes a continuar sus esfuerzos hacia un proceso de EIA consistente y efectivo y a compartir la mejor información disponible para garantizar que el turismo no causara un impacto mayor que mínimo o transitorio.

(221) El SCAR agradeció a los autores y estuvo de acuerdo en la necesidad de proporcionar más datos de monitoreo para apoyar la toma de decisiones sobre el turismo antártico. Subrayó que el monitoreo debería involucrar a múltiples partes interesadas y que se requiere una estrategia global para coordinar y facilitar la investigación. El SCAR llamó la atención de las reuniones sobre su Grupo de Acción sobre Turismo Antártico (ANTAG), recientemente formado, cuyo objetivo consistía en facilitar la colaboración en investigación dentro del SCAR sobre temas relacionados con el turismo. Destacó que los expertos del SCAR estaban listos para contribuir con su asesoramiento basado en evidencia según fuera necesario. Señaló la importancia de identificar los diferentes elementos del desarrollo de las bases científicas y la planificación de los programas de seguimiento, por un lado, y la implementación de esos programas, por el otro. En este sentido, sugirió que sería útil considerar los diferentes roles y contribuciones de las partes interesadas.

(222) El Comité expresó su apoyo a las recomendaciones del WP 22. Destacó la importancia de desarrollar programas para evaluar los impactos derivados de las actividades turísticas y alentó a los miembros y observadores a trabajar juntos para avanzar en este trabajo. El Comité también mencionó el próximo taller sobre seguimiento del turismo en la Antártida, organizado por Alemania el 28 de mayo de 2022, y alentó a los miembros a participar.

(223) Portugal presentó el IP 1 *Microplastics in the Antarctic marine food web: evidence from penguins* [*Microplásticos en la red alimentaria marina antártica: evidencias relacionadas con los pingüinos*], preparado junto con el Reino Unido. Este documento describió una investigación reciente que informó sobre la presencia de microplásticos en la red alimentaria marina de la región general antártica, y señaló que se encontraron microplásticos en el 20 % de las muestras fecales de pingüinos examinadas. Los coautores alentaron a realizar estudios futuros sobre la cantidad de microplásticos presente en el área del Tratado Antártico y los posibles efectos de los microplásticos en los pingüinos y otros organismos antárticos.

(224) El Comité agradeció a Portugal y el Reino Unido la preparación del documento.

(225) La ASOC agradeció a los proponentes por el documento y señaló su considerable preocupación por los microplásticos en la red alimentaria marina en el océano austral. La ASOC recomendó que el CPA continúe monitoreando la situación y asesore a la RCTA sobre respuestas adecuadas.

(226) El CC-CRVMA llamó la atención del Comité sobre el hecho de que varios miembros de la CCRVMA recolectaban regularmente residuos marinos encontrados en las playas y en las colonias de aves marinas, y observaban mamíferos marinos enredados en residuos pesqueros y manchados de hidrocarburos en el área de la Convención. El CC-CRVMA comunicó su voluntad de proporcionar un informe resumido sobre dicho trabajo en una futura reunión del CPA.

(227) El Comité expresó su apoyo al IP 1 y señaló que agradecería un informe resumido del CC-CRVMA en una futura reunión del CPA.

(228) Portugal presentó el IP 2 *Effects of climate change on Antarctic marine food webs: new evidence from squid* [*Efectos del cambio climático en las redes alimentarias marinas antárticas: nueva evidencia del calamar*], preparado junto con el Reino Unido. Este documento proporcionaba evidencia científica de los efectos del cambio climático en la distribución y el hábitat del calamar del océano austral. En él se destacaba la necesidad de programas de seguimiento a largo plazo en la Antártida y el valor de organizaciones como el SCAR, el COMNAP y los programas antárticos nacionales en el desarrollo de dicho trabajo.

(229) Portugal presentó el IP 4 *Information on chemical pollution at Port Foster, Deception Island* [*Información sobre contaminación química en Puerto Foster, isla Decepción*], elaborado junto con España. El documento informó sobre contaminantes emergentes como biocidas, hidrocarburos aromáticos policíclicos (HAP), contaminantes orgánicos persistentes (COP), pentaclorofenol (PCP) y productos farmacéuticos en muestras de fitoplancton recolectadas en Puerto Foster, isla Decepción. Portugal señaló con preocupación que los elementos más abundantes procedían de compuestos farmacéuticos. Señalando su apoyo a los hallazgos en el WP 11 y el IP 54, los proponentes recomendaron que el CPA establezca programas de monitoreo para mitigar y remediar los efectos de los contaminantes químicos en toda el área del Tratado Antártico, con el fin de contribuir fundamentar las futuras investigaciones de monitoreo y el desarrollo de políticas, y que considere la implementación de métodos apropiados de control y remediación de la contaminación.

(230) El Comité agradeció a Portugal y España por su documento y afirmó el valor de la colaboración en la mitigación de la contaminación en la Antártida. También agradeció a la Argentina por compartir su investigación sobre el tema y agradeció la oferta de la Argentina de presentar sus resultados en una próxima reunión del CPA.

(231) Suiza presentó el documento IP 68 *Microplastic Pollution in the Southern Ocean* [*Contaminación por microplásticos en el océano austral*], que resumía investigaciones recientes sobre la contaminación por microplásticos en el océano austral y la Antártida. Explicó que un proyecto de colaboración entre Suiza y Alemania había investigado si los microplásticos se originaron en estaciones de investigación en el continente, de turistas en barcos o de otros continentes. El proyecto proporcionó los primeros datos sistemáticos sobre la contaminación por microplásticos en el océano austral, en particular en el mar de Weddell, y en especies seleccionadas de la Antártida y el océano austral, así como sobre la colonización microbiana de microplásticos en las condiciones del océano austral.

(232) El Comité agradeció a Suiza por el documento y por su trabajo colaborativo con Alemania.

(233) La ASOC presentó el IP 91 *Antarctic tourism policies after the "pandemic pause"* [*Políticas de turismo antártico después de la «pausa pandémica»*]. La ASOC destacó que la pausa en el turismo antártico causada por la pandemia estaba menguando y que era probable que se recuperara. La ASOC apuntó que los miembros deberían ser proactivos en la identificación de tendencias turísticas emergentes y en dar forma a la gestión del turismo para la próxima década. Tras señalar que el documento sugería cinco enfoques para identificar las tendencias emergentes y la gestión del turismo durante la próxima década, la ASOC destacó los tres enfoques de mayor relevancia para el CPA: expandir la protección de áreas bajo el Anexo V; desarrollar programas dedicados para monitorear los impactos del turismo; y garantizar una evaluación coherente de las actividades turísticas. La ASOC señaló que el documento era relevante para el próximo taller sobre «Monitoreo del turismo en la Antártida: desarrollo de un concepto para el seguimiento de los efectos del turismo en el medio ambiente antártico o en ecosistemas dependientes o asociados en la Antártida», que había sido encargado por la Agencia Alemana de Medio Ambiente, y mostró su interés en participar en el taller.

(234) El Comité agradeció a la ASOC por presentar el documento y tomó nota de un llamado a la discusión entre sesiones entre los miembros sobre esta cuestión.

(235) El Comité tomó nota de que se habían presentado los siguientes documentos de información en relación con este punto del orden del día:

- IP 76 *Wastewater management practices at Antarctic stations: Preliminary survey results* [*Prácticas de gestión de aguas residuales en estaciones antárticas: Resultados preliminares del muestreo*] (COMNAP).

(236) El Comité tomó nota de que se habían presentado los siguientes documentos de antecedentes en relación con este tema del programa:

- BP 11 *A seismic swarm at the Bransfield Rift, Antarctica* [*Un enjambre sísmico en el rift de Bransfield, Antártida*] (Uruguay).

- BP 13 *First evidence of airborne microplastic pollution in Antarctic air and snow* [*Primera evidencia de contaminación por microplásticos en el aire y la nieve de la Antártida*] (Nueva Zelandia, España).

Tema 12: Informes de inspección

(237) No se presentaron documentos en relación con este tema del programa.

Tema 13: Asuntos generales

(238) Noruega presentó el WP 21 *Comunicación de las necesidades científicas del CPA a los investigadores y a los organismos nacionales de financiación científica*, preparado en conjunto con el Reino Unido. Noruega destacó la práctica del CPA de basarse en el mejor material científico disponible para fundamentar su asesoramiento a la RCTA. También recordó que el presidente de la XX Reunión del CPA había consolidado las necesidades científicas existentes del CPA en una sola lista. Después de examinar esta lista, los proponentes encontraron que las necesidades científicas del CPA no se estaban enmarcando de una manera que pudiera traducirse fácilmente en esfuerzos científicos. Noruega expresó su preocupación por el hecho de que los organismos de financiación de la ciencia no estuvieran lo suficientemente informados sobre las necesidades científicas prioritarias para apoyar la gestión del medio ambiente antártico. Por esta razón, los proponentes recomendaron que el Comité iniciase un proceso para considerar cómo podía desarrollarse en mayor profundidad la lista de necesidades científicas del CPA para la gestión antártica en el Plan de Trabajo Quinquenal del CPA para aclarar las necesidades de investigación de una manera que resultara más fácil de entender y de tramitar por los investigadores y las agencias de financiación. Además, recomendaron que el Comité aconsejara a la RCTA que las Partes se aseguraran de que las necesidades científicas del CPA se comunicaran regularmente a los organismos nacionales de financiación de actividades científicas, con el fin de asistir en la presentación oportuna de información científica pertinente para las políticas a fin de servir de base informativa al asesoramiento del CPA a la RCTA.

(239) El Comité agradeció a Noruega y al Reino Unido por plantear este importante asunto para su consideración. Señaló que este tema era relevante para todos los miembros, especialmente para aquellos miembros cuyos organismos de financiación y programas antárticos nacionales no estaban estrechamente vinculados. Muchos miembros destacaron la importancia de una interfaz científico-política antártica eficaz y varios miembros compartieron ideas sobre las experiencias de sus respectivos países. El Comité debatió una serie de oportunidades para comunicar las necesidades científicas del CPA a la comunidad de investigación en el futuro.

(240) Se plantearon inquietudes acerca de la capacidad de los organismos nacionales de financiación de algunos miembros para traducir las necesidades científicas del CPA en investigación financiada sobre la base de las particularidades de los sistemas nacionales de financiación. En relación con este desafío, varios miembros sugirieron que las recomendaciones descritas en el documento WP 21 podrían implementarse de tal manera que faciliten el desarrollo de programas de colaboración internacional que respondan a las necesidades de las políticas. También se señaló que la comunicación efectiva de las necesidades científicas del CPA podría afectar a los planes de investigación propuestos individualmente por los científicos, en beneficio de las

actividades del CPA. Un miembro planteó su preocupación sobre si resultaba apropiado pedir a los científicos que realicen investigaciones pertinentes para las políticas en lugar de que desarrollen una actividad científica neutral, imparcial y objetiva. Algunos miembros destacaron la utilidad de agregar estas acciones al Plan de Trabajo Quinquenal del CPA.

(241) El SCAR agradeció a Noruega y al Reino Unido por su documento, y señaló que abordaba desafíos importantes que abarcan muchos de los temas que están siendo considerados por el CPA. Estuvo de acuerdo en que sería valioso fortalecer el diálogo entre el CPA y las agencias nacionales de financiación de la ciencia y señaló que la creación de una lista de necesidades científicas proporcionaba una buena base para esto. El SCAR expresó su interés en contribuir a los esfuerzos para clarificar que las necesidades de investigación fueran accesibles y viables para los investigadores y para las agencias nacionales de financiación de la ciencia.

(242) La OMM respondió a las inquietudes planteadas sobre si resultaba apropiado pedir a los científicos que realizaran investigaciones relevantes para las políticas en lugar de desarrollar una actividad científica neutral, imparcial y objetiva aclarando que la investigación independiente y la investigación relevante para la formulación de políticas no son mutuamente excluyentes.

(243) El Comité acordó iniciar un proceso para plantearse un desarrollo más profundo de la lista de necesidades científicas del CPA para la gestión antártica en el Plan de Trabajo Quinquenal del CPA con el fin de aclarar las necesidades de investigación de forma que los investigadores y los organismos de financiación puedan comprenderlas y tramitarlas más fácilmente. También acordó aconsejar a la RCTA que las Partes garanticen que las necesidades científicas del CPA se comuniquen periódicamente a los organismos nacionales de financiación científica con el objetivo de apoyar la provisión oportuna de material científico que fundamente el asesoramiento del CPA a la RCTA.

(244) Portugal presentó el IP 3 *UN Ocean Conference 2022 in Lisbon, Portugal* [*Conferencia de la ONU sobre los Océanos 2022 en Lisboa, Portugal*], preparado junto con Suecia y la OMM. En él se señalaba que, en 2022, Portugal y Kenya albergarían la segunda Conferencia sobre los Océanos de las Naciones Unidas, que se había retrasado por las limitaciones de la COVID-19. Los proponentes sugirieron que el Sistema del Tratado Antártico tenía la capacidad y la experiencia para ser uno de los principales contribuyentes al éxito del evento.

(245) El Comité agradeció a Portugal por la invitación a participar en la Conferencia sobre los Océanos de las Naciones Unidas en Lisboa.

(246) La OMM presentó el documento IP 74 *Education and Outreach Activities of the World Climate Research Program* [*Actividades educativas y de divulgación del Programa Mundial de Investigaciones Climáticas*] en el que se analizan las actividades educativas y de divulgación de su copatrocinado Programa Mundial de Investigaciones Climáticas (PMIC). La OMM destacó dos nuevas iniciativas del PMIC: la Actividad Faro Académico del PMIC y las becas y subvenciones sobre el clima y la criósfera. Señaló que estas iniciativas tenían como objetivo garantizar que la próxima generación de líderes en ciencia del clima estuviera lista para asumir roles de referencia en los planes de investigación climática y que todos los científicos estuvieran equipados para comprometerse con la sociedad en el contexto del cambio climático.

(247) La OMM presentó el IP 106 *WMO Unified Data Policy and the Global Basic Observing Network (GBON)* [*Política de datos unificados de la OMM y la Red Mundial Básica de Observación (GBON)*]. Este documento explicaba que la política de datos unificados integraba todas las disciplinas y áreas de dominio del sistema terrestre relevantes para la OMM en una sola declaración de política general. La OMM esperaba que la Red Mundial Básica de Observación reforzara la disponibilidad global de datos de

observación. Hizo hincapié en el compromiso con el intercambio libre y sin restricciones de datos y señaló que el acceso sostenido a las observaciones extraídas de las estaciones operadas bajo el STA suponía un componente integral para cumplir con los objetivos de los sistemas globales de Predicción Numérica del Tiempo.

(248) El Comité agradeció a la OMM por su documento y tomó nota de su trabajo finalizado y en curso.

(249) El SCAR presentó IP 107 rev. 1 *The Southern Ocean contribution to the United Nations Decade of Ocean Science for Sustainable Development* [*La contribución del océano austral al Decenio de las Naciones Unidas de las Ciencias Oceánicas para el Desarrollo Sostenible*], preparado junto con Bélgica, la IAATO, los Países Bajos y la OMM. El SCAR llamó la atención del Comité sobre el trabajo del Grupo de Trabajo del Océano Austral, que estaba integrado por organizaciones de toda la comunidad de investigación científica, sectores industriales y organismos nacionales e internacionales de gestión. El grupo de trabajo se formó como parte del Decenio de las Naciones Unidas de las Ciencias Oceánicas, cuyo objetivo era reunir a las partes interesadas en los océanos de todo el mundo en torno a un marco común de investigación para apoyar un futuro sostenible para los océanos del mundo. El SCAR informó que la comunidad del océano austral se había involucrado en un proceso orientado a las partes interesadas para desarrollar el Plan de Acción del Océano Austral, que se publicó en abril de 2022 para identificar desafíos de investigación, fortalecer los vínculos entre la ciencia, la industria y la política y fomentar actividades de colaboración internacional para abordar las lagunas en el conocimiento y la cobertura de datos.

(250) La ASOC agradeció a los proponentes por el documento y señaló que The Pew Charitable Trust y el Fondo Mundial para la Naturaleza apoyaron el desarrollo del Plan de Acción del Océano Austral, que se basó en la experiencia de una amplia gama de científicos antárticos y otras partes interesadas. La ASOC señaló que se sintió alentada por el marco que proporcionaba una hoja de ruta útil para desarrollar la actividad científica necesaria para proteger una de las últimas grandes áreas silvestres del mundo.

(251) El Comité agradeció a los proponentes del documento IP 107 rev.1 y reconoció todas las contribuciones al Decenio de las Naciones Unidas de las Ciencias Oceánicas.

(252) Francia presentó el IP 108 *The Ice Memory Programme* [*Proyecto Memoria del Hielo*], preparado junto con Italia. Este documento proporcionaba una actualización sobre el estado del programa Ice Memory (IM) y propuso una colaboración adicional de los miembros interesados para seguir avanzando en el programa. Francia explicó que el programa IM pretendía constituir un archivo de testigos de hielo de las capas profundas de los principales glaciares en peligro antes de que perdieran su capacidad de preservar la historia ambiental en condiciones óptimas. Propuso almacenar estos testigos de hielo en cuevas de depósito que se construirán en la meseta antártica cerca de la estación Concordia, donde los núcleos quedarían preservados a largo plazo por temperaturas naturalmente frías para los futuros científicos y para la humanidad. Los coautores explicaron que se había creado una Fundación IM para garantizar que el programa IM fuera una iniciativa global. Los coautores invitaron a todos los miembros a unirse a la Fundación IM e intercambiar información para promover el trabajo del programa IM.

(253) El Comité acogió con beneplácito la actualización sobre el programa IM proporcionada por Francia e Italia. Varios miembros expresaron el deseo de que se aportaran actualizaciones relacionadas con: el progreso y el contenido de la EIA de la actividad; la forma en que los proponentes abordarían los problemas de bioseguridad y el impacto de las emisiones de gases de efecto invernadero derivado del transporte de los testigos de hielo. El Comité tomó nota de la voluntad de los proponentes en profundizar la difusión de información sobre el programa y en colaborar con los miembros en estos temas en el período entre sesiones.

(254) La Secretaría presentó el SP 7 *Planes de Gestión de Residuos y Planes de Contingencia: análisis de la información proporcionada por las Partes en el SEII*. El documento proporcionaba un análisis sobre el estado y evolución de los datos correspondientes a los requisitos de intercambio de información para planes de gestión de residuos y planes de contingencia contenidos en el Informe Anual y en la información permanente que las Partes habían presentado al SEII durante el período 2012-2021. En él se recordaba, además, que la RCTA había expresado la necesidad de que el SEII se actualice y mejore continuamente y destacó su utilidad para la toma de decisiones. El documento informaba que, con respecto a las disposiciones del Anexo III y el Anexo IV del Protocolo Ambiental, los datos presentados sobre el tratamiento de residuos y los planes de contingencia parecían estar incompletos y no eran consistentes entre las Partes. La Secretaría manifestó que estaba dispuesta a atender las necesidades de las Partes, en caso de que estas lo consideraran oportuno para avanzar en estos asuntos.

(255) El Comité agradeció a la Secretaría por su trabajo y por sus esfuerzos para recopilar y presentar esta información. Destacó la importancia de contar con información de fácil acceso sobre planes de tratamiento de residuos y planes de contingencia, y tomó nota de las conclusiones del documento de que el intercambio de información sobre estos temas era incompleto e incongruente entre los miembros. El Comité recordó que el artículo 9 (3) del Anexo III del Protocolo Ambiental describía claramente las responsabilidades de los miembros para difundir y revisar los planes de tratamiento de residuos. También señaló la importancia de actualizar los planes de tratamiento de residuos y los planes de contingencia en los buques para minimizar los impactos ambientales en el medio ambiente antártico. El Comité alentó a los miembros a compartir información pertinente a través de la herramienta del SEII.

(256) Tras percibir que el útil análisis de la Secretaría había puesto de relieve problemas de incoherencias en la presentación de informes, algunos miembros sugirieron que la Secretaría realizara una revisión anual de la información relativa al SEII. Varios miembros comentaron sobre la utilidad de las sesiones de formación virtuales organizadas por la Secretaría y sugirieron que se realicen sesiones formativas similares en el futuro. La Secretaría expresó su voluntad de ayudar a los miembros que así lo requieran.

(257) Si bien se hizo eco de la necesidad de mejorar el intercambio de información, se señaló que el hecho de que un miembro no haya compartido información sobre tratamiento de residuos y planes de contingencia a través del SEII no significa necesariamente que estos planes no se hayan preparado.

(258) En respuesta a las preocupaciones expresadas por los miembros con respecto a la duplicación del intercambio de información requerido por el COMNAP y la Secretaría, el COMNAP y la Secretaría expresaron su disposición a trabajar juntos para simplificar el proceso de intercambio de información.

(259) La IAATO expresó su firme apoyo al intercambio de información y alentó las relaciones sólidas entre los operadores turísticos y sus autoridades nacionales competentes.

(260) El Comité tomó nota de que se había presentado el siguiente documento de información en relación con este tema del programa:

- IP 83 *On the Permit to carry out activities in the area of the Antarctic Treaty to the State Institution "Republican Center for Polar Research" during the period 2021-2026 [Sobre el Permiso para realizar actividades en el área del Tratado Antártico a la institución estatal "Centro Republicano de Investigación Polar" en el periodo de los años 2021-2026]* (Belarús).

Tema 14: Elección de autoridades

(261) El Comité eligió a la Dra. Heike Herata, de Alemania, como vicepresidenta por un período de dos años y la felicitó por su designación en el cargo.

(262) El Comité agradeció calurosamente al Dr. Kevin Hughes por su amabilidad y por el trabajo eficaz y sistemático que realizó durante su mandato de cuatro años. El Comité reconoció el tiempo y la sabiduría sustanciales que aportó al cargo y lo felicitó por sus contribuciones.

Tema 15: Preparativos para la próxima reunión

(263) El Comité adoptó el programa preliminar para la XXV Reunión del CPA (apéndice 5).

Tema 16: Adopción del informe

(264) El Comité adoptó su Informe.

Tema 17: Clausura de la reunión

(265) La presidenta clausuró la reunión el viernes 27 de mayo.

Apéndice 1

Plan de Trabajo Quinquenal del CPA

Asunto / Presión ambiental: Introducción de especies no autóctonas	
Prioridad: 1	
Acciones:	
1. Seguir desarrollando directrices y recursos prácticos para todos los operadores en la Antártida. 2. Implementar las acciones relacionadas identificadas en el Programa de Trabajo de Respuesta para el Cambio Climático. 3. Considerar las evaluaciones de riesgo diferenciadas por actividad y espacialmente explícitas para mitigar los riesgos planteados por las especies terrestres no autóctonas. 4. Desarrollar una estrategia de vigilancia para las zonas que están en riesgo elevado de establecimiento de especies no autóctonas. 5. Prestar mayor atención a los riesgos que implica la transferencia de propágulos dentro de la Antártida.	
Período entre sesiones 2022/2023	• Iniciar los trabajos para desarrollar una estrategia de respuesta ante las especies no autóctonas, incluidas las respuestas adecuadas frente a las enfermedades de la vida silvestre. • Ayudar al Comité a evaluar la eficacia del Manual, solicitar al COMNAP un informe sobre las medidas de cuarentena y bioseguridad implementadas por sus miembros.
XXV Reunión del CPA, 2023	• Deliberar sobre el trabajo entre sesiones en relación con el desarrollo de una estrategia de respuesta para su inclusión en el Manual sobre especies no autóctonas, y la implementación de medidas de cuarentena y bioseguridad implementadas por los miembros del COMNAP. Revisar el informe de la OMI sobre las directrices sobre incrustaciones biológicas. • El SCAR debe presentar información sobre los actuales mecanismos para ayudar en la identificación de especies no autóctonas.
Período entre sesiones 2023/2024	• Solicitar al SCAR la compilación de un listado de fuentes de información y bases de datos disponibles sobre biodiversidad para ayudar a las Partes a determinar las especies autóctonas que se encuentran presentes en los sitios antárticos y ayudar con ello a identificar la escala y el alcance de las introducciones actuales y futuras.

	• Desarrollar directrices para actividades de seguimiento que sean de aplicación general. Es posible que en algunos lugares en particular se requiera un seguimiento más detallado o específico del sitio. • Solicitar a las Partes y a los Observadores un informe sobre la aplicación de las directrices sobre bioseguridad por parte de sus miembros.
XXVI Reunión del CPA, 2024	• Debatir sobre el trabajo entre sesiones relativo a la elaboración de directrices para el seguimiento para su inclusión en el Manual sobre ENA. • Considerar los informes de las Partes y los Observadores sobre la aplicación de las directrices sobre bioseguridad por parte de sus miembros.
Período entre sesiones 2024/2025	• Iniciar los trabajos para evaluar el riesgo de introducción de especies no autóctonas marinas.
XXVII Reunión del CPA, 2025	• Análisis del trabajo entre sesiones relativo a los riesgos de las especies no autóctonas marinas.
Período entre sesiones 2025/2026	• Desarrollar directrices específicas para reducir la liberación de especies no autóctonas asociada a las descargas de aguas residuales. • Revisar los avances logrados y los contenidos del Manual del CPA sobre especies no autóctonas.
XXVIII Reunión del CPA, 2026	• El CPA debe considerar si es necesario realizar un trabajo entre sesiones para la revisión y actualización del Manual sobre especies no autóctonas.
Período entre sesiones 2026/27	• Según corresponda, se realizará trabajo entre sesiones para la revisión del Manual sobre especies no autóctonas.
XXIX Reunión del CPA, 2027	• El CPA debe considerar el informe del GCI, en caso de que se establezca, y considerar la aprobación por parte de la RCTA, por medio de una Resolución, del Manual sobre especies no autóctonas revisado.

Necesidades de conocimientos e información en el plano científico:

• Identificación de las regiones y hábitats terrestres y marinos en riesgo de introducción

• Identificación de las especies autóctonas en riesgo de reubicación, y de vectores y rutas de traslado dentro del continente

• Resumen de los conocimientos sobre la biodiversidad, la biogeografía y la biorregionalización de la Antártida, y realización de estudios de referencia a fin de establecer qué especies autóctonas se encuentran presentes

• Identificación de las vías de introducción de especies marinas (incluidos los riesgos relacionados con las descargas de aguas residuales)

- Evaluación de los riesgos y las vías de introducción de microorganismos que puedan afectar a las comunidades microbianas existentes
- Seguimiento de las especies no autóctonas en los medios terrestre y marino (incluida la actividad microbiana cerca de las descargas de las plantas de tratamiento de aguas residuales)
- Identificación de técnicas para responder rápidamente a la introducción de especies no autóctonas
- Identificación de las vías de introducción de especies no autóctonas sin ninguna clase de intervención humana directa

Asunto / Presión ambiental: Turismo y actividades no gubernamentales	
Prioridad: 1	
Acciones: 1. Proporcionar asesoramiento a la RCTA conforme a lo solicitado. 2. Realizar avances en las recomendaciones de la ATME sobre turismo marítimo.	
Período entre sesiones 2022/2023	• Trabajar en un marco para realizar evaluaciones previas de las actividades nuevas o novedosas, o de aquellas que sean particularmente relevantes. • Trabajar en forma continua sobre la metodología de la vulnerabilidad de sitios.
XXV Reunión del CPA, 2023	• Considerar el asesoramiento del SCAR sobre el posible diseño de un programa de vigilancia del ecosistema para evaluar los impactos del turismo. • Considerar los resultados de los debates relativos a las evaluaciones previas de las actividades nuevas o novedosas, o de aquellas que sean particularmente relevantes. • Deliberar sobre la metodología piloto de la vulnerabilidad de sitios. • Considerar el informe del SCAR y otros sobre los valores de la vida silvestre y su aplicación práctica. • Informe del SCAR sobre capacidad de carga.
Período entre sesiones 2023/2024	
XXVI Reunión del CPA, 2024	
Período entre sesiones 2024/2025	

XXVII Reunión del CPA, 2025	
Período entre sesiones 2025/2026	
XXVIII Reunión del CPA, 2026	
Período entre sesiones 2026/27	
XXIX Reunión del CPA, 2027	

Necesidades de conocimientos e información en el plano científico:

- Seguimiento constante y específico de los impactos ocasionados por el turismo
- Seguimiento de las zonas que reciben visitantes cubiertas por las Directrices para sitios

Asunto / Presión ambiental: Implicaciones del cambio climático para el medio ambiente	
Prioridad: 1	

Acciones:

1. Considerar las implicaciones del cambio climático en la gestión del medio ambiente antártico.
2. Implementar el Programa de Trabajo de Respuesta al Cambio Climático.

Período entre sesiones 2022/2023	• El grupo subsidiario realiza trabajos de conformidad con el plan de trabajo acordado.
XXV Reunión del CPA, 2023	• Tema permanente del programa. • Considerar el informe del grupo subsidiario, incluidas las actualizaciones del CCRWP • Planificar el taller quinquenal conjunto del CPA y el CC-CRVMA durante el período entre sesiones 2022/2023.
Período entre sesiones 2023/2024	
XXVI Reunión del CPA, 2024	• Finalizar la planificación del taller conjunto del CPA y el CC-CRVMA para el período entre sesiones 2022/2023.
Período entre sesiones 2024/2025	• Taller quinquenal conjunto y periódico del CPA y el CC-CRVMA.

XXVII Reunión del CPA, 2025	
Período entre sesiones 2025/2026	
XXVIII Reunión del CPA, 2026	
Período entre sesiones 2026/27	
XXIX Reunión del CPA, 2027	

Necesidades de conocimientos e información en el plano científico:

- Aumento de la comprensión de los cambios actuales y a futuro en el medio ambiente biótico y abiótico terrestre (incluido el acuático) debidos al cambio climático

- Seguimiento a largo plazo de los cambios en el medio ambiente biótico y abiótico terrestre (incluido el acuático) debidos al cambio climático

- Continuar elaborando herramientas biogeográficas con el fin de proporcionar una base fiable de información a partir de la cual fundamentar la protección y gestión de zonas a escala regional y continental en la Antártida a la luz del cambio climático, lo que incluye identificar la necesidad de reservar zonas de referencia para futuras investigaciones e identificar zonas con capacidad de adaptación al cambio climático

- Identificación y priorización de las regiones biogeográficas de la Antártida más vulnerables al cambio climático

- Comprensión y pronóstico de los cambios marinos litorales y los impactos producidos por los cambios

- Seguimiento a largo plazo de los cambios en el medio ambiente marino litoral biótico y abiótico debidos al cambio climático

- Evaluación del impacto de la acidificación del océano sobre la biota y los ecosistemas marinos

- Comprensión del estado de las poblaciones, las tendencias, la vulnerabilidad y la distribución de especies antárticas clave

- Comprensión del estado, las tendencias, la vulnerabilidad y la distribución de los hábitats

- Observación y trazado de modelos del océano austral para comprender el cambio climático

- Identificación de las zonas que puedan contar con capacidad de adaptación al cambio climático

- Seguimiento de las colonias de pingüinos emperador mediante teledetección y técnicas complementarias, entre otros, a fin de identificar tendencias poblacionales y posibles refugios contra el cambio climático

<table>
<tr><td colspan="2">Asunto / Presión ambiental: Procesamiento de los planes de gestión de zonas protegidas y administradas nuevos y revisados</td></tr>
<tr><td colspan="2">Prioridad: 1</td></tr>
<tr><td colspan="2">Acciones:
1. Perfeccionar el proceso de revisión de planes de gestión nuevos y revisados.
2. Actualización de las actuales directrices.
3. Elaborar directrices para la preparación de ZAEA.</td></tr>
<tr><td>Período entre sesiones 2022/2023</td><td>• El GSPG realiza el trabajo conforme al plan de trabajo convenido.</td></tr>
<tr><td>XXV Reunión del CPA, 2023</td><td>• Considerar el informe del GSPG.</td></tr>
<tr><td>Período entre sesiones 2023/2024</td><td>• El GSPG realiza el trabajo conforme al plan de trabajo convenido.</td></tr>
<tr><td>XXVI Reunión del CPA, 2024</td><td>• Considerar el informe del GSPG.</td></tr>
<tr><td>Período entre sesiones 2024/2025</td><td>• El GSPG realiza el trabajo conforme al plan de trabajo convenido.</td></tr>
<tr><td>XXVII Reunión del CPA, 2025</td><td>• Considerar el informe del GSPG.</td></tr>
<tr><td>Período entre sesiones 2025/2026</td><td>• El GSPG realiza el trabajo conforme al plan de trabajo convenido.</td></tr>
<tr><td>XXVIII Reunión del CPA, 2026</td><td>• Considerar el informe del GSPG.</td></tr>
<tr><td>Período entre sesiones 2026/27</td><td>• El GSPG realiza el trabajo conforme al plan de trabajo convenido.</td></tr>
<tr><td>XXIX Reunión del CPA, 2027</td><td>• Considerar el informe del GSPG.</td></tr>
<tr><td colspan="2">Necesidades de conocimientos e información en el plano científico:
• Seguimiento para evaluar el estado de los valores en la ZAEP 107, isla Emperor
• Uso de técnicas de teledetección para observar los cambios en la vegetación dentro de las ZAEP
• Control a largo plazo de los valores biológicos de las ZAEP</td></tr>
</table>

Asunto / Presión ambiental: Implementar y mejorar las disposiciones sobre EIA del Anexo I
Prioridad: 1
Acciones: 1. **Perfeccionar el proceso para considerar las EMG y asesorar a la RCTA en ese sentido.** 2. **Elaborar directrices para evaluar los impactos acumulativos.** 3. **Revisar las directrices sobre EIA y considerar la formulación de políticas generales y otros asuntos.** 4. **Considerar la aplicación de una evaluación medioambiental estratégica en la Antártida.**

Período entre sesiones 2022/2023	• Analizar cambios en la base de datos sobre EIA con el propósito de presentar propuestas a la Secretaría. Debatir acerca de los mecanismos para responder a los comentarios sobre evaluaciones de impactos ambientales globales que se transmiten a través de los grupos de contacto entre sesiones u otros medios. • Considerar posibles cambios que se requieran en la base de datos sobre EIA. • Establecer un GCI para la revisión de los proyectos de CEE, según se requiera. • Los Miembros y Observadores trabajan para lograr avances y coordinar la información que ayudará a desarrollar guías para identificar y evaluar impactos acumulativos. • Los Miembros deben trabajar en guías adicionales sobre los procesos para realizar comentarios acerca de las CEE. • Debates informales en el período entre sesiones para trabajar a fin de mejorar la efectividad del sistema de EIA antárticas.
XXV Reunión del CPA, 2023	• Consideración de los informes del GCI sobre proyectos de CEE, según se requiera. • Consideración de las conclusiones de los debates en el período entre sesiones para trabajar con miras a mejorar la efectividad del sistema de EIA antárticas.
Período entre sesiones 2023/2024	• Establecer un GCI para la revisión de los proyectos de CEE, según se requiera. • Considerar la labor de los Miembros en torno a los procesos para realizar comentarios acerca de las CEE. • Los Miembros y Observadores trabajan para lograr avances y coordinar la información que ayudará a desarrollar guías para identificar y evaluar los impactos acumulativos.

XXVI Reunión del CPA, 2024	• Solicitar al SCAR que proporcione guías sobre la manera de elaborar un relevamiento sobre la condición medioambiental de referencia, y considerar su asesoramiento en su debido momento. • Consideración de los informes del GCI sobre proyectos de CEE, según se requiera.
Período entre sesiones 2024/2025	• Establecer un GCI para la revisión de los proyectos de CEE, conforme a lo requerido. • Los Miembros y Observadores trabajan para lograr avances y coordinar la información que ayudará a desarrollar guías para identificar y evaluar los impactos acumulativos.
XXVII Reunión del CPA, 2025	• Alentar a las Partes para que ofrezcan sus comentarios sobre la conveniencia del paquete revisado de *Lineamientos para la Evaluación de Impacto Ambiental en la Antártida* en la preparación de EIA. • Considerar las opciones para la preparación de guías para la identificación y evaluación de impactos acumulativos. • Consideración de los informes del GCI sobre proyectos de CEE, según se requiera.
Período entre sesiones 2025/2026	• Establecer un GCI para la revisión de los proyectos de CEE, según se requiera.
XXVIII Reunión del CPA, 2026	• Consideración de los informes del GCI sobre proyectos de CEE, según se requiera.
Período entre sesiones 2026/27	• Establecer un GCI para la revisión de los proyectos de CEE, según se requiera.
XXIX Reunión del CPA, 2027	• Consideración de los informes del GCI sobre proyectos de CEE, según se requiera.

Asunto / Presión ambiental: Operación del CPA y Planificación estratégica
Prioridad: 2
Acciones: 1. Mantener actualizado el Plan de trabajo quinquenal basándose en las circunstancias cambiantes y en los requisitos de la RCTA. 2. Identificar las oportunidades para mejorar la eficacia del CPA. 3. Considerar objetivos de largo plazo para la Antártida (período de entre 50 y 100 años). 4. Considerar las oportunidades para mejorar la relación de trabajo entre el CPA y la RCTA.

Período entre sesiones 2022/2023	• Debates durante el período entre sesiones como preparación para un taller en Helsinki antes de la XXV Reunión del CPA. • Tratar las prioridades estratégicas y el Plan de Trabajo Quinquenal en un taller informal en Helsinki antes de la XXV Reunión del CPA.
XXV Reunión del CPA, 2023	• Debates específicos sobre prioridades estratégicas y el Plan de Trabajo Quinquenal tomando como base los debates durante el período entre sesiones y las conclusiones del taller informal que tendrá lugar en Helsinki antes de la XXV Reunión del CPA.
Período entre sesiones 2023/2024	
XXVI Reunión del CPA, 2024	
Período entre sesiones 2024/2025	
XXVII Reunión del CPA, 2025	
Período entre sesiones 2025/2026	
XXVIII Reunión del CPA, 2026	
Período entre sesiones 2026/27	
XXIX Reunión del CPA, 2027	

Asunto / Presión ambiental: Reparación o remediación del daño al medio ambiente
Prioridad: 2
Acciones: 1. Responder a la solicitud adicional de la RCTA en relación con la reparación y remediación, según corresponda. 2. Supervisar el avance del establecimiento de un inventario de sitios de actividad pasada en toda la Antártida. 3. Considerar la elaboración de directrices sobre reparación y remediación. 4. Los Miembros desarrollan directrices prácticas y recursos de apoyo para su inclusión del Manual sobre limpieza.

5. Continuar desarrollando prácticas de biorremediación y reparación para incluirlas en el Manual sobre limpieza.	
Período entre sesiones 2022/2023	• Revisión continua del Manual. Las Partes deben trabajar en el desarrollo de nuevas técnicas o directrices.
XXV Reunión del CPA, 2023	• Incluir nuevas herramientas y directrices a medida que estén disponibles y que el Comité las apruebe.
Período entre sesiones 2023/2024	• Revisión continua del Manual. Las Partes deben trabajar en el desarrollo de nuevas técnicas o directrices.
XXVI Reunión del CPA, 2024	• Revisión continua del Manual e inclusión de nuevas herramientas y directrices a medida que estén disponibles.
Período entre sesiones 2024/2025	• Revisión continua del Manual. Las Partes deben trabajar en el desarrollo de nuevas técnicas o directrices.
XXVII Reunión del CPA, 2025	• Revisión continua del Manual e inclusión de nuevas herramientas y directrices a medida que estén disponibles.
Período entre sesiones 2025/2026	• Revisión continua del Manual. Las Partes deben trabajar en el desarrollo de nuevas técnicas o directrices.
XXVIII Reunión del CPA, 2026	• Revisión continua del Manual e inclusión de nuevas herramientas y directrices a medida que estén disponibles.
Período entre sesiones 2026/27	• Revisión continua del Manual. Las Partes deben trabajar en el desarrollo de nuevas técnicas o directrices.
XXIX Reunión del CPA, 2027	• Revisión continua del Manual e inclusión de nuevas herramientas y directrices a medida que estén disponibles.

Necesidades de conocimientos e información en el plano científico:

- Investigación para informar sobre el establecimiento de metas de calidad medioambiental adecuadas para la reparación o remediación del daño medioambiental en la Antártida.

- Técnicas para evitar el movimiento de contaminantes, como el desvío de las aguas de deshielo y las barreras de contención.

- Técnicas para la remediación *in situ* y *ex situ* de los lugares contaminados por derrames de combustible u otras sustancias peligrosas.

Asunto / Presión ambiental: Elaboración de informes sobre vigilancia y estado del medio ambiente

Prioridad: 2

Acciones:

1. Identificar indicadores y herramientas medioambientales claves.

2. Establecer un proceso para informar a la RCTA.	
3. El SCAR debe proporcionar información al COMNAP y al CPA.	
Período entre sesiones 2022/2023	• Consideración, por parte del SCAR, de la toma de muestras y datos de forma sistemática sobre la contaminación química en la Antártida.
XXV Reunión del CPA, 2023	• Consideración del informe de seguimiento del Reino Unido sobre la ZAEP 107. • Considerar el asesoramiento por parte del SCAR acerca de la toma de muestras y datos de forma sistemática sobre la contaminación química en la Antártida.
Período entre sesiones 2023/2024	
XXVI Reunión del CPA, 2024	
Período entre sesiones 2024/2025	
XXVII Reunión del CPA, 2025	
Período entre sesiones 2025/2026	
XXVIII Reunión del CPA, 2026	
Período entre sesiones 2026/27	
XXIX Reunión del CPA, 2027	

Necesidades de conocimientos e información en el plano científico:

- Seguimiento a largo plazo de los cambios en el medio ambiente biótico y abiótico terrestre (incluido el acuático) debidos al cambio climático.

- Seguimiento a largo plazo de los cambios en el medio ambiente marino litoral biótico y abiótico debidos al cambio climático.

- Seguimiento de las poblaciones de aves que sirva de base informativa para futuras medidas de gestión.

- Uso de técnicas de teledetección para observar los cambios en la vegetación dentro de las ZAEP y de forma más general.

- Seguimiento de las colonias de pingüinos emperador mediante teledetección y técnicas complementarias, a fin de identificar posibles refugios contra el cambio climático.

- Control a largo plazo de los valores biológicos de las ZAEP.

- Seguimiento a largo plazo para verificar o detectar el impacto medioambiental relacionado con las actividades humanas.

- Seguimiento a largo plazo y una observación constante de los cambios medioambientales.

- Seguimiento constante y específico de los impactos ocasionados por el turismo.

- Seguimiento sistemático y periódico de las zonas que reciben visitantes cubiertas por las Directrices para Sitios.

- Seguimiento a largo plazo de los indicadores biológicos en los sitios visitados por turistas.

Asunto / Presión ambiental: Protección y gestión del espacio marino

Prioridad: 2

Acciones:

1. Cooperación entre el CPA y el CC-CRVMA sobre los asuntos de interés común.

2. Cooperar con la CCRVMA en materia de biorregionalización del océano austral y otros intereses comunes y principios convenidos.

3. Identificar y aplicar procesos de protección del espacio marino.

4. Considerar la conectividad entre el océano y las zonas terrestres, y las medidas complementarias que podrían adoptar las Partes con respecto a las AMP.

Período entre sesiones 2022/2023	
XXV Reunión del CPA, 2023	• Continuar considerando el asesoramiento relacionado con la Resolución 5 (2017).
Período entre sesiones 2023/2024	
XXVI Reunión del CPA, 2024	
Período entre sesiones 2024/2025	
XXVII Reunión del CPA, 2025	
Período entre sesiones 2025/2026	
XXVIII Reunión del CPA, 2026	

Período entre sesiones 2026/27	
XXIX Reunión del CPA, 2027	

Asunto / Presión ambiental: Directrices específicas para sitios que reciben visitantes	
Prioridad: 2	
Acciones: 1. Revisar periódicamente la lista de sitios sujetos a las Directrices para sitios y considerar si sería necesario desarrollar directrices para nuevos sitios. 2. Revisar periódicamente todas las directrices para sitios existentes para garantizar que sean precisas y estén actualizadas, lo que incluye actualizaciones preventivas cuando corresponda. 3. Proporcionar asesoramiento a la RCTA según se requiera. 4. Revisar el formato de las Directrices para sitios.	
Período entre sesiones 2022/2023	• Considerar la elaboración de directrices relativas a las estadías nocturnas breves a fin de garantizar una aplicación coherente de mejores prácticas y minimizar los efectos en el medio ambiente antártico. • Alemania liderará debates informales sobre una nueva plantilla de diseño para las Directrices para sitios que reciben visitantes.
XXV Reunión del CPA, 2023	• El Comité considerará el resultado de las discusiones sobre una nueva plantilla de diseño para las Directrices para sitios que reciben visitantes. • Tema del programa permanente; las Partes deben informar acerca de su revisión de las Directrices para sitios.
Período entre sesiones 2023/2024	• Desarrollar un repositorio fotográfico para asistir en las revisiones periódicas de las Directrices para sitios.
XXVI Reunión del CPA, 2024	• Tema del programa permanente; las Partes deben informar acerca de su revisión de las Directrices para sitios.
Período entre sesiones 2024/2025	
XXVII Reunión del CPA, 2025	
Período entre sesiones 2025/2026	

XXVIII Reunión del CPA, 2026	
Período entre sesiones 2026/27	
XXIX Reunión del CPA, 2027	

Necesidades de conocimientos e información en el plano científico:

- Seguimiento a largo plazo para evaluar el estado y la recuperación de la vegetación de la isla Barrientos.

- Seguimiento sistemático y periódico de las zonas que reciben visitantes cubiertas por las Directrices para Sitios.

Asunto / Presión ambiental: Panorama general del sistema de zonas protegidas	

Prioridad: 2

Acciones:

1. Aplicar las clasificaciones según el Análisis de Dominios Ambientales (EDA) y las Regiones Biogeográficas de Conservación Antártica (RBCA) para mejorar el sistema de zonas protegidas.

2. Mantener y desarrollar una base de datos sobre zonas protegidas.

3. Evaluar el grado en el cual las ZIA antárticas están o deberían estar representadas dentro de la serie de ZAEP.

Período entre sesiones 2022/2023	• Realizar tareas para avanzar en la implementación de acciones acordadas por el Comité a partir de los debates del taller sobre zonas protegidas. • El SCAR proporcionará asesoramiento sobre los criterios de selección que podrían aplicarse a las ZIA identificadas o a otras zonas de conservación de aves al estudiar la designación de ZAEP.
XXV Reunión del CPA, 2023	• El Comité considerará el asesoramiento del SCAR sobre los criterios de selección que podrían aplicarse a las ZIA identificadas o a otras zonas de conservación de aves al estudiar la designación de ZAEP. • Corroborar el progreso de las tareas para avanzar en la implementación de acciones acordadas por el Comité a partir de los debates del taller sobre zonas protegidas.

Período entre sesiones 2023/2024	• Realizar tareas para avanzar en la implementación de acciones acordadas por el Comité a partir de los debates del taller sobre zonas protegidas.
XXVI Reunión del CPA, 2024	• Corroborar el progreso de las tareas para avanzar en la implementación de acciones acordadas por el Comité a partir de los debates del taller sobre zonas protegidas.
Período entre sesiones 2024/2025	
XXVII Reunión del CPA, 2025	
Período entre sesiones 2025/2026	
XXVIII Reunión del CPA, 2026	
Período entre sesiones 2026/27	
XXIX Reunión del CPA, 2027	

Necesidades de conocimientos e información en el plano científico:

- Continuar elaborando herramientas biogeográficas con el fin de proporcionar una base fiable de información a partir de la cual fundamentar la protección y gestión de zonas a escala regional y continental en la Antártida a la luz del cambio climático, lo que incluye identificar la necesidad de reservar zonas de referencia para futuras investigaciones e identificar zonas con capacidad de adaptación al cambio climático.

- Uso de técnicas de teledetección para observar más ampliamente los cambios en la vegetación dentro de las ZAEP, que sirva de base informativa para el posterior desarrollo del sistema de zonas protegidas en la Antártida.

Asunto / Presión ambiental: Designación y gestión de Sitios y Monumentos Históricos

Prioridad: 2

Acciones:

1. Mantener dicha lista y considerar las nuevas propuestas a medida que estas se presenten.

2. Considerar los asuntos estratégicos según sea necesario, incluidas las cuestiones asociadas a la designación de SMH frente a las disposiciones sobre limpieza contenidas en el Protocolo.

3. Revisar la presentación de la lista de SMH con el objetivo de mejorar la disponibilidad de información.	
Período entre sesiones 2022/2023	• Desarrollar orientación adicional sobre el listado de SMH sin ubicación geográfica conocida. • Considerar cómo las evaluaciones del impacto ambiental pueden ser parte de la evaluación de Sitios y Monumentos Históricos.
XXV Reunión del CPA, 2023	• Considerar la orientación sobre el listado de SMH sin ubicación geográfica conocida. • Revisar propuestas relativas a las EIA y al proceso de designación de SMH.
Período entre sesiones 2023/2024	
XXVI Reunión del CPA, 2024	
Período entre sesiones 2024/2025	
XXVII Reunión del CPA, 2025	
Período entre sesiones 2025/2026	
XXVIII Reunión del CPA, 2026	
Período entre sesiones 2026/27	
XXIX Reunión del CPA, 2027	

Asunto / Presión ambiental: Conocimientos sobre biodiversidad	
Prioridad: 2	
Acciones: 1. Mantenerse atentos a las amenazas a la actual biodiversidad. 2. El CPA debe considerar un mayor asesoramiento científico sobre la perturbación de la vida silvestre.	
Período entre sesiones 2022/2023	• Debates informales entre sesiones sobre la evaluación de la protección de las focas antárticas.

	• Continuar los debates informales sobre las recomendaciones del documento de trabajo WP 34 de la XXIV Reunión del CPA.
XXV Reunión del CPA, 2023	• Elaborar informe sobre los debates informales entablados durante el período entre sesiones sobre la evaluación de la protección de las focas antárticas.
Período entre sesiones 2023/2024	
XXVI Reunión del CPA, 2024	
Período entre sesiones 2024/2025	
XXVII Reunión del CPA, 2025	
Período entre sesiones 2025/2026	
XXVIII Reunión del CPA, 2026	
Período entre sesiones 2026/27	
XXIX Reunión del CPA, 2027	

Necesidades de conocimientos e información en el plano científico:

- Investigación acerca de los efectos medioambientales de los Sistemas de Aeronaves Dirigidas por Control Remoto (RPAS), sobre todo en las respuestas de la vida silvestre, incluyendo lo siguiente:
    - o un abanico de especies, incluidas aves marinas voladoras y focas;
    - o respuestas de comportamiento y fisiológicas;
    - o efectos demográficos, incluidas las cifras de reproducción y el éxito reproductivo;
    - o condiciones medioambientales del ambiente, como el viento y el ruido;
    - o los efectos de los RPAS según tamaño y características;
    - o la manera en que el ruido de los RPAS afecta la vida silvestre;
    - o comparaciones con sitios de control y alteraciones causadas por la actividad humana; y
    - o los efectos del acostumbramiento.
- Recopilación y presentación de nuevos datos espacialmente explícitos sobre biodiversidad.

- Investigación del impacto del ruido submarino sobre los mamíferos marinos de la Antártida.

- Síntesis de los conocimientos disponibles sobre biogeografía, biorregionalización y endemismo en la Antártida.

- Realización de estudios específicos del sitio, del momento y de las especies, para comprender el impacto de la interacción entre las actividades humanas y la vida silvestre, y apoyo al desarrollo de directrices basadas en evidencias, a fin de evitar alteraciones.

- Realización de un inventario de las cuevas de hielo y de las comunidades microbianas del monte Erebus.

- Conteos periódicos de población de petreles gigantes e investigación para comprender su estado y sus tendencias poblacionales.

Asunto / Presión ambiental: Difusión y educación	
Prioridad: 3	
Acciones: 1. Revisar ejemplos actuales e identificar oportunidades para una mayor difusión y educación. 2. Alentar a los miembros a intercambiar información en relación con sus experiencias en este ámbito. 3. Establecer una estrategia y directrices para el intercambio de información en materia de educación y difusión en el largo plazo entre los miembros.	
Período entre sesiones 2022/2023	
XXV Reunión del CPA, 2023	
Período entre sesiones 2023/2024	
XXVI Reunión del CPA, 2024	
Período entre sesiones 2024/2025	
XXVII Reunión del CPA, 2025	
Período entre sesiones 2025/2026	
XXVIII Reunión del CPA, 2026	

Período entre sesiones 2026/27	
XXIX Reunión del CPA, 2027	

Asunto / Presión ambiental: Protección de valores geológicos sobresalientes	
Prioridad: 3	
Acciones: 1. Considerar mecanismos adicionales de protección de valores geológicos sobresalientes.	
Período entre sesiones 2022/2023	
XXV Reunión del CPA, 2023	
Período entre sesiones 2023/2024	
XXVI Reunión del CPA, 2024	
Período entre sesiones 2024/2025	
XXVII Reunión del CPA, 2025	
Período entre sesiones 2025/2026	
XXVIII Reunión del CPA, 2026	
Período entre sesiones 2026/27	
XXIX Reunión del CPA, 2027	

Apéndice 2

Texto para una página web del GSPG en el sitio web de la Secretaría del Tratado Antártico

Grupo Subsidiario sobre Planes de Gestión (GSPG)

Antecedentes

Desde su primera reunión en 1998, el CPA ha debatido sobre la necesidad de aplicar procedimientos efectivos y eficaces para examinar Planes de Gestión nuevos y revisados relativos a Zonas Antárticas Especialmente Protegidas (ZAEP) y Zonas Antárticas Especialmente Administradas (ZAEA). En 2008, la XXXI RCTA acordó crear el Grupo Subsidiario sobre Planes de Gestión (GSPG), de conformidad con la regla 10 de las Reglas de Procedimiento del CPA. El GSPG ofrece asesoramiento práctico sobre proyectos de Planes de Gestión remitidos por el CPA para su examen durante el período entre sesiones, a efectos de lograr mayor claridad, congruencia y efectividad, entre otros, y con el objeto de mejorar los Planes de Gestión y su proceso de análisis durante el período entre sesiones.

Términos de referencia del GSPG

Los cuatro términos de referencia del GSPG se definieron en el apéndice 3 del informe de la XI Reunión del CPA (2008). Tras un examen de la efectividad del GSPG en la XIII Reunión del CPA (2010), se añadió un quinto término de referencia. En 2022, se introdujo un término de referencia adicional para reflejar la nueva tarea regular de revisión previa a la reunión de los planes de gestión. Los términos de referencia actuales figuran en el apéndice 4 del informe de la XXIV Reunión del CPA:

1) Examinar los proyectos de Plan de Gestión nuevos o revisados recomendados por el Comité para su examen durante el período entre sesiones a fin de que, en consulta con los expertos pertinentes, si corresponde, se considere lo siguiente:

- si el Plan se ajusta a las disposiciones del Anexo V del Protocolo, particularmente, a los artículos 3, 4 y 5, así como a las directrices del CPA pertinentes;

- su contenido, claridad, congruencia y probable efectividad;

- si contiene una declaración clara de la razón primordial de la designación; y

- si contiene una declaración clara de la forma en la que la Zona propuesta complementa el sistema de zonas antárticas protegidas en su conjunto.

2) Recomendar a los proponentes de las enmiendas sugeridas al proyecto del Plan de Gestión que aborden las cuestiones en relación con el punto 1) anterior.

3) Presentar ante el CPA un Documento de Trabajo con la recomendación de aprobar o rechazar cada uno de los proyectos de Planes de Gestión nuevos o revisados, indicando la forma en que el plan refleja los comentarios recibidos por los miembros y, cuando ello no suceda, los motivos por los cuales no lo hace. El Documento de Trabajo debe incluir todos los Planes de Gestión revisados y la información requerida por el Grupo de Trabajo sobre Asuntos Jurídicos e Institucionales de la RCTA.

4) Organizar un subforo previo a la reunión sobre el examen de todos los Planes de Gestión revisados con cambios menores, independientemente de si se han enviado o no al GSPG, y facilitar un resumen de las recomendaciones derivadas del examen previo a la reunión para que el CPA lo considere durante el debate de los Planes de Gestión revisados.

5) Proporcionar asesoramiento al CPA, según sea necesario, a fin de mejorar los Planes de Gestión y el proceso de su revisión entre sesiones.

6) Formular y proponer procedimientos que ayuden a alcanzar el objetivo a largo plazo que asegure que todos los Planes de Gestión de ZAEP y ZAEA tengan un contenido adecuado, sean claros y congruentes, y tengan la posibilidad de ser eficaces.

Mecanismos operativos del GSPG

En virtud de la regla 22 de las Reglas de Procedimiento del CPA, los idiomas oficiales de los órganos subsidiarios son el inglés, el francés, el ruso y el español. Existe el consenso de realizar el trabajo del GSPG en inglés y de traducir los documentos fundamentales a los idiomas oficiales. El grupo subsidiario realiza su labor en el período entre sesiones a través del foro del CPA y remite un informe anual al CPA.

Enlaces pertinentes

- Manual del CPA: Grupo Subsidiario sobre Planes de Gestión
- Foro del CPA (se necesita contraseña)
- Espacio de trabajo del CPA (se necesita contraseña)
- Protección y gestión de Zonas / Monumentos
- Herramientas para delegados

Apéndice 3

Texto para la página web propuesta de un GSRCC en el sitio web de la Secretaría del Tratado Antártico

Grupo Subsidiario sobre Respuesta al Cambio Climático (GSRCC)

Antecedentes

El Programa de Trabajo de Respuesta al Cambio Climático (CCRWP, por sus siglas en inglés) fue adoptado mediante la Resolución 4 (2015) de la RCTA, que recomendó que los Gobiernos:

1. alentaran al CPA a comenzar a implementar el CCRWP como asunto prioritario, y a que proporcionara informes de progreso anuales a la Reunión Consultiva del Tratado Antártico sobre su implementación;
2. solicitaran al CPA el mantenimiento del CCRWP bajo examen periódico, con los aportes del Comité Científico de Investigación Antártica (SCAR) y del Consejo de Administradores de Programas Antárticos Nacionales (COMNAP) sobre asuntos científicos y prácticos, respectivamente, y
3. que prestaran atención, dentro de sus propios sistemas de financiamiento a la ciencia y programas nacionales de investigación antártica, a la forma en pueden abordar las necesidades y acciones científicas identificadas en el CCRWP del CPA.

Las «implicaciones del cambio climático para el medio ambiente» constituyen un tema de Prioridad 1 en el Plan de Trabajo Quinquenal del CPA, e «implementar el CCRWP» es una acción clave.

Términos de referencia del GSRCC

Tras el debate dentro del CPA con respecto a la actualización, implementación y seguimiento del CCRWP, se tomó una decisión en la XL RCTA (Decisión 1 [2017]) para establecer un nuevo Grupo Subsidiario sobre Respuesta al Cambio Climático (GSRCC).

Los Términos de referencia (TdR) para el GSRCC tienen el objeto de facilitar la implementación eficiente y oportuna del CCRWP mediante las siguientes acciones:

1. facilitar la coordinación y la comunicación del CCRWP entre Miembros, Observadores y Expertos; destacar medidas identificadas para el/los próximo/s año/s; y solicitar actualizaciones pertinentes para las actividades planificadas;

2. redactar propuestas de actualizaciones anuales para el CCRWP, lo que incluye medidas de gestión, investigación y seguimiento;

3. redactar informes anuales de progreso sobre la implementación del CCRWP para que el CPA trate en la RCTA las actualizaciones presentadas en dichos informes.

Mecanismos operativos del GSRCC

Además de los términos de referencia, el Comité encomendó al GSRCC el desarrollo de mecanismos operativos para apoyar una buena participación y el manejo eficaz del trabajo (Informe Final de la XX Reunión del CPA, párrafo 74). El GSRCC mantiene flexibilidad con respecto a la membresía y acoge a nuevos miembros. El grupo subsidiario realiza su labor en el período entre sesiones a través del foro del CPA y remite un informe anual al CPA.

Enlaces pertinentes

- Programa de trabajo de respuesta para el cambio climático
- Manual del CPA: Grupo Subsidiario sobre respuesta al Cambio Climático
- Necesidades científicas del CPA
- Foro del CPA (se necesita contraseña)
- *Antarctic Treaty Meeting of Experts on implications of climate change for Antarctic management and governance: Co-chairs' report* [Reunión de Expertos del Tratado Antártico sobre las implicaciones del cambio climático para la gestión y la gobernanza de la Antártida: informe de los copresidentes]

Apéndice 4

Términos de referencia revisados del GSPG

Los cuatro términos de referencia del GSPG se definieron en el apéndice 3 del informe de la XI Reunión del CPA (2008). Tras un examen de la efectividad del GSPG en la XIII Reunión del CPA (2010), se añadió un quinto término de referencia. En 2022, se introdujo un término de referencia adicional para reflejar la nueva tarea regular de revisión previa a la reunión de los planes de gestión. Los términos de referencia actuales figuran en el apéndice 4 del informe de la XXIV Reunión del CPA:

1) Examinar los proyectos de plan de gestión nuevos o revisados recomendados por el Comité para su examen durante el período entre sesiones a fin de que, en consulta con los expertos pertinentes, si corresponde, se considere lo siguiente:

   - si el Plan se ajusta a las disposiciones del Anexo V del Protocolo, particularmente, a los artículos 3, 4 y 5[1], así como a las directrices del CPA pertinentes[2];

   - su contenido, claridad, congruencia y probable efectividad[3];

   - si contiene una declaración clara de la razón primordial de la designación[4]; y

   - si contiene una declaración clara de la forma en la que la Zona propuesta complementa el sistema de zonas antárticas protegidas en su conjunto[5].

2) Recomendar a los proponentes de las enmiendas sugeridas al proyecto del Plan de Gestión que aborden las cuestiones en relación con el punto 1) anterior.

3) Presentar ante el CPA un Documento de Trabajo con la recomendación de aprobar o rechazar cada uno de los proyectos de Planes de Gestión nuevos o revisados, indicando la forma en que el plan refleja los comentarios recibidos por los miembros y, cuando ello no suceda, los motivos por los cuales no lo hace. El Documento de Trabajo debe incluir todos los Planes de Gestión revisados y la información requerida por el Grupo de Trabajo sobre Asuntos Jurídicos e Institucionales de la RCTA.

4) Organizar un subforo previo a la reunión sobre el examen de todos los Planes de Gestión revisados con cambios menores, independientemente de si se han enviado o no al GSPG, y facilitar un resumen de las recomendaciones derivadas del examen previo a la reunión para que el CPA lo considere durante el debate de los Planes de Gestión revisados.

5) Proporcionar asesoramiento al CPA, según sea necesario, a fin de mejorar los Planes de Gestión y el proceso de su revisión entre sesiones.

6) Formular y proponer procedimientos que ayuden a alcanzar el objetivo a largo plazo de procurar que todos los Planes de Gestión de ZAEP y ZAEA tengan un contenido adecuado, sean claros y congruentes, y tengan la posibilidad de ser eficaces[6].

---

[1] Modificado de los «Términos de referencia para un grupo de contacto intersesional que considerará proyectos de planes de gestión», TdR 2 (Informe de la VII Reunión del CPA, anexo 4).

[2] Actualmente incluyen, en relación con las ZAEP, la Resolución 2 (1998), Guía para la preparación de los planes de gestión para las zonas antárticas especialmente protegidas; Resolución 1 (2000) Directrices para la aplicación del marco para zonas protegidas fijado en el Artículo 3, Anexo V del Protocolo al Tratado Antártico; y Resolución 2 (2021) Guía revisada para la presentación de documentos de trabajo que contengan propuestas relativas a Zonas Antárticas Especialmente Protegidas, a Zonas Antárticas Especialmente Administradas y a sitios y monumentos históricos.

[3] De las «Directrices para la consideración por el CPA de proyectos de planes de gestión nuevos y revisados de ZAEP y ZAEA», párrafo 8 (Informe de la VI Reunión del CPA, anexo 4), y los «Términos de Referencia para un grupo de contacto intersesional que considerará proyectos de planes de gestión», TdR 2 (Informe de la VII Reunión del CPA, anexo 4).

[4] Acuerdo al que se llegó en la VIII Reunión del CPA (Informe, párrafo 187).

[5] Acuerdo al que se llegó en la VIII Reunión del CPA (Informe, párrafo 187).

[6] Término de referencia agregado en la XIII Reunión del CPA (Informe, párrafo 162)

Apéndice 5

Programa preliminar para la XXV reunión del CPA (2023)

1. Apertura de la reunión

2. Aprobación del programa

3. Deliberaciones estratégicas sobre el trabajo futuro del CPA

4. Funcionamiento del CPA

5. Cooperación con otras organizaciones

6. Reparación y remediación del daño al medio ambiente

7. Implicaciones del cambio climático para el medio ambiente:

    a. Enfoque estratégico

    b. Implementación y evaluación del Programa de Trabajo de Respuesta al Cambio Climático

8. Evaluación del Impacto Ambiental (EIA):

    a. Proyectos de Evaluación Medioambiental Global

    b. Otros temas relacionados con la Evaluación del Impacto Ambiental

9. Protección de zonas y planes de gestión:

    a. Planes de gestión

    b. Sitios y Monumentos Históricos

    c. Directrices para sitios

    d. Protección y gestión del espacio marino

    e. Otros asuntos relacionados con el Anexo V

10. Conservación de la flora y fauna antárticas:

    a. Cuarentena y especies no autóctonas

    b. Especies especialmente protegidas

    c. Otros asuntos relacionados con el Anexo II

11. Vigilancia ambiental e informes sobre el estado del medio ambiente

12. Informes de inspección

13. Asuntos generales

14. Elección de autoridades

15. Preparativos para la próxima reunión

16. Aprobación del informe

17. Clausura de la reunión

3. Apéndices

Directrices *ad hoc* para la XLIV RCTA - XXIV Reunión del CPA, celebradas de forma híbrida

Las Partes Consultivas del Tratado Antártico (PCTA) acuerdan que la XLIV RCTA - XXIV Reunión del CPA se celebren en forma de reuniones híbridas. Estas reuniones se llevarán a cabo siguiendo las Reglas de Procedimiento (RdP) de la RCTA, las RdP del CPA y las *directrices ad hoc* que se enumeran a continuación.

Contexto:

1. Estas directrices *ad hoc* se aplicarán a la XLIV RCTA - XXIV Reunión del CPA (2022), que se celebrarán en forma híbrida. El formato híbrido permitirá participar en persona, de forma virtual (con voz y pidiendo la palabra) o como público virtual (sin voz y sin pedir la palabra). Las siguientes directrices únicamente resultan aplicables a aquellos delegados que participen virtualmente, entendiéndose que la delegación, especialmente respecto de la regla 11, se compone tanto de delegados que participan en persona como de quienes participan de manera virtual.

2. Las XLIV RCTA - XXIV Reunión del CPA (2022), de celebración híbrida, se llevarán a cabo siguiendo las RdP de la RCTA/CPA y las presentes directrices *ad hoc*. Las directrices son complementarias a las RdP y no las reemplazan ni prevalecen sobre ellas.

3. Si surgen circunstancias imprevistas durante el transcurso de las reuniones híbridas en las que las RdP de la RCTA o del CPA no se puedan aplicar directamente y para las cuales no se aplique ninguna de las siguientes pautas, las PCTA o los miembros del CPA, respectivamente, decidirán cómo aplicar las RdP dadas las circunstancias, o modificarán estas directrices a solicitud de la presidencia o de un miembro de las PCTA odel CPA, de conformidad con una moción de orden.

Participación:

4. Solo se admitirá en las reuniones a los delegados inscritos. Para una gestión segura de las reuniones, se solicitará una inscripción separada para el CPA, los grupos de trabajo y la sesión plenaria.

5. Los delegados que asistan virtualmente proporcionarán información de contacto electrónica oficial y alternativa al registrarse, incluidos los números de teléfono que la Secretaría puede utilizar para comunicarse con ellos en caso de dificultades de conexión. La secretaría del país anfitrión proporcionará a los delegados la información de contacto de emergencia, incluido el teléfono, para que puedan ponerse en contacto con el personal pertinente de la secretaría del país anfitrión en caso de pérdida en la conexión o en la interpretación.

6. Para toda reunión en la que una Parte se haya registrado de forma virtual, el jefe de delegación o representante del CPA, según corresponda, identificará a uno o más representantes adjuntos y los autorizará a tomar las decisiones pertinentes en caso de

que el jefe de delegación o el representante del CPA sufran una pérdida en la conexión o en los servicios de interpretación.

7. Se realizará una prueba preliminar de funcionamiento y conexión de la plataforma seleccionada con antelación suficiente respecto al inicio de la reunión virtual con todos los delegados dispuestos a participar.

8. Todos los delegados que asistan de forma virtual deben unirse a la reunión al menos 10 minutos antes del inicio programado. Se permitirá el acceso a la reunión 30 minutos antes del inicio programado.

9. La presidencia pasará lista al comienzo de cada sesión de la reunión para comprobar si el jefe de delegación, el representante del CPA o el representante adjunto de cada delegación que asistan virtualmente están conectados y reciben el servicio de interpretación. Si tanto el jefe de delegación como el representante del CPA o el representante adjunto de una Parte Consultiva o un miembro del CPA están ausentes, la presidencia verificará, a través de canales de comunicación alternativos, si desean estar presentes en la sesión. En caso de que confirmen que desean estar presentes y están intentando conectar, la presidencia suspenderá la reunión durante un plazo que se considere razonable para solventar las dificultades de conexión. Si no es posible ponerse en contacto con ellos a través de los canales de comunicación alternativos facilitados previamente, la presidencia continuará con la reunión.

10. La presidencia verificará periódicamente con los jefes de delegación, el representante del CPA o el representante adjunto que asistan de forma virtual, según corresponda, que pueden participar en los procedimientos.

11. Si tanto el jefe de delegación o representante del CPA como el representante adjunto de una Parte Consultiva o un miembro del CPA que asista virtualmente pierden conexión o la recepción del servicio de interpretación, es responsabilidad de la delegación notificar a la secretaría del país anfitrión. Cualquier Parte Consultiva o miembro del CPA puede solicitar a la presidencia que suspenda la reunión hasta que se restablezca la conexión o el servicio de interpretación con el jefe de delegación o representante del CPA o representante adjunto. Esta solicitud puede realizarse mediante métodos de comunicación alternativos.-

12. En caso de que tanto el jefe de delegación o representante del CPA como el representante adjunto de una delegación que asista virtualmente pierdan conexión o interpretación, la presidencia suspenderá la reunión hasta que uno de ellos se vuelva a conectar o se reanude la interpretación, a menos que la delegación que haya perdido conexión o acceso a la interpretación indique lo contrario.

13. Si los miembros de la delegación que no son jefes de delegación ni representantes del CPA ni representantes adjuntos pierden la conexión, es responsabilidad de la delegación comunicarse con la secretaría y restablecer la conexión. La reunión no se suspenderá en caso de pérdida de conexión o acceso a interpretación de un delegado que no sea jefe de departamento, representante del CPA o representante adjunto.

Toma de decisiones:

14. Cuando estén a punto de tomarse decisiones en sesión plenaria, la presidencia confirmará con todos los jefes de delegación que asistan virtualmente que comprenden y aprueban la decisión.

15. Al final de cada sesión plenaria, la presidencia informará de las decisiones que, en sus registros, se hayan alcanzado por parte de las PCTA, y señalará aquellos temas sobre los que se ha debatido pero en los que no se llegó a una decisión o consenso.

16. Todas las decisiones se confirmarán en el momento de la adopción del informe.

Elaboración de informes:

17. El borrador del informe de la sesión se subirá a la plataforma de documentos de la reunión en las 12 horas posteriores al cierre de la sesión y estará disponible para comentarios durante 12 horas a partir de ese momento. Posteriormente, la Secretaría y la presidencia responsable analizarán todos los comentarios sobre el borrador del informe.

18. Antes de la consideración y adopción de los informes, bajo el tema del programa «Adopción del informe», se pondrá a disposición un proyecto de informe consolidado tanto para la RCTA como para el CPA, respectivamente. La consideración y las enmiendas se llevarán a cabo de manera que todas las delegaciones puedan ver cada enmienda propuesta al texto del informe. El informe de la RCTA se adoptará al final de la reunión, de conformidad con el artículo 25 de las Reglas de Procedimiento de la RCTA. El informe del CPA se adoptará al final de la reunión del CPA y, posteriormente, se traducirá y presentará a la RCTA de conformidad con la regla 22 de las RdP del CPA. Se aceptarán correcciones técnicas y fácticas 24 horas después de finalizar la reunión.

Programa preliminar para la XLV RCTA, grupos de trabajo y asignación de temas

Sesión plenaria

1) Apertura de la reunión

2) Elección de autoridades y creación de grupos de trabajo

3) Adopción del programa, asignación de temas del programa a los grupos de trabajo y consideración del Plan de Trabajo Estratégico Plurianual

4) Funcionamiento del Sistema del Tratado Antártico: Informes de las Partes, observadores y expertos

5) Informe del Comité para la Protección del Medio Ambiente

6) Funcionamiento del Sistema del Tratado Antártico:

    a. Solicitud de Belarús para convertirse en Parte Consultiva

    b. Solicitud de Canadá para convertirse en Parte Consultiva

    c. Implementación del Código Polar de la OMI

    d. Cambio climático

Grupo de Trabajo 1: Asuntos legales, institucionales y relativos a políticas

6) Funcionamiento del Sistema del Tratado Antártico:

    e. Asuntos generales

7) Funcionamiento del Sistema del Tratado Antártico: Asuntos relacionados con la Secretaría

8) Responsabilidad

9) Prospección biológica en la Antártida

10) Intercambio de información

11) Asuntos educacionales

12) Plan de Trabajo Estratégico Plurianual

    a. Prioridades legales, institucionales y relativas a políticas

Grupo de Trabajo 2: Actividad científica, operaciones, turismo

12) Plan de Trabajo Estratégico Plurianual

    b. Prioridades científicas, operativas y turísticas

13) Seguridad y operaciones antárticas

14) Inspecciones realizadas en virtud del Tratado Antártico y el Protocolo sobre Protección del Medio Ambiente

15) Asuntos, futuros desafíos, cooperación y facilitación científicos

16) Implicaciones del cambio climático para la gestión del Área del Tratado Antártico

17) Turismo y actividades no gubernamentales en el área del Tratado Antártico, incluidos asuntos relativos a las autoridades competentes

Sesión plenaria

18) Preparativos para la 46.ª reunión

19) Otros asuntos

20) Adopción del informe final

21) Clausura de la reunion

XLIV REUNIÓN CONSULTIVA DEL TRATADO ANTÁRTICO

BERLÍN, del 23 de mayo al 2 de junio de 2022

COMUNICADO DEL PAÍS ANFITRIÓN

Entre el 22 de mayo y el 2 de junio de 2022, Alemania fue el país anfitrión de la XLIV Reunión Consultiva del Tratado Antártico (RCTA) y de la XXIV Reunión del Comité para la Protección del Medio Ambiente (CPA), en las que se reunieron los 54 Estados que son Partes del Tratado Antártico, así como observadores y expertos. Las reuniones tuvieron lugar en Berlín y se celebraron, por primera vez, en formato híbrido. La Sra. Tania von Uslar-Gleichen, directora del área de Derecho Internacional en el Ministerio Federal de Relaciones Exteriores, actuó como presidenta de la XLIV RCTA. La Reunión del CPA la presidió la Sra. Birgit Njåstad (Noruega).

Un total de 448 delegados se inscribieron en la XLIV RCTA; 104 participaron de manera virtual.

La Sra. Jennifer Lee Morgan, secretaria de Estado y enviada especial para la acción climática internacional al Ministerio Federal de Relaciones Exteriores, y la Dra. Bettina Hoffmann, secretaria de Estado parlamentaria en el Ministerio Federal de Medio Ambiente, Conservación de la Naturaleza, Seguridad Nuclear y Protección del Consumidor inauguraron oficialmente la conferencia. Ambas condenaron con absoluta firmeza la guerra ilegal e injustificable de Rusia, sin provocación previa, emprendida por un Estado consultivo contra otro. Se instó a Rusia a que pusiera fin a la guerra con Ucrania, señalando que esta infracción del derecho internacional contravenía, además, el espíritu del Tratado Antártico. Ucrania presentó un documento de información sobre las consecuencias sobre su programa antártico de la agresión militar contra su país. La gran mayoría de las Partes expresó su solidaridad con Ucrania y coincidió en condenar la agresión rusa.

Muchas Partes hicieron hincapié en que la agresión de una Parte contra otra no debe poner en peligro el trabajo de la RCTA por la paz, la investigación y la protección medioambiental. El Tratado Antártico lleva mucho tiempo considerándose un ejemplo de cooperación internacional exitosa en beneficio de la humanidad, así como de lucha contra las crisis globales relacionadas con el cambio climático, la pérdida de biodiversidad y la contaminación. El hecho de que la Reunión pudiera alcanzar un consenso para adoptar Medidas, Resoluciones y Decisiones da muestras de la solidez y resiliencia del Sistema del Tratado Antártico.

En la línea del lema «From Science via Policy to Protection» [De la ciencia a la protección a través de las políticas], la RCTA destacó la importancia de la investigación en la Antártida para la correcta toma de decisiones relacionadas con su protección. Con este espíritu, la Reunión consideró el informe de sinopsis decenal sobre el cambio climático y el medio ambiente en la Antártida elaborado por el Comité Científico de Investigación Antártica como el mejor material científico disponible, y aceptó la idea de que se necesita actuar con urgencia para evitar la pérdida irreversible de los valores antárticos, así como las consecuencias que puede sufrir el planeta. Todas las Partes se mostraron de acuerdo en que la RCTA desempeña un importante papel a la hora de afrontar la amenaza del cambio climático global, y decidieron centrarse en este asunto con aún mayor profundidad en la próxima RCTA.

A lo largo de los años, 75 áreas en todo el continente blanco han sido designadas como Zonas Antárticas Especialmente Protegidas en las Reuniones Consultivas. En la XLIV RCTA, se vio sometida a análisis y revisión la gestión de diecisiete de estas áreas. En el futuro, se añadirán cuatro nuevas zonas protegidas, dado que la RCTA respaldó que se dieran pasos de cara a su especial protección.

Además, la Reunión prestó especial atención a una especie concreta: el pingüino emperador. La variedad de pingüino más grande del mundo se halla en una situación de peligro cada vez mayor, en especial debido al calentamiento global. Una abrumadora mayoría de las Partes opinó que existe la suficiente evidencia científica como para dedicar a esta especie una especial protección en el marco del Protocolo sobre Protección del Medio Ambiente. Aunque la decisión formal de concederle protección especial quedó bloqueada por una Parte, la mayoría de las Partes indicó que, de todas formas, implementarían el proyecto de plan de acción que se había desarrollado entre sesiones a escala nacional.

La Reunión abordó, asimismo, la cuestión de las crecientes visitas turísticas a la Antártida, con la previsión de que el número total de visitantes superaría la cifra de 100 000 en la temporada 2022-2023. El marcado aumento en el interés suscitado a nivel mundial, que se traduce especialmente en viajes de cruceros antárticos, hace crecer la presión, en concreto en las regiones antárticas que ya están sufriendo la sacudida del cambio climático. Las Partes acordaron que un enfoque precautorio debía fijarse por objetivo el desarrollo de un enfoque estratégico y coordinado hacia la gestión sostenible del turismo en la Antártida.

El CPA resaltó la importancia de su Programa de Trabajo de Respuesta al Cambio Climático (CCRWP) y mostró sus resultados, entre los que destaca la colaboración de organizaciones que trabajan en la Antártida para afrontar cuestiones globales para proteger el medio ambiente antártico y los ecosistemas dependientes y asociados. Se mantuvieron intensos debates sobre la mejora del sistema de la Evaluación del Impacto Ambiental para todas las actividades en la Antártida. El Comité mostró su acuerdo en varios aspectos que se abordarían entre sesiones para reforzar en mayor medida la eficacia del sistema de evaluación ambiental. El CPA concedió, además, especial atención a los peligros de la contaminación química y a la introducción de plásticos en el ecosistema antártico.

La RCTA destacó la importancia de garantizar que toda persona que trabaje en la Antártida lo haga con seguridad, sintiéndose bienvenida, respetada y nunca discriminada. Los participantes declararon su compromiso de potenciar la diversidad y de fomentar una cultura inclusiva de cara a quienes contribuyen al trabajo del Sistema del Tratado Antártico.

Teniendo en cuenta el compromiso de las Partes a la hora de proteger el medio ambiente antártico, la XLIV RCTA se organizó de acuerdo con las *Directrices para la organización sostenible de eventos* del Gobierno federal alemán para minimizar el impacto ambiental mediante el ahorro de papel y de residuos y la compensación de carbono.

Las Partes debatieron la solicitud de Canadá de adquirir estatus consultivo y, aunque la idea recibió un apoyo generalizado, dos Partes declararon no estar preparadas para decidir sobre esta solicitud durante esta reunión. La solicitud, por tanto, se volverá a debatir en la XLV RCTA, que se celebrará en Helsinki entre el 29 de mayo y el 8 de junio de 2023.

PARTE II

Medidas, Decisiones
y Resoluciones

1. Medidas

Medida 1 (2022)

Zona Antártica Especialmente Administrada n.º 7 (sudoeste de la isla Anvers y cuenca Palmer): Plan de Gestión revisado

Los Representantes,

Recordando los Artículos 4, 5 y 6 del Anexo V del Protocolo al Tratado Antártico sobre Protección del Medio Ambiente, que establecen la designación de las Zonas Antárticas Especialmente Administradas («ZAEA») y la aprobación de los planes de gestión para dichas Zonas;

recordando
- la Medida 1 (2008), que designó el sudoeste de la isla Anvers y cuenca Palmer Zona Antártica Especialmente Administrada n.º 7 y anexó un Plan de Gestión para la Zona;
- las Medidas 2 (2009), 14 (2010) y 11 (2019), que aprobaron los planes de gestión revisados para la ZAEA 7;

observando que el Comité para la Protección del Medio Ambiente («CPA») refrendó un plan de gestión revisado para la ZAEA 7;

observando la Medida 14 (2022) relativa a la Zona Antártica Especialmente Protegida (ZAEP) n.º 139 (punta Biscoe, isla Anvers), la Medida 5 (2022) relativa a la ZAEP 113 (isla Litchfield, Puerto Arthur, isla Anvers, archipiélago Palmer) y la Medida 19 (2021) relativa a la ZAEP 176 (islas Rosenthal, isla Anvers, archipiélago Palmer), todas las cuales se encuentran ubicadas dentro de la ZAEA 7;

deseando reemplazar el actual Plan de Gestión para la ZAEA n.º 7 por el Plan de Gestión revisado;

recomiendan a sus Gobiernos la siguiente Medida para su aprobación de conformidad con el párrafo 1 del artículo 6 del anexo V al Protocolo al Tratado Antártico sobre Protección del Medio Ambiente:

que:

1. se apruebe el Plan de Gestión revisado para la Zona Antártica Especialmente Administrada n.º 7 (sudoeste de la isla Anvers y cuenca Palmer), anexado a esta Medida; y

2. se revoque el Plan de gestión de la Zona Antártica Especialmente Administrada n.º 7 anexado a la Medida 11 (2019).

Medida 2 (2022)

Zona Antártica Especialmente Protegida n.° 109 (isla Moe, islas Orcadas del Sur): Plan de Gestión revisado

Los representantes,

recordando los artículos 3, 5 y 6 del anexo V del Protocolo al Tratado Antártico sobre Protección del Medio Ambiente, que establecen la designación de las Zonas Antárticas Especialmente Protegidas («ZAEP») y la aprobación de los planes de gestión para dichas Zonas;

recordando
- la Recomendación IV-13 (1966), que designó a la isla Moe, islas Orcadas del Sur como Zona Especialmente Protegida («ZEP») n.° 13 y anexó un mapa de la Zona;
- la Recomendación XVI-6 (1991), que anexó una descripción revisada de la ZEP n.° 13 y un plan de gestión para la Zona;
- la Medida 1 (1995), que anexó una descripción revisada y un plan de gestión revisado para la ZEP n.° 13;
- la Decisión 1 (2002), que cambió el nombre y número de la ZEP 13 al de ZAEP 109;
- las Medidas 1 (2007), 1 (2012) y 1 (2017), que adoptaron un plan de gestión revisado para la ZAEP 109;

recordando
- que la Recomendación IV-13 (1966) fue designada como obsoleta por la Decisión 1 (2011);
- que la Resolución 9 (1995) fue designada como obsoleta por la Resolución 1 (2008);
- que la Recomendación XVI-6 (1991) no entró en vigor y que fue desplazada por la Medida 3 (2017); y
- que la Medida 1 (1995) no entró en vigor y que fue desplazada por la Medida 3 (2012);

observando que el Comité para la Protección del Medio Ambiente refrendó un plan de gestión revisado para la ZAEP 109;

deseando reemplazar el actual Plan de Gestión para la ZAEP 109 por el Plan de Gestión revisado;

recomiendan a sus Gobiernos la siguiente Medida para su aprobación de conformidad con el párrafo 1 del artículo 6 del anexo V al Protocolo al Tratado Antártico sobre Protección del Medio Ambiente:

que:

1. se apruebe el Plan de gestión revisado para la Zona Antártica Especialmente Protegida n.° 109 (isla Moe, islas Orcadas del Sur), que se anexa a esta Medida; y

2. se revoque el Plan de Gestión para la Zona Antártica Especialmente Protegida n.° 109, anexo a la Medida 1 (2017).

Medida 3 (2022)

Zona Antártica Especialmente Protegida n.° 110 (isla Lynch, islas Orcadas del Sur): Plan de Gestión revisado

Los representantes,

recordando los artículos 3, 5 y 6 del anexo V del Protocolo al Tratado Antártico sobre Protección del Medio Ambiente, que establecen la designación de las Zonas Antárticas Especialmente Protegidas («ZAEP») y la aprobación de los planes de gestión para dichas Zonas;

recordando
- la Recomendación IV-14 (1966), que designó a la isla Lynch, islas Orcadas del Sur como Zona Especialmente Protegida («ZEP») n.° 14 y anexó un mapa de la Zona;
- la Recomendación XVI-6 (1991), que anexó un Plan de Gestión para la Zona;
- la Medida 1 (2000), que anexó un Plan de gestión revisado para la ZEP 14;
- la Decisión 1 (2002), que cambió el nombre y número de la ZEP 14 al de ZAEP 110;
- las Medidas 2 (2012) y 2 (2017), que aprobaron un Plan de gestión revisado para la ZAEP 110;

recordando que la Recomendación XVI-6 (1991) y la Medida 1 (2000) no han entrado en vigor y que fueron desplazadas por la Decisión 3 (2017);

observando que el Comité para la Protección del Medio Ambiente refrendó un plan de gestión revisado para la ZAEP 110;

deseando reemplazar el actual Plan de Gestión para la ZAEP 110 por el Plan de Gestión revisado;

recomiendan a sus Gobiernos la siguiente Medida para su aprobación de conformidad con el párrafo 1 del artículo 6 del anexo V al Protocolo al Tratado Antártico sobre Protección del Medio Ambiente:

que:

1. se apruebe el Plan de gestión revisado para la Zona Antártica Especialmente Protegida n.° 110 (isla Lynch, islas Orcadas del Sur), que se anexa a esta Medida; y

2. se revoque el Plan de Gestión para la Zona Antártica Especialmente Protegida n.° 110, anexo a la Medida 2 (2017).

Medida 4 (2022)

Zona Antártica Especialmente Protegida N.º 111 (isla Powell del Sur e islas adyacentes, islas Orcadas del Sur): Plan de Gestión revisado

Los representantes,

recordando los artículos 3, 5 y 6 del anexo V del Protocolo al Tratado Antártico sobre Protección del Medio Ambiente, que establecen la designación de las Zonas Antárticas Especialmente Protegidas («ZAEP») y la aprobación de los planes de gestión para dichas Zonas;

recordando
- la Recomendación IV-15 (1966), que designó a la isla Powell del Sur e islas adyacentes, islas Orcadas del Sur como Zona Especialmente Protegida («ZEP») n.º 15 y anexó un mapa de la Zona;
- La Recomendación XVI-6 (1991), que anexó un Plan de gestión para la ZEP 15;
- la Medida 1 (1995), que anexó una descripción modificada y un plan de gestión revisado para la ZEP n.º 15;
- la Decisión 1 (2002), que cambió el nombre y número de la ZEP 15 al de ZAEP 111;
- las Medidas 3 (2012) y 3 (2017), que aprobaron un Plan de gestión revisado para la ZAEP 111;

recordando que la Recomendación XVI-6 (1991) no ha entrado en vigor y fue desplazada por la Decisión 3 (2017) y que la Medida 1 (1995) no ha entrado en vigor y fue desplazada por la Medida 3 (2012);

observando que el Comité para la Protección del Medio Ambiente refrendó un plan de gestión revisado para la ZAEP 111;

deseando reemplazar el actual Plan de Gestión para la ZAEP 111 por el Plan de Gestión revisado;

recomiendan a sus Gobiernos la siguiente Medida para su aprobación de conformidad con el párrafo 1 del artículo 6 del anexo V al Protocolo al Tratado Antártico sobre Protección del Medio Ambiente:

que:

1. se apruebe el Plan de gestión revisado para la Zona Antártica Especialmente Protegida n.º 111 (isla Powell del Sur e islas adyacentes, islas Orcadas del Sur), que se anexa a esta Medida; y

2. se revoque el Plan de Gestión para la Zona Antártica Especialmente Protegida n.º 111, anexo a la Medida 3 (2017).

Medida 5 (2022)

Zona Antártica Especialmente Protegida n.º 113 (isla Litchfield, puerto Arthur, isla Anvers, archipiélago de Palmer): Plan de Gestión revisado

Los representantes,

recordando los artículos 3, 5 y 6 del anexo V del Protocolo al Tratado Antártico sobre Protección del Medio Ambiente, que establecen la designación de las Zonas Antárticas Especialmente Protegidas («ZAEP») y la aprobación de los planes de gestión para dichas Zonas;

recordando
- la Recomendación VIII-1 (1975), que designó a la isla Litchfield, puerto Arthur, archipiélago de Palmer como Zona Especialmente Protegida («ZEP») n.º 17 y anexó un mapa para dicha Zona;
- la Decisión 1 (2002), que cambió el nombre y número del SEIC 17 a ZAEP 113;
- la Medida 2 (2004), que aprobó un Plan de gestión para la ZAEP 113;
- la Medida 1 (2008), que designó el sudoeste de la isla Anvers y la cuenca Palmer como Zona Antártica Especialmente Administrada n.º 7, dentro de la cual se ubica la ZAEP 113;
- las Medidas 4 (2009) y 1 (2014), que aprobaron un Plan de gestión revisado para la ZAEP 113;

recordando que la Recomendación VIII-1 (1975) fue revocada por la Medida 4 (2009);

observando que el Comité para la Protección del Medio Ambiente refrendó un plan de gestión revisado para la ZAEP 113;

deseando reemplazar el actual Plan de Gestión para la ZAEP 113 por el Plan de Gestión revisado;

recomiendan a sus Gobiernos la siguiente Medida para su aprobación de conformidad con el párrafo 1 del artículo 6 del anexo V al Protocolo al Tratado Antártico sobre Protección del Medio Ambiente:

que:

1. se apruebe el Plan de Gestión revisado para la Zona Antártica Especialmente Protegida n.º 113 (isla Litchfield, puerto Arthur, isla Anvers, archipiélago de Palmer), que se anexa a la presente Medida, y

2. se revoque el Plan de Gestión para la Zona Antártica Especialmente Protegida n.º 113, anexo a la Medida 1 (2014).

Medida 6 (2022)

Zona Antártica Especialmente Protegida n.º 115 (isla Lagotellerie, bahía Margarita, Tierra de Graham): Plan de Gestión revisado

Los representantes,

recordando los artículos 3, 5 y 6 del anexo V del Protocolo al Tratado Antártico sobre Protección del Medio Ambiente, que establecen la designación de las Zonas Antárticas Especialmente Protegidas («ZAEP») y la aprobación de los planes de gestión para dichas Zonas;

recordando
- la Recomendación XIII-11 (1985), que designó a la isla Lagotellerie, bahía Margarita, Tierra de Graham como Zona Especialmente Protegida («ZEP») n.º 19 y anexó un mapa de la Zona;
- la Recomendación XVI-6 (1991), que anexó un plan de gestión para la Zona;
- la Medida 1 (2000), que anexó un Plan de gestión revisado para la ZEP 19;
- la Decisión 1 (2002), que cambió el nombre y número de la ZEP 19 al de ZAEP 115;
- las Medidas 5 (2012) y 4 (2017), que aprobaron un Plan de gestión revisado para la ZAEP 115;

recordando que la Recomendación XVI-6 (1991) y la Medida 1 (2000) no han entrado en vigor y que fueron desplazadas por la Decisión 3 (2017);

observando que el Comité para la Protección del Medio Ambiente refrendó un plan de gestión revisado para la ZAEP 115;

deseando reemplazar el actual Plan de Gestión para la ZAEP 115 por el Plan de Gestión revisado;

recomiendan a sus Gobiernos la siguiente Medida para su aprobación de conformidad con el párrafo 1 del artículo 6 del anexo V al Protocolo al Tratado Antártico sobre Protección del Medio Ambiente:

que:

1. se apruebe el Plan de Gestión revisado para la Zona Antártica Especialmente Protegida n.º 115 (isla Lagotellerie, bahía Margarita, Tierra de Graham), que se anexa a la presente Medida, y

2. se revoque el Plan de Gestión para la Zona Antártica Especialmente Protegida n.º 115, anexo a la Medida 4 (2017).

Medida 7 (2022)

Zona Antártica Especialmente Protegida n.º 119 (valle Davis y laguna Forlidas, macizo Dufek, montañas Pensacola): Plan de Gestión revisado

Los representantes,

recordando los artículos 3, 5 y 6 del anexo V del Protocolo al Tratado Antártico sobre Protección del Medio Ambiente, que establecen la designación de las Zonas Antárticas Especialmente Protegidas («ZAEP») y la aprobación de los planes de gestión para dichas Zonas;

recordando
- la Recomendación XVI-9 (1991), que designó a la laguna Forlidas y a las lagunas del valle Davis como Zona Especialmente Protegida (ZEP) n.º 23 y anexó un plan de gestión para la Zona;
- la Decisión 1 (2002), que cambió el nombre y número de la ZEP 23 a ZAEP 119;
- las Medidas 2 (2005), 6 (2010) y 7 (2015), que adoptaron un plan de gestión revisado para la ZAEP 119;

recordando que la Recomendación XVI-9 (1991) no ha entrado en vigor y que fue desplazada por la Medida 6 (2010);

observando que el Comité para la Protección del Medio Ambiente refrendó un plan de gestión revisado para la ZAEP 119;

deseando reemplazar el actual Plan de Gestión para la ZAEP 119 por el Plan de Gestión revisado;

recomiendan a sus Gobiernos la siguiente Medida para su aprobación de conformidad con el párrafo 1 del artículo 6 del anexo V al Protocolo al Tratado Antártico sobre Protección del Medio Ambiente:

que:

1.   se apruebe el Plan de Gestión revisado para la Zona Antártica Especialmente Protegida n.º 119 (valle Davis y laguna Forlidas, macizo Dufek, montañas Pensacola), anexo a la presente Medida, y

2.   se revoque el Plan de Gestión para la Zona Antártica Especialmente Protegida n.º 119, anexo a la Medida 7 (2015).

Medida 8 (2022)

Zona Antártica Especialmente Protegida n.º 122 (alturas de Arrival, península Punta Hut, isla Ross): Plan de Gestión revisado

Los representantes,

recordando los artículos 3, 5 y 6 del anexo V del Protocolo al Tratado Antártico sobre Protección del Medio Ambiente, que establecen la designación de las Zonas Antárticas Especialmente Protegidas («ZAEP») y la aprobación de los planes de gestión para dichas Zonas;

recordando
- la Recomendación VIII-4 (1975), que designó a las alturas de Arrival, península Punta Hut, la isla Ross como Sitio de Especial Interés Científico (SEIC) n.º 2 y anexó un Plan de gestión para el sitio;
- las Recomendaciones X-6 (1979), XII-5 (1983), XIII-7 (1985), XIV-4 (1987), la Resolución 3 (1996) y la Medida 2 (2000), que extendieron la fecha de expiración del SEIC 2;
- la Decisión 1 (2002), que cambió el nombre y número del SEIC 32 a ZAEP 122;
- las Medidas 2 (2004), 3 (2011) y 3 (2016), que adoptaron un plan de gestión revisado para la ZAEP 122;

recordando que la Medida 2 (2000) fue desplazada por la Medida 5 (2009);

recordando que las Recomendaciones VIII-4 (1975), X-6 (1979), XII-5 (1983), XIII-7 (1985), XIV-4 (1987) y la Resolución 3 (1996) fueron designadas como obsoletas por la Decisión 1 (2011);

observando que el Comité para la Protección del Medio Ambiente refrendó un plan de gestión revisado para la ZAEP 122;

deseando reemplazar el actual Plan de Gestión para la ZAEP 122 por el Plan de Gestión revisado;

recomiendan a sus Gobiernos la siguiente Medida para su aprobación de conformidad con el párrafo 1 del artículo 6 del anexo V al Protocolo al Tratado Antártico sobre Protección del Medio Ambiente:

que:

1. se apruebe el Plan de gestión revisado para la Zona Antártica Especialmente Protegida n.º 122 (alturas de Arrival, península Punta Hut, isla Ross), que se anexa a la presente Medida; y

2. se revoque el Plan de Gestión para la Zona Antártica Especialmente Protegida n.º 122, anexo a la Medida 3 (2016).

Medida 9 (2022)

Zona Antártica Especialmente Protegida n.º 124 (cabo Crozier, isla Ross): Plan de Gestión revisado

Los representantes,

recordando los artículos 3, 5 y 6 del anexo V del Protocolo al Tratado Antártico sobre Protección del Medio Ambiente, que establecen la designación de las Zonas Antárticas Especialmente Protegidas («ZAEP») y la aprobación de los planes de gestión para dichas Zonas;

recordando
- la Recomendación IV-6 (1966), que designó al cabo Crozier, isla Ross, como Zona Especialmente Protegida («ZEP») n.º 6 y anexó un mapa de la Zona;
- la Recomendación VIII-2 (1975), que puso fin a la Recomendación IV-6 (1966);
- la Recomendación VIII-4 (1975), que designó al cabo Crozier, isla Ross, como Sitio de Especial Interés Científico (SEIC) n.º 4 y anexó un plan de gestión para el Sitio;
- las Recomendaciones X-6 (1979), XII-5 (1983), XIII-7 (1985), XVI-7 (1991) y la Medida 3 (2001), que extendieron la fecha de expiración del SEIC 4;
- la Decisión 1 (2002), que cambió el nombre y número del SEIC 4 a ZAEP 124;
- las Medidas 1 (2002), 7 (2008) y 3 (2014), que aprobaron un Plan de gestión revisado para la ZAEP 124;

recordando que las Recomendaciones VIII-2 (1975), X-6 (1979), XII-5 (1983), XIII-7 (1985) y XVI-7 (1991) fueron designadas como obsoletas por la Decisión 1 (2011);

recordando que la Medida 3 (2001) no ha entrado en vigor y que fue desplazada por la Medida 4 (2011);

observando que el Comité para la Protección del Medio Ambiente refrendó un plan de gestión revisado para la ZAEP 124;

deseando reemplazar el actual Plan de Gestión para la ZAEP 124 por el Plan de Gestión revisado;

recomiendan a sus Gobiernos la siguiente Medida para su aprobación de conformidad con el párrafo 1 del artículo 6 del anexo V al Protocolo al Tratado Antártico sobre Protección del Medio Ambiente:

que:

1.	se apruebe el Plan de gestión revisado para la Zona Antártica Especialmente Protegida n.º 124 (cabo Crozier, isla Ross), que se anexa a esta Medida; y

2.	se revoque el Plan de Gestión para la Zona Antártica Especialmente Protegida n.º 124, anexo a la Medida 3 (2014).

Medida 10 (2022)

Zona Antártica Especialmente Protegida n.º 126 (península Byers, isla Livingston, islas Shetland del Sur): Plan de Gestión revisado

Los representantes,

recordando los artículos 3, 5 y 6 del anexo V del Protocolo al Tratado Antártico sobre Protección del Medio Ambiente, que establecen la designación de las Zonas Antárticas Especialmente Protegidas («ZAEP») y la aprobación de los planes de gestión para dichas Zonas;

recordando
- la Recomendación IV-10 (1966), que designó a la península Byers, isla Livingston, islas Shetland del Sur como Zona Especialmente Protegida («ZEP») n.º 10;
- la Recomendación VIII-2 (1975), que rescindió la ZEP 10 y la Recomendación VIII-4 (1975), que volvió a designar a la Zona como Sitio de Especial Interés Científico (SEIC) n.º 6 y anexó el primer Plan de gestión para el Sitio;
- las Recomendaciones X-6 (1979), XII-5 (1983), XIII-7 (1985) y la Medida 3 (2001), que extienden la fecha de expiración del SEIC 6;
- la Recomendación XVI-5 (1991), que aprobó un Plan de Gestión para el SEIC 6;
- la Decisión 1 (2002), que cambió el nombre y número del SEIC 6 a ZAEP 126;
- las Medidas 1 (2002), 4 (2011) y 4 (2016), que adoptaron un plan de gestión revisado para la ZAEP 126;

recordando que la Recomendación XVI-5 (1991) y la Medida 3 (2001) no han entrado en vigor y que fueron desplazadas por la Medida 4 (2011);

recordando que las Recomendaciones VIII-2 (1975), X-6 (1979), XII-5 (1983), XIII-7 (1985) y XVI-5 (1991) fueron designadas como obsoletas por la Decisión 1 (2011);

observando que el Comité para la Protección del Medio Ambiente refrendó un plan de gestión revisado para la ZAEP 126;

deseando reemplazar el actual Plan de Gestión para la ZAEP 126 por el Plan de Gestión revisado;

recomiendan a sus Gobiernos la siguiente Medida para su aprobación de conformidad con el párrafo 1 del artículo 6 del anexo V al Protocolo al Tratado Antártico sobre Protección del Medio Ambiente:

que:

1. se apruebe el Plan de Gestión revisado para la Zona Antártica Especialmente Protegida n.º 126 (Península Byers, isla Livingston, islas Shetland del Sur), que se anexa a esta Medida; y

2. se revoque el Plan de Gestión para la Zona Antártica Especialmente Protegida n.º 126, anexo a la Medida 4 (2016).

Medida 11 (2022)

Zona Antártica Especialmente Protegida n.º 127 (isla Haswell): Plan de Gestión revisado

Los representantes,

recordando los artículos 3, 5 y 6 del anexo V del Protocolo al Tratado Antártico sobre Protección del Medio Ambiente, que establecen la designación de las Zonas Antárticas Especialmente Protegidas («ZAEP») y la aprobación de los planes de gestión para dichas Zonas;

recordando
- la Recomendación VIII-4 (1975), que designó a la isla Haswell como Sitio de Especial Interés Científico (SEIC) n.º 7 y anexó un Plan de Gestión para el Sitio;
- las Recomendaciones X-6 (1979), XII-5 (1983), XIII-7 (1985), XVI-7 (1987) y la Medida 3 (2001), que extendieron la fecha de expiración del SEIC 7;
- la Decisión 1 (2002), que cambia el nombre y número del SEIC 7 a ZAEP 127;
- La Medida 4 (2005), que extendió la fecha de expiración del Plan de Gestión de la ZAEP n.º 127;
- las Medidas 1 (2006), 5 (2011) y 5 (2016), que adoptaron un plan de gestión revisado para la ZAEP 127;

recordando que las Recomendaciones VIII-4 (1975), X-6 (1979), XII-5 (1983), XIII-7 (1985) y XVI-7 (1987) fueron designadas como obsoletas por la Decisión 1 (2011);

observando que el Comité para la Protección del Medio Ambiente refrendó un plan de gestión revisado para la ZAEP 127;

deseando reemplazar el actual Plan de Gestión para la ZAEP 127 por el Plan de Gestión revisado;

recomiendan a sus Gobiernos la siguiente Medida para su aprobación de conformidad con el párrafo 1 del artículo 6 del anexo V al Protocolo al Tratado Antártico sobre Protección del Medio Ambiente:

que:

1. se apruebe el Plan de gestión revisado para la Zona Antártica Especialmente Protegida n.º 127 (isla Haswell), que se anexa a esta Medida; y

2. se revoque el Plan de Gestión para la Zona Antártica Especialmente Protegida n.º 127, anexo a la Medida 5 (2016).

Medida 12 (2022)

Zona Antártica Especialmente Protegida n.° 129 (punta Rothera, isla Adelaida): Plan de Gestión revisado

Los representantes,

recordando los artículos 3, 5 y 6 del anexo V del Protocolo al Tratado Antártico sobre Protección del Medio Ambiente, que establecen la designación de las Zonas Antárticas Especialmente Protegidas («ZAEP») y la aprobación de los planes de gestión para dichas Zonas;

recordando
- la Recomendación XIII-8 (1985), que designó a la punta Rothera, isla Adelaida como Sitio de Especial Interés Científico («SEIC») n.° 9 y anexó un plan de gestión para el Sitio;
- la Resolución 7 (1995), que extendió la fecha de expiración del SEIC 9;
- la Medida 1 (1996), que anexó una descripción revisada y un plan de gestión revisado para el SEIC 9;
- la Decisión 1 (2002), que cambió el nombre y número del SEIC 9 a ZAEP 129;
- la Medida 1 (2007), que aprobó un Plan de gestión revisado para la ZAEP 129 y actualizó sus límites;
- las Medidas 6 (2012) y 5 (2017), que aprobaron un Plan de gestión revisado para la ZAEP 129;

recordando que la Resolución 7 (1995) se declaró obsoleta en virtud de la Decisión 1 (2011) y que la Medida 1 (1996) no ha entrado en vigor y fue desplazada por la Medida 10 (2008);

observando que el Comité para la Protección del Medio Ambiente refrendó un plan de gestión revisado para la ZAEP 129;

deseando reemplazar el actual Plan de Gestión para la ZAEP 129 por el Plan de Gestión revisado;

recomiendan a sus Gobiernos la siguiente Medida para su aprobación de conformidad con el párrafo 1 del artículo 6 del anexo V al Protocolo al Tratado Antártico sobre Protección del Medio Ambiente:

que:

1.   se apruebe el Plan de gestión revisado para la Zona Antártica Especialmente Protegida n.° 129 (punta Rothera, isla Adelaida), que se anexa a la presente Medida, y

2.   se revoque el Plan de Gestión para la Zona Antártica Especialmente Protegida n.° 129, anexo a la Medida 5 (2017).

Medida 13 (2022)

Zona Antártica Especialmente Protegida n.º 133 (punta Armonía, isla Nelson, islas Shetland del Sur): Plan de Gestión revisado

Los representantes,

recordando los artículos 3, 5 y 6 del anexo V del Protocolo al Tratado Antártico sobre Protección del Medio Ambiente, que establecen la designación de las Zonas Antárticas Especialmente Protegidas («ZAEP») y la aprobación de los planes de gestión para dichas Zonas;

recordando
- la Recomendación XIII-8 (1985), que designó a la punta Armonía, isla Nelson, islas Shetland del Sur como Sitio de Especial Interés Científico («SEIC») n.º 14;
- La Resolución 7 (1995), que extiendió la fecha de vencimiento del SEIC 14;
- la Medida 3 (1997), que aprobó un plan de gestión revisado para el SEIC 14;
- la Decisión 1 (2002), que cambió el nombre y número del SEIC 14 a ZAEP 133;
- las Medidas 2 (2005) y 7 (2012), que anexaron un plan de gestión revisado para la ZAEP 133;

recordando que la Resolución 7 (1995) fue designada como obsoleta por la Decisión 1 (2011);

recordando que la Medida 3 (1997) no entró en vigor y que fue desplazada por la Medida 6 (2011);

observando que el Comité para la Protección del Medio Ambiente refrendó un plan de gestión revisado para la ZAEP 133;

deseando reemplazar el actual Plan de Gestión para la ZAEP 133 por el Plan de gestión revisado;

recomiendan a sus Gobiernos la siguiente Medida para su aprobación de conformidad con el párrafo 1 del artículo 6 del anexo V al Protocolo al Tratado Antártico sobre Protección del Medio Ambiente:

que:

1.   se apruebe el Plan de Gestión revisado para la Zona Antártica Especialmente Protegida n.º 133 (punta Armonía, isla Nelson, islas Shetland del Sur), que se anexa a esta Medida, y

2.   se revoque el Plan de Gestión para la Zona Antártica Especialmente Protegida n.º 133, anexo a la Medida 7 (2012).

Medida 14 (2022)

Zona Antártica Especialmente Protegida n.º 139 (punta Biscoe, isla Anvers, archipiélago de Palmer): Plan de Gestión revisado

Los representantes,

recordando los artículos 3, 5 y 6 del anexo V del Protocolo al Tratado Antártico sobre Protección del Medio Ambiente, que establecen la designación de las Zonas Antárticas Especialmente Protegidas («ZAEP») y la aprobación de los planes de gestión para dichas Zonas;

recordando
- la Recomendación XIII-8 (1985), que designó a la punta Biscoe, isla Anvers, archipiélago de Palmer, como Sitio de Especial Interés Científico (SEIC) n.º 20 y anexó un plan de gestión para el Sitio;
- La Resolución 3 (1996) y la Medida 2 (2000), que extendieron la fecha de expiración del SEIC 20;
- la Decisión 1 (2002), que cambió el nombre y número del SEIC 20 a ZAEP 139;
- las Medidas 2 (2004), 7 (2010) y 6 (2014), que aprobaron un Plan de gestión revisado para la ZAEP 139;

recordando que la Resolución 3 (1996) fue designada como obsoleta por la Decisión 1 (2011);

recordando que la Medida 2 (2000) no entró en vigor y que fue desplazada por la Medida 5 (2009);

observando que el Comité para la Protección del Medio Ambiente refrendó un plan de gestión revisado para la ZAEP 139;

deseando reemplazar el actual Plan de Gestión para la ZAEP 139 por el Plan de Gestión revisado;

recomiendan a sus Gobiernos la siguiente Medida para su aprobación de conformidad con el párrafo 1 del artículo 6 del anexo V al Protocolo al Tratado Antártico sobre Protección del Medio Ambiente:

que:

1.	se apruebe el Plan de Gestión revisado para la Zona Antártica Especialmente Protegida n.º 139 (Punta Biscoe, isla Anvers, archipiélago de Palmer), que se anexa a la presente Medida, y

2.	se revoque el Plan de Gestión para la Zona Antártica Especialmente Protegida n.º 139, anexo a la Medida 6 (2014).

Medida 15 (2022)

Zona Antártica Especialmente Protegida n.º 140 (partes de la isla Decepción, islas Shetland del Sur): Plan de Gestión revisado

Los representantes,

recordando los artículos 3, 5 y 6 del anexo V del Protocolo al Tratado Antártico sobre Protección del Medio Ambiente, que establecen la designación de las Zonas Antárticas Especialmente Protegidas («ZAEP») y la aprobación de los planes de gestión para dichas Zonas;

recordando
- la Recomendación XIII-8 (1985), que designó las costas del puerto Foster, isla Decepción, islas Shetland del Sur, como Sitio de Especial Interés Científico («SEIC») n.º 21 y anexó un Plan de gestión para el sitio;
- la Resolución 7 (1995) y la Medida 2 (2000), que extendieron la fecha de expiración del SEIC 21;
- la Decisión 1 (2002), que cambió el nombre y número del SEIC 21 a ZAEP 140;
- las Medidas 3 (2005), 8 (2012) y 6 (2017), que adoptaron un plan de gestión revisado para la ZAEP 140;

recordando que la Resolución 7 (1995) se declaró obsoleta en virtud de la Decisión 1 (2011) y que la Medida 2 (2000) no ha entrado en vigor y fue desplazada por la Medida 5 (2009);

observando que el Comité para la Protección del Medio Ambiente refrendó un plan de gestión revisado para la ZAEP 140;

deseando reemplazar el actual Plan de Gestión para la ZAEP 140 por el Plan de Gestión revisado;

recomiendan a sus Gobiernos la siguiente Medida para su aprobación de conformidad con el párrafo 1 del artículo 6 del anexo V al Protocolo al Tratado Antártico sobre Protección del Medio Ambiente:

que:

1.   se apruebe el Plan de Gestión revisado para la Zona Antártica Especialmente Protegida n.º 140 (partes de la isla Decepción, islas Shetland del Sur), que se anexa a esta Medida, y

2.   se revoque el Plan de Gestión para la Zona Antártica Especialmente Protegida n.º 140, anexo a la Medida 6 (2017).

Medida 16 (2022)

Zona Antártica Especialmente Protegida n.° 149 (cabo Shirreff e isla San Telmo, isla Livingston, islas Shetland del Sur): Plan de Gestión revisado

Los representantes,

recordando los artículos 3, 5 y 6 del anexo V del Protocolo al Tratado Antártico sobre Protección del Medio Ambiente, que establecen la designación de las Zonas Antárticas Especialmente Protegidas («ZAEP») y la aprobación de los planes de gestión para dichas Zonas;

recordando
- la Recomendación IV-11 (1966), que designó al cabo Shirreff, isla Livingston, islas Shetland del Sur como Zona Especialmente Protegida (ZEP) n.° 11;
- la Recomendación XV-7 (1989), que rescindió la ZEP 11, volvió a designar la zona como Sitio de Especial Interés Científico (SEIC) n.° 32 y anexó un Plan de Gestión para el Sitio;
- la Resolución 3 (1996) y la Medida 2 (2000), que extendieron la fecha de expiración del SEIC 32;
- la Decisión 1 (2002), que cambió el nombre y número del SEIC 32 a ZAEP 149;
- las Medidas 2 (2005), 7 (2011) y 7 (2016), que aprobaron un Plan de gestión revisado para la ZAEP 149;

recordando que la Recomendación XV-7 (1989) y la Medida 2 (2000) no habían entrado en vigor y que la Medida 2 (2000) fue desplazada por la Medida 5 (2009);

recordando que la Recomendación XV-7 (1989) y la Resolución 3 (1996) fueron designadas como obsoletas por la Decisión 1 (2011);

observando que el Comité para la Protección del Medio Ambiente refrendó un plan de gestión revisado para la ZAEP 149;

deseando reemplazar el actual Plan de Gestión para la ZAEP 149 por el Plan de Gestión revisado;

recomiendan a sus Gobiernos la siguiente Medida para su aprobación de conformidad con el párrafo 1 del artículo 6 del anexo V al Protocolo al Tratado Antártico sobre Protección del Medio Ambiente:

que:

1.   se apruebe el Plan de Gestión revisado para la Zona Antártica Especialmente Protegida n.° 149 (Cabo Shirreff e isla San Telmo, isla Livingston, islas Shetland del Sur), que se anexa a esta Medida; y

2.   se revoque el Plan de Gestión para la Zona Antártica Especialmente Protegida n.° 149, anexo a la Medida 7 (2016).

Medida 17 (2022)

Zona Antártica Especialmente Protegida n.º 164 (monolitos Scullin y Murray, Tierra de Mac Robertson): Plan de Gestión revisado

Los representantes,

recordando los artículos 3, 5 y 6 del anexo V del Protocolo al Tratado Antártico sobre Protección del Medio Ambiente, que establecen la designación de las Zonas Antárticas Especialmente Protegidas («ZAEP») y la aprobación de los planes de gestión para dichas Zonas;

recordando
- La Medida 2 (2005), que designo a los monolitos Scullin y Murray, Tierra de Mac Robertson, Antártida Oriental como ZAEP 164 y anexó un Plan de gestión para la Zona;
- las Medidas 13 (2010) y 16 (2015), que aprobaron un Plan de gestión revisado para la ZAEP 164;

observando que el Comité para la Protección del Medio Ambiente refrendó un plan de gestión revisado para la ZAEP 164;

deseando reemplazar el actual Plan de Gestión para la ZAEP 164 por el Plan de Gestión revisado;

recomiendan a sus Gobiernos la siguiente Medida para su aprobación de conformidad con el párrafo 1 del artículo 6 del anexo V al Protocolo al Tratado Antártico sobre Protección del Medio Ambiente:

que:

1.   se apruebe el Plan de gestión revisado para la Zona Antártica Especialmente Protegida No 164 (Monolitos Scullin y Murray, Tierra de Mac Robertson), que se anexa a la presente Medida; y

2.   se revoque el Plan de Gestión para la Zona Antártica Especialmente Protegida n.º 164, anexo a la Medida 16 (2015).

Medida 18 (2022)

Lista revisada de Sitios y Monumentos Históricos antárticos: actualización de información sobre los Sitios y Monumentos Históricos antárticos n.º 26, 29, 36, 38, 39, 40, 41, 42, 43 y 93

Los Representantes,

recordando los requisitos del artículo 8 del anexo V del Protocolo al Tratado Antártico sobre Protección del Medio Ambiente de mantener una lista de los actuales Sitios y Monumentos Históricos («SMH»), y que estos sitios «no deberán dañarse, trasladarse ni destruirse»;

recordando
- la Resolución 3 (2009), que aprobó las *Directrices para la designación y protección de Sitios y Monumentos Históricos*;
- la Resolución 2 (2018), que aprobó las *Directrices para la evaluación y gestión del patrimonio antártico*;
- la Recomendación VII-9, que designó los SMH 26, 29, 36, 38, 39, 40, 41, 42 y 43, y la Medida 5 (1997), que modificó el SMH 41;
- la Medida 12 (2019), que añadió el pecio del *Endurance* a la lista de SMH;
- la Decisión 1 (2019), que añadió nuevos campos de información a la lista de SMH;
- la Decisión 1 (2021), que estableció la información contenida en los campos que continúa representando una parte formal de la lista de SMH y que estipuló que las modificaciones de dichos campos requerirán su adopción a través de una Medida; y
- la Medida 23 (2021), que aprobó la lista de SMH con formato rediseñado;

recomiendan a sus Gobiernos la siguiente Medida para su aprobación de conformidad con el párrafo 2 del artículo 8 del anexo V al Protocolo al Tratado Antártico sobre Protección del Medio Ambiente:

que:

1.   la información de la Lista de Sitios y Monumentos Históricos antárticos («SMH») del SMH 93, pecio del *Endurance*, se modifique como consta en el cuadro que figura a continuación:

N.º	Nombre	Descripción	Ubicación	Características físicas del entorno y contexto cultural y local
93	Pecio del *Endurance*	Pecio del buque *Endurance*, incluidos todos los artefactos contenidos actual o previamente dentro del buque, que pueden estar en el lecho marino dentro o cerca del pecio, en un radio de 500m. Esto incluye todo el equipamiento asociado al buque (como el timón, la campana, etc.). La designación también incluye todos los objetos personales que la tripulación haya dejado en el buque en el momento en que se hundió.	68°44'21" S, 52°19'47" O	El pecio está ubicado en el fondo del mar de Weddell, a una profundidad de 3008 m.

2.   la información de la Lista de SMH de los SMH 26, 29, 36, 38, 39, 40, 41, 42 y 43, se modifique como consta en el cuadro que figura a continuación:

N.º	Nombre	Ubicación
26	Instalaciones ceremoniales de la base San Martín.	68°07'47" S, 67°06'05" O
29	Faro Primero de Mayo	64°17'58" S, 62°58'08" O
36	Placa de expedición de Dallmann	62°14'26" S, 58°40'45" O
38	Cabaña sueca en Cerro Nevado	64°21'50" S, 56°59'32"O
39	Cabaña de piedra de bahía Esperanza	63°23'44"S, 56°59'51"O
40	Instalaciones ceremoniales de la base Esperanza	63°23'49"S, 56°59'57"O
41	Restos históricos de la tripulación del *Antarctic* en la isla Paulet	63°34'29"S, 55°47'06"O
42	Observatorios de la isla Laurie	60°44'18"S, 44°44'19"O
43	Cruz de la estación Belgrano	77°52'34"S, 34°37'43"O

3.   que se solicite a la Secretaría del Tratado Antártico que actualice la lista anexa a la Medida 23 (2021) y que la publique en su sitio web.

2. Decisiones

Decisión 1 (2022)

Informe, programa y presupuesto de la Secretaría

Los Representantes,

Recordando la Medida 1 (2003) sobre el establecimiento de la Secretaría del Tratado Antártico («la Secretaría»);

teniendo en cuenta el Reglamento Financiero de la Secretaría del Tratado Antártico anexo a la Decisión 4 (2003) y modificado por la Decisión 6 (2005);

deciden:

1.   aprobar el Informe Financiero auditado para el período 2020/2021, anexado a esta Decisión (Anexo 1);

2.   tomar nota del Informe de la Secretaría correspondiente al período 2021/2022, que incluye el Informe Financiero provisional para 2021/2022, anexado a esta Decisión (Anexo 2);

3.   tomar nota del perfil presupuestario quinquenal prospectivo 2023/2024-2027/2028 y aprobar el Programa de la Secretaría 2022/2023, incluido el presupuesto para 2022/2023 y el presupuesto proyectado para 2023/2024, anexo a la presente Decisión (Anexo 3); y

4.   solicitar que el secretario ejecutivo de la Secretaría abra en el foro de la Reunión Consultiva del Tratado Antártico («RCTA») un tema para informar a las Partes Consultivas sobre cuestiones financieras.

Dictamen de Auditor

Sr. Secretario

de la Secretaría del Tratado Antártico Maipú 757, 4° piso

CUIT 30-70892567-1

Re: RCTA XLIV - CPA XXIV Reunión Consultiva del Tratado Antártico, 2022 – Berlín, Alemania.

1. Informe sobre Estados Financieros

Hemos auditado los Estados Financieros adjuntos de la Secretaría del Tratado Antártico que comprenden el Estado de Ingresos y Gastos, Estado de Situación Financiera, Estado de Evolución del Patrimonio Neto, el Estado de Flujo de Fondos y Notas aclaratorias por el ejercicio económico comenzado el 1° de abril de 2020 y finalizado el 31 de marzo de 2021.

2. Responsabilidad de la Dirección en los Estados Financieros

La Secretaría del Tratado Antártico, constituida bajo la Ley de la República Argentina N° 25.888 del 14 de mayo de 2004, es responsable de la preparación y presentación razonable de los estados financieros adjuntos de conformidad con criterios de contabilización basados en movimientos de efectivo, de acuerdo con las Normas Internacionales de Contabilidad y Normas específicas de las Reuniones Consultivas del Tratado Antártico. Dicha responsabilidad incluye el diseño, implementación y mantenimiento de control interno con respecto a la preparación y presentación de los estados financieros de modo que los mismos, estén libres de tergiversación, sea por fraude o error, selección e implementación de políticas contables apropiadas y elaboración de estimaciones contables que sean razonables a las circunstancias.

3. Responsabilidad del Auditor

Nuestra responsabilidad es expresar una opinión sobre estos Estados Financieros basados en la auditoría efectuada.

La auditoría se realizó conforme Normas Internacionales de Auditoría y el Anexo a la Decisión 3 (2012) de la XXXI Reunión Consultiva del Tratado Antártico, el cual describe las tareas a ser llevadas a cabo por la auditoría externa.

Dichas normas requieren el cumplimiento de requisitos éticos y un planeamiento y ejecución de auditoría para obtener seguridad razonable que los Estados Financieros están libres de incorrecciones significativas.

Una auditoría incluye la ejecución de procedimientos cuyo objeto es obtener evidencias relativas a los montos y la exposición reflejados en los Estados Financieros. Los procedimientos seleccionados dependen del juicio del auditor, incluida la valoración de los riesgos de incorrecciones significativas en los estados financieros.

Al efectuar dicha evaluación de riesgos, el auditor considera el control interno relevante a la preparación y razonable presentación por la organización de los Estados Financieros a fin de diseñar los procedimientos adecuados que resulten apropiados a las circunstancias.

Una auditoría incluye además una evaluación de la idoneidad, de los principios contables utilizados, una opinión en cuanto a si los cálculos contables aplicados por la gerencia son razonables, así como también una evaluación de la presentación general de los Estados Financieros.

Consideramos que los elementos de juicio que hemos obtenido proporcionan una base suficiente y adecuada para nuestra opinión de auditoría.

4. Opinión

En nuestra opinión, los Estados Financieros adjuntos de la Secretaría del Tratado Antártico correspondientes al ejercicio económico finalizado el 31 de marzo de 2021 han sido preparados, en todos sus aspectos significativos de conformidad con las Normas Internacionales de Contabilidad, normas específicas de las Reuniones Consultivas del Tratado Antártico y criterios de contabilización basados en movimientos de efectivo.

5. Otras Cuestiones

La información contenida en la Nota 1 a los estados financieros adjuntos, que indica que los mismos han sido preparados por la Secretaría del Tratado Antártico siguiendo los lineamientos establecidos en el Reglamento Financiero, Anexo a la decisión 4 (2003), los cuales difieren en ciertos aspectos de valuación y presentación de las normas contables profesionales vigentes en la Ciudad Autónoma de Buenos Aires, República Argentina.

Asimismo la información mencionada en el párrafo precedente refleja las diferencias de conversión monetaria generadas en un ejercicio bajo un fuerte contexto devaluatorio de la moneda de curso legal de la República Argentina.

6. Información complementaria exigida por la ley

De conformidad con el análisis descrito en el punto 3, informo que los Estados Financieros citados surgen de registros contables que no se encuentran transcriptos en libros conforme las normas argentinas vigentes.

Adicionalmente, informamos que, según surge de registraciones contables al 31 de marzo de 2021, las deudas devengadas a favor del Sistema Único de Seguridad Social de la República de Argentina en pesos argentinos y de acuerdo con las liquidaciones practicadas por la Secretaría ascienden a $ 1.037.612,96 (U$S 10.642,18) no existiendo a dicha fecha deuda exigible en pesos argentinos.

Presidencia de la Nación
Sindicatura General de la Nación

Es importante mencionar que las relaciones laborales se rigen por el Reglamento del personal de la Secretaría del Tratado Antártico.

Ciudad Autónoma de Buenos Aires, 31 marzo de 2022

SINDICATURA GENERAL DE LA NACIÓN
BOZZANO Ariel Maximiliano
Ariel Maximiliano Bozzano
Contador Público (U.B.A.)
C.P.C.E.C.A.B.A. – T°379 – F°044

Anexo I - Informe Final periodo 2020 / 21

1. Estado de Ingresos y Gastos de todos los fondos correspondientes al periodo 1ro de abril 2020 al 31 de marzo 2021 y comparativo con el periodo anterior.

		Presupuesto	
INGRESOS	31/03/2020	31/03/2021	31/03/2021
Contribuciones (Nota 10)	1 378 097	1 378 097	1 378 097
Fondo General (Nota 1.11)	-	-	-
Otros ingresos (Nota 2)	6 492	2 700	734
Total de ingresos	1 384 589	1 380 797	1 378 831
GASTOS			
Salarios y remuneraciones	704 087	682 247	678 136
Servicios de traducción e interpretación	324 089	72 000	22 840
Viaje y alojamiento	99 173	39 500	10 230
Tecnología informática	50 517	54 450	46 011
Impresión, edición y copiado	15 693	4 500	1 801
Servicios generales	56 309	54 488	35 295
Comunicaciones	14 763	17 900	13 827
Gastos de oficina	11 466	17 500	12 711
Administración	6 570	7 200	6 750
Gastos de representación	2 895	4 000	169
Financiación (Nota 9)	45 775	73 700	54 571
Total de gastos	1 331 338	1 027 485	882 340
ASIGNACION DE FONDOS			
Fondo para cesantías de personal	25 359	25 813	25 813
Fondo de reemplazo de personal	-	-	-
Fondo de operaciones	-	-	-
Fondo para gastos imprevistos de traducción	-	-	-
Total asignación de fondos	25 359	25 813	25 813
Total de gastos y asignaciones	1 356 696	1 053 298	908 153
(Déficit) / Superávit del periodo	27 893	327 499	470 678

Este estado debe ser leído en forma conjunta con Notas 1 al 10 adjuntas

Anexo I - Informe Final periodo 2020 / 21

2. **Estado de Situación Financiera al 31 de marzo 2021, y comparativa con el periodo anterior**

ACTIVO	31/03/2020	31/03/2021
Activo corriente		
Caja y efectivo equivalente (Nota 3)	1 203 852	1 541 947
Contribuciones adeudadas (Nota 10)	60 852	128 674
Otros deudores (Nota 4)	56 383	31 971
Otros activos corrientes (Nota 5)	73 526	86 424
Total activo corriente	1 394 612	1 789 016
Activo no corriente		
Activo fijo (Nota 1.3 y 6)	86 457	88 999
Total activo no corriente	86 457	88 999
Total del Activo	1 481 070	1 878 015
PASIVO		
Pasivo corriente		
Cuentas a pagar (Nota 7)	40 050	36 748
Contribuciones cobradas por anticipado (Notas 10)	493 543	387 197
Fondo especial voluntario para fines específicos (Nota 1.9)	3 465	9 461
Remuneración y contribuciones a pagar (Nota 8)	31 530	33 096
Total pasivo corriente	568 588	466 502
Pasivo no corriente		
Fondo para cesantías de personal (Nota 1.4)	44 316	70 129
Fondo de reemplazo de personal (Nota 1.5)	50 000	50 000
Fondo para gastos imprevistos de traducción (Nota 1.6)	30 000	30 000
Fondo de cesación involuntaria (Nota 1.7)	80 291	80 291
Fondo reemplazo de activo fijo (Nota 1.8)	20 161	22 702
Total pasivo no corriente	224 768	253 122
Total del Pasivo	793 356	719 624
ACTIVO NETO	687 713	1 158 391

Este estado debe ser leído en forma conjunta con Notas 1 al 10 adjuntas

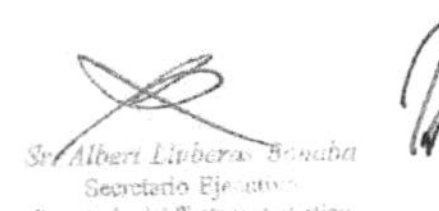

Anexo I - Informe Final periodo 2020 / 21

3. Estado de Evolución de Activo Neto al 31 de marzo de 2021 y comparativo con el periodo anterior.

Representado por	Activo neto 31/03/2020	Ingresos	Gastos y Apropiaciones	Otros ingresos	Activo neto 31/03/2021
Fondo general	457 761	1 378 097	(908 153)	0 734	928 439
- cubrir fondo para gastos imprevistos de traducción					-
- constituir fondo de cesación involuntaria					-
Fondo de operaciones (Nota 1.9)	229 952				229 952
Activo neto	687 713				1 158 391

Este estado debe ser leído en forma conjunta con Notas 1 al 10 adjuntas

Anexo I - Informe Final periodo 2020 / 21

4   **Estado de flujo de fondos para el periodo 1ro de abril 2020 al 31 de marzo 2021 y comparativa con el periodo anterior.**

	31/03/2021		31/03/2020	
Variaciones en efectivo y efectivo equivalente				
Efectivo y efectivo equivalente al inicio	1 203 852		1 305 710	
Efectivo y efectivo equivalente al cierre	1 541 947		1 203 852	
Incremento neto del efectivo y efectivo equivalente		338 094		(101 858)
Causas de las variaciones del efectivo y efectivo equivalente				
Actividades operativas				
Contribuciones cobradas	816 731		1 004 398	
Pago de remuneraciones y sueldos	(676 725)		(703 648)	
Pago de servicios de traducción	(15 880)		(304 539)	
Pago de viajes, alojamiento, etc.	0		(158 198)	
Pago impresión, edición y copiado	(1 801)		(15 693)	
Pago servicios generales	38 692)		(51 974)	
Otros pagos a proveedores	(67 207)		(45 089)	
Flujo neto del E. y E.E. generados por actividades operativas		16 426		(274 743)
Actividades de inversión				
Compra de activo fijo	(16 172)		(36 589)	
Flujo neto del E. y E.E. generados por actividades de inversión		(16 172)		(36 589)
Actividades de financiación				
Contribuciones recibidas por anticipado	387 197		493 543	
Pago gastos de cesantía y reemplazo	0		(185 160)	
Preparación ATCM XLI	0		0	
Cobro pt. 5.6 Reglamento de Personal	167 620		190 707	
Pago pt. 5.6 Reglamento de Personal	(165 545)		(214 302)	
Adelanto neto alquiler	13 532		20 866	
AFIP movimiento neto	(38 593)		14 341	
Ingresos / (egresos) varios	4 272		(65 211)	
Flujo neto del E. y E.E. generados por actividades de financiació		368 483		254 784
Actividades en moneda extranjera				
Perdida neta	(30 643)		(45 310)	
Flujo neto del E. y E.E. generados por moneda extranjera		(30 643)		(45 310)
Incremento neto del efectivo y efectivo equivalente		338 094		(101 858)

Este estado debe ser leído en forma conjunta con Notas 1 al 10 adjuntas

Sr. Albert Lluberas Bonaba
Secretario Ejecutivo
Secretaría del Tratado Antártico

Notas a los Estados Contables al 31 marzo 2020 y 2021

1 BASES PARA LA ELABORACION DE LOS ESTADOS CONTABLES

Los presentes estados contables, están expresados en dólares estadounidenses, siguiendo los lineamientos establecidos en el Reglamento Financiero, Anexo a la Decisión 4 (2003). Dichos estados fueron preparados de acuerdo con las Normas Internacionales de Información Financiera (NIIF) del Consejo de Normas Internacionales de Contabilidad (del ingles IASB). El criterio de contabilización adoptado es el devengado.

1.1 Costo Histórico

Los estados contables han sido preparados de acuerdo a la convención de costo histórico, excepto lo indicado en contrario.

1.2 Oficina

La oficina de la Secretaria está provista por el Ministerio de Relaciones Exteriores, Comercio Exterior y Culto de la República Argentina. Su uso es libre de gastos de alquiler como de los gastos comunes.

1.3 Activo fijo

Los bienes están valuados a su costo histórico, menos la correspondiente depreciación acumulada. La depreciación es calculada por el método de la línea recta aplicando tasas anuales suficientes para extinguir sus valores al final de la vida útil estimada. El valor residual de los bienes de uso en su conjunto, no supera su valor de utilización económica.

1.4 Fondo para cesantías de personal

De acuerdo al Reglamento del Personal articulo 10.4, el fondo contara con los fondos necesarios para indemnizar al personal Ejecutivo a razón de un mes de sueldo base por cada año de servicio.

1.5 Fondo de reemplazo de personal

El fondo sirve para solventar los gastos de traslado del personal Ejecutivo de la Secretaria hacia y desde la sede de la Secretaria.

1.6 Fondo para gastos imprevistos para traducción

De acuerdo a la Decisión 4 (2009), se creó el Fondo para sufragar los gastos de traducción, que puedan ser ocasionados por el aumento imprevisto del volumen de documentos presentados a la RCTA para ser traducidos.

1.7 Fondo de cesación involuntario

Cumplir con el Artículo 10.5 del Reglamento del personal de la Secretaría del Tratado Antártico para los miembros del personal de servicios generales.

1.8 Fondo reemplazo de activo fijo

De acuerdo a las NIC los activos cuya vida útil excede a un ejercicio deberán ser expuestos como un activo en el Estado de Situación Financiera. Hasta marzo 2010, la contrapartida era un ajuste al Fondo General. A partir de abril 2010 la contrapartida de estos activos será reflejada en el pasivo bajo este concepto.

1.9 Fondo de operaciones

De acuerdo al Reglamento Financiero articulo 6.2 (a), este no deberá ser superior a un sexto (1/6) del presupuesto del corriente ejercicio. En el presente ejercicio este fondo no sufrió asignación alguna.

1.10 Fondo especial voluntario para fines específicos

Pt (82) del Informe Final RCTA XXXV, para recibir contribuciones voluntarias de las partes. El Fondo voluntario es dinero para hacer frente al pago de los alquileres y gastos comunes para el año fiscal.

1.11 Fondo general

Dicho Fondo se estableció con el propósito de contabilizar los ingresos y gastos de la Secretaria.

Notas a los Estados Contables al 31 marzo 2020 y 2021

		31/03/2020	31/03/2021
2	**Otros Ingresos**		
	Intereses ganados	6 014	0
	Descuentos obtenidos	478	734
	Total	6 492	734
3	**Caja y efectivo equivalente**		
	Efectivo dólares	1 530	1 530
	Efectivo pesos Argentinos	60	150
	BNA cuenta especial en dólares	1 108 286	1 521 302
	BNA cuenta en pesos Argentinos	93 976	18 964
	Inversiones	-	-
	Total	1 203 852	1 541 947
4	**Otros deudores**		
	Reglamento de personal pt. 5.6	56 383	31 971
5	**Otros activos corrientes**		
	Pagos por adelantado	38 514	31 738
	IVA a cobrar	28 448	50 456
	Otros gastos a recuperar	6 563	4 230
	Total	73 526	86 424
6	**Activo fijo**		
	Libros y subscripciones	16 704	16 704
	Equipos de oficina	41 611	40 227
	Muebles	50 971	52 436
	Equipos y software de computación	139 284	143 719
	Total costo original	248 569	253 086
	Depreciación acumulada	(162 112)	(164 087)
	Total	86 457	88 999
7	**Cuentas a pagar**		
	Comerciales	2 921	3 219
	Gastos devengados	36 977	33 359
	Otros	152	170
	Total	40 050	36 748
8	**Remuneración y aportes y contribuciones a pagar**		
	Remuneraciones	8 090	9 500
	Aportes y contribuciones	23 441	23 596
	Total	31 530	33 096
9	**Financiación**		
	Diferencia de cambio debido a pagos	22 179	22 723
	Diferencia de cambio desembolso Argenti	10 296	15 264
	Diferencia de cambio devolución IVA	13 299	16 584
	Total	45 774	54 571

Sr. Albert Lluberas Bonaba
Secretario Ejecutivo
Secretaría del Tratado Antártico

Notas a los Estados Contables al 31 marzo 2020 y 2021

10 Contribuciones adeudadas, comprometidas, canceladas y recibidas por anticipado.

Contribuciones Partes	Adeudadas 31/03/2020	Comprometidas	Canceladas $	Adeudadas 31/03/2021	Anticipados 31/03/2021
Alemania	12	52 217	52 229		-
Argentina		60 347	60 347		-
Australia	25	60 347	60 372		-
Bélgica		40 021	40 021		-
Brasil	60 728	40 021	0	100 749	-
Bulgaria		33 923	33 923		-
Chile		46 119	46 119		-
China	25	46 119	46 144		-
Republica de Corea		40 021	40 021		40 021
Ecuador		33 923	33 923		-
España		46 119	46 119		-
Estados Unidos		60 347	60 347		-
Finlandia		40 021	40 021		40 021
Francia		60 347	60 347		-
India		46 119	46 119		-
Italia		52 217	52 217		-
Japón		60 347	60 347		-
Noruega		60 347	60 347		60 327
Nueva Zelandia		60 347	60 347		60 322
Países Bajos		46 119	46 119		-
Perú	16	33 923	6 013	27 926	-
Polonia		40 021	40 021		40 021
Republica Checa		40 021	40 021		40 009
Federación de Rusia		46 119	46 119		46 119
Sudáfrica		46 119	46 119		-
Suecia	10	46 119	46 129		10
Reino Unido		60 347	60 347		60 347
Ucrania	12	40 021	40 033		-
Uruguay	25	40 021	40 046		-
Total	60 852	1 378 097	1 310 275	128 674	387 197

Albert Lluberas Bonaba
Secretario Ejecutivo

Roberto A. Kennell
Responsable Finanzas

Informe financiero provisional correspondiente al ejercicio económico 2021/22

PARTIDAS PRESUPUESTARIAS	Estado auditado 2020/21		Presupuesto 2021/22		Estado provisional 2021/22	
INGRESOS						
Contribuciones prometidas	$	1 378 097	$	1 378 097	$	1 378 097
Contribuciones voluntarias	$	-	$	-	$	-
Otros ingresos	$	734	$	1 000	$	975
Ingreso total	**$**	**1 378 831**	**$**	**1 379 097**	**$**	**1 379 072**
GASTOS						
SALARIOS						
Personal ejecutivo	$	297 522	$	303 468	$	303 468
Personal general	$	380 443	$	390 542	$	388 841
Personal de apoyo a la RCTA	$	-	$	9 900	$	8 900
Pasantes	$	-	$	600	$	-
Horas extraordinarias	$	170	$	2 000	$	6 254
Total sueldos	$	678 136	$	706 510	$	707 463
TRADUCCIÓN EINTERPRETACIÓN						
Traducción e interpretación	$	22 840	$	220 000	$	215 954
VIAJES						
Viajes, alojamiento, viáticos, varios.	$	10 230	$	30 000	$	18 625
TECNOLOGÍA INFORMÁTICA						
Hardware	$	7 209	$	10 750	$	9 800
Software	$	2 844	$	3 000	$	3 451
Desarrollo	$	28 573	$	29 800	$	22 752
Mantenimiento de *hardware* y *software*	$	2 720	$	2 800	$	3 870
Asistencia técnica	$	4 666	$	7 500	$	6 000
Total de tecnologías de la información	$	46 011	$	53 850	$	45 873
IMPRESIÓN, EDICIÓN Y COPIAS						
Informe Final	$	1 330	$	14 000	$	11 401
Otras publicaciones	$	471	$	2 500	$	1 117
Total de impresión, edición y copias	$	1 801	$	16 500	$	12 518
SERVICIOS GENERALES						
Asesoramiento jurídico	$	446	$	7 000	$	571
Servicios de nómina	$	9 061	$	8 400	$	8 194
Auditorías externas	$	11 619	$	11 908	$	11 618
Servicios de relatores	$	-	$	-	$	-
Limpieza, mantenimiento y seguridad	$	5 237	$	8 000	$	2 725
Capacitación	$	1 612	$	5 000	$	2 530
Gastos bancarios	$	5 013	$	7 000	$	7 322
Alquiler de equipos	$	2 308	$	1 500	$	892
Total de servicios generales	$	35 295	$	48 808	$	33 852
COMUNICACIONES						
Teléfono	$	1 609	$	3 200	$	3 068
Internet	$	2 981	$	4 000	$	4 046
Alojamiento web	$	9 086	$	11 500	$	9 180
Correo postal	$	150	$	1 200	$	204
Total de comunicación	$	13 827	$	19 900	$	16 498

	Estado auditado 2020/21	Presupuesto 2021/22	Estado provisional 2021/22
OFICINA			
Papelería y consumibles	$ 304	$ 3 000	$ 3 111
Libros y suscripciones	$ 15	$ 1 000	$ 303
Seguros	$ 2 683	$ 4 000	$ 2 976
Mobiliario	$ 1 464	$ 1 500	$ 1 476
Equipamiento de oficina	$ 2 096	$ 3 500	$ 1 100
Mejoras de oficina	$ 6 149	$ 5 500	$ 5 430
Total de oficina	$ 12 711	$ 18 500	$ 14 396
ADMINISTRACIÓN			
Artículos de oficina	$ 1 353	$ 2 500	$ 741
Transporte local	$ 2 809	$ 1 500	$ 1 232
Varios	$ 249	$ 2 000	$ 1 197
Servicios	$ 2 340	$ 3 000	$ 1 910
Total administrativo	$ 6 750	$ 9 000	$ 5 080
REPRESENTACIÓN			
Representación	$ 169	$ 4 000	$ 770
FINANCIACIÓN			
(Ganancia)/pérdida de cambio por gastos	$ 22 723	$ 22 000	$ 11 662
(Ganancia)/pérdida de cambio por pagos del país	$ 15 264	$ 15 000	$ 8 540
(Ganancia)/pérdida neta por devolución de IVA	$ 16 584	$ 18 000	$ 7 771
Total de financiación (ganancia)/pérdida	$ 54 571	$ 55 000	$ 27 973
SUBTOTAL DE GASTOS	$ 882 340	$ 1 182 068	$ 1 099 002
ASIGNACIONES A FONDOS			
Fondo de operaciones	$ -	$ -	$ -
Fondo de reemplazo de personal	$ -	$ -	$ -
Fondo para cesantía de personal	$ 25 813	$ 26 768	$ 26 768
Fondo de cesación involuntaria	$ -	$ -	$ -
Fondo de contingencia para traducciones	$ -	$ -	$ -
Total de asignaciones a fondos	$ 25 813	$ 26 768	$ 26 768
TOTAL DE GASTOS Y ASIGNACIONES	$ 908 153	$ 1 208 836	$ 1 125 770
Superávit/(déficit) para el período	$ 470 678	$ 170 261	$ 253 302

	Estado auditado 2020/21	Movimientos netos 2021/22	Estado provisional 2021/22
ACTIVIDAD DEL FONDO			
FONDO GENERAL			
Saldo inicial auditado	$ 928 439		
Superávit/(déficit) para el período actual		$ 253 302	
Saldo final provisional			$ 1 181 741
FONDO DE OPERACIONES			
Saldo inicial auditado	$ 229 952		
Saldo final provisional		$ -	$ 229 952
*) **FONDO DE REEMPLAZO DE PERSONAL**			
Saldo inicial auditado	$ 50 000		
Saldo final provisional		$ -	$ 50 000
*) **FONDO PARA CESANTÍA DE PERSONAL**			
Saldo inicial auditado	$ 70 129		
Asignación en el período actual		$ 26 768	
Saldo final provisional			$ 96 897
) **FONDO DE CESACIÓN INVOLUNTARIA			
Saldo inicial auditado	$ 80 291		
Saldo final provisional			$ 80 291
***) **FONDO DE CONTINGENCIA PARA TRADUCCIONES**			
Saldo inicial auditado	$ 30 000		
Saldo final provisional			$ 30 000
REGLAMENTO FINANCIERO 6.3			
Fondo general	$ 928 439	$ 253 302	$ 1 181 741
****) Contribuciones pendientes	$ (128 839)		$ (141 962)
Superávit de efectivo	**$ 799 600**		**$ 1 039 779**

*) Decisión 1 (2006)

**) Decisión 3 (2019)

***) Decisión 4 (2009)

****) Contribuciones impagas al 30 de marzo de 2021 y 31 de marzo de 2022

Programa de la Secretaría 2022/2023

Introducción

Este programa de trabajo describe las actividades propuestas para la Secretaría en el ejercicio económico 2022/2023 (desde el 1 de abril de 2022 hasta el 31 de marzo de 2023).

El programa se centra en las actividades regulares de la Secretaría, como la preparación de la XLV RCTA, la publicación de informes, las tareas asignadas a la Secretaría en virtud de la Medida 1 (2003) y las diversas tareas específicas solicitadas por las últimas RCTA. El programa y las cifras presupuestarias que lo acompañan correspondientes al ejercicio económico 2022/2023 se basan en la previsión presupuestaria aprobada para el ejercicio económico 2022/2023 (D3 [2021]).

Apoyo a actividades entre sesiones

Durante los últimos años, tanto la RCTA como el CPA han sacado adelante una cantidad sustancial de trabajo entre sesiones, principalmente a través de grupos de contacto intersesionales (GCI) y foros de debate informales. La Secretaría continuará brindando apoyo a estos debates, emitirá recordatorios periódicos de los debates en curso y proporcionará periódicamente información actualizada en detalle sobre el estado de estos debates en el foro. La Secretaría mantendrá un estrecho contacto con los presidentes de los grupos de trabajo de la RCTA para brindarles asistencia en la preparación de la próxima reunión.

Con respecto al CPA, la Secretaría continuará trabajando con el presidente del CPA y los coordinadores del Grupo Subsidiario sobre Respuesta al Cambio Climático (GSRCC) y el Grupo Subsidiario sobre Planes de Gestión (GSPG). Además, la Secretaría seguirá participando en videollamadas mensuales coordinadas por la presidenta del CPA para facilitar el trabajo entre sesiones del CPA y prepararse para la próxima reunión.

Apoyo planificado a la XLV RCTA (2023) y la XLVI RCTA (2024)

El Gobierno de Finlandia y la Secretaría del Tratado Antártico organizarán conjuntamente la XLV RCTA y la XXV Reunión del CPA, que tendrá lugar en Helsinki del 29 de mayo al 8 de junio de 2023. Las responsabilidades de la Secretaría del país anfitrión y la Secretaría del Tratado Antártico se describen en el Manual de Organización, que la Secretaría del Tratado Antártico actualiza anualmente. Las principales tareas de la Secretaría en la reunión son la gestión de documentos, la supervisión de los servicios técnicos, la organización de servicios de traducción e interpretación y el apoyo para la compilación y publicación del Informe Final. El país anfitrión es responsable de la organización del lugar de celebración, la prestación de servicios técnicos, los servicios de ponentes y el programa relacionado.

La Secretaría organizará los servicios de traducción e interpretación. Estos comprenden la traducción de documentos antes, durante y después de la reunión y la interpretación durante las sesiones. La Secretaría también organizará los servicios de toma de notas durante la reunión y será responsable de la compilación y edición de los informes de la RCTA y de la reunión del CPA. La Secretaría también establecerá una sección dentro de su sitio web en la que se pondrá documentos y otros materiales pertinentes a disposición de los delegados y se podrá realizar el registro en línea para la reunión.

La Secretaría comenzará un contacto previo con el Gobierno de la India en relación con la organización de la XLVI RCTA (2024), a fin de abordar, entre otras cuestiones, la distribución y capacidad de oficinas y salas de reuniones, el apoyo informático y audiovisual y la planificación de eventos.

Coordinación y contacto

Además de mantener un contacto constante con las Partes y con las instituciones internacionales del Sistema del Tratado Antártico por correo electrónico, teléfono y otros medios, la asistencia a las reuniones constituye una herramienta importante para mantener la coordinación y la comunicación. Sin embargo, a la fecha de la preparación de este programa, no se han confirmado todavía las reuniones ni del COMNAP ni de la CCRVMA de 2022. El Secretario Ejecutivo (SE) tiene previsto participar en ambas reuniones de forma virtual o presencial.

Sobre la base de las valiosas experiencias del año pasado, la Secretaría estará preparada para impartir sesiones formativas virtuales y sesiones de debate con los delegados, a petición de las Partes, para apoyar el uso del Sistema Electrónico de Intercambio de Información (SEII), explicar las nuevas funciones e intercambiar opiniones sobre cómo seguir mejorándolo. La Secretaría también está preparada para ayudar a las Partes en todo momento en relación con los servicios prestados a través del sitio web, la gestión de información, documentos, contactos y actividades entre sesiones, entre otros.

Sitio web y sistemas de información

Rediseño y mejora de la base de datos de contactos

La interfaz de la base de datos de contactos será rediseñada para lograr una integración visual completa con el diseño actual del sitio web de la Secretaría. Este rediseño también incluirá mejoras en la funcionalidad que se ofrece a los usuarios, así como la posible integración con otros servicios prestados por la Secretaría que requieren un acceso restringido a los usuarios registrados. El desarrollo también tendrá por objeto mantener los más altos niveles de disponibilidad y seguridad de la información contenida en la base de datos mediante la incorporación de funciones de seguridad mejoradas.

Desarrollo del sitio web de la Secretaría

La Secretaría seguirá mejorando el sitio web mediante la incorporación de una nueva sección para facilitar el acceso a material útil para los delegados y otros usuarios registrados. La sección, que funcionará de manera similar al actual Manual del CPA, se denominará «Herramientas de la RCTA para delegados».

Bajo la guía de la presidenta del CPA, la Secretaría trabajará en mejoras constantes de la sección de Sitios y Monumentos Históricos (SMH) del sitio web de la Secretaría.

La Secretaría evaluará posibles formas de redefinir las categorías y los temas que se utilizan actualmente para clasificar las medidas de la RCTA en la base de datos del Tratado Antártico con el objetivo de facilitar la búsqueda y el filtrado de medidas.

Se realizarán ajustes adicionales al nuevo mecanismo en línea para la presentación de documentos a las reuniones, en función de la experiencia adquirida durante el primer año de uso y los comentarios recibidos de los usuarios.

Herramientas de elaboración de mapas

La Secretaría continuará estudiando la posibilidad de utilizar la plataforma existente de información geográfica basada en la web para representar diversos contenidos georreferenciados que ya constan en sus bases de datos o que podrían surgir de los nuevos requisitos de intercambio de información. Como complemento a las mejoras que se realizarán en la lista de Sitios y Monumentos Históricos, la Secretaría realizará ajustes al nuevo mapa que brindará información sobre la ubicación, una descripción y material fotográfico de cada uno de los SMH en la Antártida.

Intercambio de información y Sistema Electrónico de Intercambio de Información (SEII)

La Secretaría seguirá asistiendo a las Partes en la publicación de sus materiales de intercambio de información, así como tratando la información que se cargue mediante la función *File*

Upload (Carga de archivos). En este sentido, se seguirán evaluando alternativas para la elaboración de tutoriales y/o programas de formación para operadores del SEII.

Se añadirán informes resumidos adicionales del SEII para complementar y ampliar la información proporcionada por las Parte en sus informes.

Publicaciones

Informe Final de la RCTA e Informe del CPA

Para la XLIV RCTA en Berlín, la Secretaría ha preparado la traducción oportuna, a los cuatro idiomas del Tratado, del documento extraoficial de la presidenta del CPA sobre el asesoramiento del CPA a la RCTA.

La Secretaría traducirá, publicará y distribuirá el Informe final de la XLIV RCTA y sus anexos en los cuatro idiomas del Tratado, de conformidad con las *Procedimientos para la presentación, traducción y distribución de documentos para la RCTA y el CPA*, y otros requisitos establecidos por la RCTA (Informe Final de la XXXII RCTA, párrafo 72). El Informe Final estará disponible en el sitio web de la Secretaría y se distribuirán copias impresas por mensajería y canales diplomáticos. Las copias impresas también estarán disponibles para su compra a través de tiendas en línea. La Secretaría ajustará sus procedimientos internos para seguir mejorando la calidad editorial del informe, incluido el formato de los documentos antes y después de la reunión.

Otras publicaciones

La Secretaría publicará una edición actualizada de las *Reglas de procedimiento de la Reunión Consultiva del Tratado Antártico y del Comité para la Protección del Medio Ambiente* en los cuatro idiomas del Tratado. Este libro estará disponible en el sitio web de la Secretaría y también habrá disponibles copias impresas en tiendas en línea de todo el mundo. La Secretaría está preparada para producir una nueva edición de la *Compilación de documentos fundamentales del Sistema del Tratado Antártico* en los cuatro idiomas del Tratado, si es necesario.

Documentación e información pública

Documentos de la RCTA

La Secretaría continuará sus esfuerzos por completar su archivo de los informes finales y otros registros de la RCTA y otras reuniones del Sistema del Tratado Antártico en los cuatro idiomas del Tratado. Quisiéramos reiterar nuestra invitación a las Partes a localizar sus documentos para lograr un archivo completo en la Secretaría. Póngase en contacto con la Secretaría para obtener una lista detallada de los documentos que faltan.

La Secretaría creará una plataforma web para mejorar el acceso a los documentos adicionales derivados de la XLIV RCTA, incluidos los informes de los observadores y expertos y otros documentos, de conformidad con las disposiciones establecidas por la RCTA (Informe Final de la XXXII RCTA, párrafo 72).

Glosarios y directrices editoriales

La Secretaría seguirá manteniendo su glosario de términos y expresiones de la RCTA con objeto de generar una nomenclatura en los cuatro idiomas del Tratado. La Secretaría actualizará sus directrices editoriales, destinadas a normalizar el trabajo de los ponentes, traductores, correctores y miembros del personal de la Secretaría. La Secretaría actualizará su glosario técnico web para uso interno, con el objetivo de mejorar la coherencia en la traducción de los documentos de la RCTA.

Banco de imágenes

La Secretaría continuará incorporando el material fotográfico de su archivo actual al banco de imágenes. Deseamos reiterar nuestra invitación a presentar a la Secretaría material fotográfico original para su publicación en el banco de imágenes con una licencia de Creative Commons. Agradeceríamos especialmente recibir fotografías correspondientes a las reuniones del Tratado Antártico antes del establecimiento de la Secretaría, así como aquellas relacionadas con el trabajo de campo realizado por las Partes en la Antártida, en pos del cumplimiento de las normas establecidas por la RCTA y el CPA, tales como actividades de inspección.

Asimismo, la Secretaría ha habilitado una sección del banco de imágenes destinada a la recopilación y difusión pública de vídeos en formato digital. Con un criterio similar al aplicado para el banco de imágenes fijas, agradeceríamos recibir vídeos relacionados con las reuniones consultivas, tales como los vídeos de presentación que muestra todos los años el país anfitrión de la siguiente reunión durante la sesión plenaria de clausura.

Personal

A 1 de abril de 2022, la Secretaría contaba con el siguiente personal:

Cargo	Desde	Rango	Fase	Período
Personal ejecutivo				
Secretario ejecutivo	01-09-2017	E1	5	31-08-2025
Subsecretario ejecutivo	15-07-2019	E3	3	31-07-2023
Personal general				
Oficial de Información	01-11-2004	G1	6	
Oficial de apoyo (tiempo parcial)	01-02-2020	G2	3	
Oficial de Finanzas (tiempo parcial)	01-12-2008	G2	6	
Editor	01-02-2006	G2	6	
Especialista en TI	01-02-2019	G3	4	
Especialista en Comunicación (tiempo parcial)	01-10-2010	G4	6	
Gerente de oficina	15-11-2012	G4	6	
Asistente de limpieza (tiempo parcial)	01-07-2015	G7	6	

No se prevén cambios en los puestos de personal de la Secretaría.

El 31 de julio de 2023 finalizará el primer periodo de mandato del contrato del subsecretario ejecutivo, Diego Wydler. El Sr. Wydler ha demostrado un alto grado de compromiso y eficiencia en sus tareas durante estos años. Además, el secretario ejecutivo considera que el Sr. Wydler constituirá un activo de valor inestimable para la asistencia al próximo secretario ejecutivo, cuyo primer mandato comenzará en 2025. Por lo tanto, el secretario ejecutivo tiene intención de seguir contando con la asistencia del señor Wydler y de renovar su contrato por un período adicional de cuatro años.

Para tal fin, considerando que el apartado 6.3, letra e), del Reglamento del Personal establece que «e) para el personal de la categoría ejecutiva la duración del nombramiento [...] podrá ser renovado mediante consulta con la RCTA», el secretario ejecutivo tomará una decisión tras haber mantenido consultas adicionales durante la XLIV RCTA.

Proceso de revisión organizativa

Tal como se explica en el Informe de la Secretaría 2020/2021, la Secretaría ha iniciado el proceso de revisión de las descripciones de funciones y responsabilidades de su personal, con el objetivo de seguir siendo una organización pequeña pero dinámica, eficaz, sólida y moderna, y prevé aplicar acciones adicionales durante el periodo actual.

Durante la XLIV RCTA, se distribuirá a los Jefes de Delegación un informe confidencial completo que incluirá la descripción de las acciones aún pendientes y posibles acciones futuras.

Asuntos financieros

El Presupuesto para el ejercicio económico 2022/2023 y la Previsión Presupuestaria para el ejercicio económico 2023/2024 se incluyen en el Apéndice 1.

Presupuesto preliminar para el ejercicio económico 2022/2023

La asignación a las partidas presupuestarias se ciñe a la previsión propuesta del año anterior. Solo se han introducido ajustes menores a los gastos previstos en el ejercicio económico 2022/2023.

El coste de vida continuó aumentando notablemente en Argentina durante 2021. La tasa de inflación (índice de precios al consumidor) para 2021 publicada por el INDEC (Instituto Nacional de Estadística y Censos de la República Argentina) fue del 50.9 %, y sólo se compensó mínimamente con un aumento del dólar estadounidense frente al peso argentino del 20.73 %.

Si bien esta pérdida significativa en 2021 se vio parcialmente compensada por ganancias menores en años anteriores, la tendencia del primer trimestre de 2022 sigue caracterizándose por una inflación que supera en gran medida la subida del dólar estadounidense. La inflación mundial también ha subido fuertemente en este período.[1]

Por esta razón, el secretario ejecutivo propone aumentar los salarios un 1.5 %, calculado para cubrir la mitad de la pérdida adicional del primer trimestre de 2022 (aproximadamente un 3 %).

La escala salarial, que no ha sido actualizada desde 2016, se proporciona en el Apéndice 3.

A pesar del impacto de la inflación local y global en la mayoría de los costes, se logró un presupuesto equilibrado debido a que los gastos aún se basan en gran medida en los contratos firmados en 2021 y a que se aplicaron ahorros en algunas partidas.

Los informes trimestrales de la ejecución del presupuesto se proporcionarán a las Partes de conformidad con la Decisión 3 (2021).

Fondos

Fondo de operaciones

De conformidad con el artículo 6.2, letra a), del Reglamento Financiero, el fondo de operaciones debe mantenerse en el orden de 1/6 del presupuesto de la Secretaría (actualmente 229 952 USD).

Fondo para cesantías de personal

Se ingresarán 29 592 USD en el fondo para cesantías de personal de conformidad con el artículo 10.4 del Reglamento del Personal (ver Apéndice 1).

---

[1] *Inflation 2021, international inflation figures from 2021* [Inflación 2021, cifras de la inflación internacional de 2021]. global-rates.com

Previsión presupuestaria para el ejercicio económico 2023/2024

Se espera que la mayoría de las actividades regulares de la Secretaría continúen en el ejercicio económico 2022/2023, incluidas las reuniones en persona en junio de 2023 en Helsinki; por lo tanto, a menos que el programa experimente cambios significativos, no se prevé ningún cambio importante en las partidas presupuestarias.

Sin embargo, se espera que los ajustes al alza en dólares estadounidenses relativos a los costes locales en Argentina afecten a los costes operativos, mientras que la inflación global generaría un aumento en los costes en concepto de Viajes y Traducción e Interpretación.

Por lo tanto, se espera que la Previsión presupuestaria para este período muestre un déficit de aproximadamente 18 000 USD, que se cubriría mediante el superávit acumulado en el Fondo General.

Las contribuciones para el ejercicio económico 2023/2024 no aumentarán. El Apéndice 2 muestra la escala de contribuciones para el ejercicio económico 2023/2024.

Perfil presupuestario quinquenal prospectivo 2023/2024 - 2027/2028

De acuerdo con supuestos razonables, el perfil presupuestario permite un aumento nominal nulo de las contribuciones hasta 2027/2028, como se explica en el documento del perfil presupuestario quinquenal prospectivo presentado por separado por la Secretaría.

Presupuesto del ejercicio económico 2022/23 y proyección para el ejercicio económico 2023/24

PARTIDAS PRESUPUESTARIAS	Estado provisional 2021/22		Proyección 2022/23		Presupuesto 2022/23		Proyección 2023/24	
INGRESOS								
Contribuciones prometidas	$	1 378 097	$	1 378 097	$	1 378 097	$	1 378 097
Contribuciones voluntarias	$	-	$	-	$	-	$	-
Otros ingresos	$	975	$	3 500	$	3 500	$	3 500
Ingreso total	**$**	**1 379 072**	**$**	**1 381 597**	**$**	**1 381 597**	**$**	**1 381 597**
GASTOS								
SALARIOS								
Personal ejecutivo	$	303 468	$	309 199	$	313 825	$	319 574
Personal general	$	388 841	$	394 800	$	405 842	$	410 187
Personal de apoyo a la RCTA	$	8 900	$	15 467	$	15 220	$	16 000
Pasantes	$	-	$	1 200	$	1 200	$	1 200
Horas extraordinarias	$	6 254	$	13 000	$	12 000	$	12 000
Total sueldos	**$**	**707 463**	**$**	**733 666**	**$**	**748 087**	**$**	**758 961**
TRADUCCIÓN E INTERPRETACIÓN								
Traducción e interpretación	**$**	**215 954**	**$**	**310 200**	**$**	**310 000**	**$**	**312 000**
VIAJES								
Viajes, alojamiento, viáticos, varios.	**$**	**18 625**	**$**	**109 000**	**$**	**108 500**	**$**	**111 300**
TECNOLOGÍA INFORMÁTICA								
Hardware	$	9 800	$	11 000	$	11 000	$	11 000
Software	$	3 451	$	3 000	$	3 500	$	3 500
Desarrollo	$	22 752	$	27 500	$	26 000	$	27 500
Mantenimiento de *hardware* y *software*	$	3 870	$	2 500	$	3 500	$	3 500
Asistencia técnica	$	6 000	$	7 500	$	8 000	$	8 000
Total de tecnologías de la información	**$**	**45 873**	**$**	**51 500**	**$**	**52 000**	**$**	**53 500**
IMPRESIÓN, EDICIÓN Y COPIAS								
Informe Final	$	11 401	$	15 000	$	12 000	$	12 500
Otras publicaciones	$	1 117	$	2 500	$	2 500	$	3 000
Total de impresión, edición y copias	**$**	**12 518**	**$**	**17 500**	**$**	**14 500**	**$**	**15 500**
SERVICIOS GENERALES								
Asesoramiento jurídico	$	571	$	7 000	$	3 500	$	4 000
Servicios de nómina	$	8 194	$	8 400	$	8 400	$	8 400
Auditorías externas	$	11 618	$	11 908	$	11 618	$	11 618
Servicios de relatores	$	-	$	-	$	-	$	-
Limpieza, mantenimiento y seguridad	$	2 725	$	8 000	$	8 000	$	8 000
Capacitación	$	2 530	$	7 000	$	7 000	$	7 000
Gastos bancarios	$	7 322	$	6 500	$	7 900	$	8 000
Alquiler de equipos	$	892	$	1 000	$	1 000	$	1 000
Total de servicios generales	**$**	**33 852**	**$**	**49 808**	**$**	**47 418**	**$**	**48 018**
COMUNICACIONES								
Teléfono	$	3 068	$	2 500	$	2 500	$	2 500
Internet	$	4 046	$	4 000	$	4 500	$	4 500
Alojamiento web	$	9 180	$	10 500	$	10 000	$	10 000
Correo postal	$	204	$	1 000	$	1 000	$	1 000
Total de comunicación	**$**	**16 498**	**$**	**18 000**	**$**	**18 000**	**$**	**18 000**

	Estado provisional 2021/22		Proyección 2022/23		Presupuesto 2022/23		Proyección 2023/24	
OFICINA								
Papelería y consumibles	$	3 111	$	2 500	$	2 500	$	2 500
Libros y suscripciones	$	303	$	1 000	$	1 000	$	1 000
Seguros	$	2 976	$	4 000	$	3 500	$	3 500
Mobiliario	$	1 476	$	1 500	$	1 500	$	1 500
Equipamiento de oficina	$	1 100	$	3 000	$	3 000	$	3 500
Mejoras de oficina	$	5 430	$	3 500	$	4 500	$	4 000
Total de oficina	**$**	**14 396**	**$**	**15 500**	**$**	**16 000**	**$**	**16 000**
ADMINISTRACIÓN								
Artículos de oficina	$	741	$	2 500	$	2 500	$	3 000
Transporte local	$	1 232	$	700	$	1 000	$	700
Varios	$	1 197	$	2 500	$	2 200	$	2 700
Servicios	$	1 910	$	3 500	$	2 500	$	3 000
Total administrativo	**$**	**5 080**	**$**	**9 200**	**$**	**8 200**	**$**	**9 400**
REPRESENTACIÓN								
Representación	**$**	**770**	**$**	**4 000**	**$**	**4 000**	**$**	**4 000**
FINANCIACIÓN								
(Ganancia)/pérdida de cambio por gastos	$	11 662	$	16 500	$	11 500	$	11 500
(Ganancia)/pérdida de cambio por pagos	$	8 540	$	11 000	$	5 800	$	4 800
(Ganancia)/pérdida neta por devolución d	$	7 771	$	8 000	$	8 000	$	7 700
Total de financiación (ganancia)/pérdida	**$**	**27 973**	**$**	**35 500**	**$**	**25 300**	**$**	**24 000**
SUBTOTAL DE GASTOS	**$**	**1 099 002**	**$**	**1 353 874**	**$**	**1 352 005**	**$**	**1 370 679**
ASIGNACIONES A FONDOS								
Fondo de operaciones	$	-	$	-	$	-	$	-
Fondo de reemplazo de personal	$	-	$	-	$	-	$	-
Fondo para cesantía de personal	$	26 768	$	27 723	$	29 592	$	29 108
Fondo de cesación involuntaria	$	-	$	-	$	-	$	-
Fondo de contingencia para traducciones	$	-	$	-	$	-	$	-
Total de asignaciones a fondos	**$**	**26 768**	**$**	**27 723**	**$**	**29 592**	**$**	**29 108**
TOTAL DE GASTOS Y ASIGNACIONES	**$**	**1 125 770**	**$**	**1 381 597**	**$**	**1 381 597**	**$**	**1 399 787**
Superávit/(déficit) para el período	**$**	**253 302**	**$**	**-**	**$**	**-**	**$**	**(18 190)**
SALDO DEL FONDO								
Fondo de operaciones	$	229 952	$	229 952	$	229 952	$	229 952
Fondo de reemplazo de personal	$	50 000	$	50 000	$	50 000	$	50 000
Fondo para cesantía de personal	$	96 897	$	124 620	$	126 489	$	153 728
Fondo de cesación involuntaria	$	80 291	$	80 291	$	80 291	$	80 291
Fondo de contingencia para traducciones	$	30 000	$	30 000	$	30 000	$	30 000

Escala de contribuciones correspondiente al ejercicio económico 2023/24

Parte	Cat.	Mult.	Variable		Fijo		Total	
Argentina	A	3.6	$	36 587	$	23 760	$	60 347
Australia	A	3.6	$	36 587	$	23 760	$	60 347
Bélgica	D	1.6	$	16 261	$	23 760	$	40 021
Brasil	D	1.6	$	16 261	$	23 760	$	40 021
Bulgaria	E	1	$	10 163	$	23 760	$	33 923
Chile	C	2.2	$	22 359	$	23 760	$	46 119
China	C	2.2	$	22 359	$	23 760	$	46 119
República Checa	D	1.6	$	16 261	$	23 760	$	40 021
Ecuador	E	1	$	10 163	$	23 760	$	33 923
Finlandia	D	1.6	$	16 261	$	23 760	$	40 021
Francia	A	3.6	$	36 587	$	23 760	$	60 347
Alemania	B	2.8	$	28 456	$	23 760	$	52 217
India	C	2.2	$	22 359	$	23 760	$	46 119
Italia	B	2.8	$	28 456	$	23 760	$	52 217
Japón	A	3.6	$	36 587	$	23 760	$	60 347
República de Corea	D	1.6	$	16 261	$	23 760	$	40 021
Países Bajos	C	2.2	$	22 359	$	23 760	$	46 119
Nueva Zelandia	A	3.6	$	36 587	$	23 760	$	60 347
Noruega	A	3.6	$	36 587	$	23 760	$	60 347
Perú	E	1	$	10 163	$	23 760	$	33 923
Polonia	D	1.6	$	16 261	$	23 760	$	40 021
Federación de Rusia	C	2.2	$	22 359	$	23 760	$	46 119
Sudáfrica	C	2.2	$	22 359	$	23 760	$	46 119
España	C	2.2	$	22 359	$	23 760	$	46 119
Suecia	C	2.2	$	22 359	$	23 760	$	46 119
Ucrania	D	1.6	$	16 261	$	23 760	$	40 021
Reino Unido	A	3.6	$	36 587	$	23 760	$	60 347
Estados Unidos	A	3.6	$	36 587	$	23 760	$	60 347
Uruguay	D	1.6	$	16 261	$	23 760	$	40 021

Total comprometido — **$ 1 378 097**

Escala de salarios correspondiente al ejercicio económico 2022/23

Programa A

ESCALA SALARIAL PARA EL PERSONAL DE CATEGORÍA EJECUTIVA

(en dólares estadounidenses)

2022/2023								RANGOS								
Nivel		I	II	III	IV	V	VI	VII	VIII	IX	X	XI	XII	XIII	XIV	XV
E1	A	$ 137 332	$ 139 886	$ 142 442	$ 144 998	$ 147 554	$ 150 108	$ 152 663	$ 155 220							
E1	B	$ 171 664	$ 174 858	$ 178 052	$ 181 248	$ 184 442	$ 187 636	$ 190 829	$ 194 025							
E2	A	$ 115 641	$ 117 816	$ 119 991	$ 122 164	$ 124 339	$ 126 512	$ 128 685	$ 130 860	$ 133 035	$ 135 209	$ 137 382	$ 137 629	$ 139 775		
E2	B	$ 144 551	$ 147 269	$ 149 989	$ 152 706	$ 155 423	$ 158 139	$ 160 856	$ 163 575	$ 166 295	$ 169 011	$ 171 728	$ 172 036	$ 174 718		
E3	A	$ 96 432	$ 98 529	$ 100 627	$ 102 725	$ 104 824	$ 106 921	$ 109 019	$ 111 118	$ 113 215	$ 115 312	$ 117 410	$ 118 669	$ 119 926	$ 121 996	$ 124 064
E3	B	$ 120 539	$ 123 161	$ 125 784	$ 128 407	$ 131 030	$ 133 651	$ 136 274	$ 138 898	$ 141 518	$ 144 140	$ 146 763	$ 148 335	$ 149 908	$ 152 496	$ 155 080
E4	A	$ 79 961	$ 81 903	$ 83 848	$ 85 786	$ 87 732	$ 89 672	$ 91 611	$ 93 557	$ 95 500	$ 97 440	$ 99 384	$ 99 925	$ 101 841	$ 103 756	$ 105 672
E4	B	$ 99 951	$ 102 379	$ 104 811	$ 107 233	$ 109 665	$ 112 091	$ 114 514	$ 116 945	$ 119 375	$ 121 799	$ 124 229	$ 124 906	$ 127 300	$ 129 695	$ 132 089
E5	A	$ 66 295	$ 68 034	$ 69 770	$ 71 509	$ 73 244	$ 74 981	$ 76 720	$ 78 452	$ 80 192	$ 81 930	$ 83 663	$ 84 226			
E5	B	$ 82 869	$ 85 043	$ 87 213	$ 89 386	$ 91 556	$ 93 727	$ 95 899	$ 98 066	$ 100 240	$ 102 412	$ 104 580	$ 105 282			
E6	A	$ 52 482	$ 54 151	$ 55 819	$ 57 491	$ 59 158	$ 60 827	$ 62 499	$ 64 167	$ 65 835	$ 66 850	$ 67 506				
E6	B	$ 65 601	$ 67 689	$ 69 773	$ 71 863	$ 73 948	$ 76 034	$ 78 124	$ 80 209	$ 82 294	$ 83 563	$ 84 382				

Nota: La fila B representa el salario base (mostrado en la fila A) con un 25 % adicional por costos de salarios (fondo de jubilación y primas de seguro, concesiones de instalación y de repatriación, asignación por escolaridad, etc.) y constituye el salario total al que tiene derecho el personal ejecutivo de acuerdo con el artículo 5.1.

Programa B

ESCALA SALARIAL PARA EL PERSONAL GENERAL

(en dólares estadounidenses)

Nivel		I	II	III	IV	V	VI	VII	VIII	IX	X	XI	XII	XIII	XIV	XV
G1		$ 66 746	$ 69 859	$ 72 975	$ 76 088	$ 79 333	$ 82 717									
G2		$ 55 622	$ 58 216	$ 60 812	$ 63 406	$ 66 112	$ 68 932									
G3		$ 46 350	$ 48 512	$ 50 676	$ 52 838	$ 55 093	$ 57 445									
G4		$ 38 626	$ 40 428	$ 42 230	$ 44 033	$ 45 910	$ 47 870									
G5		$ 31 909	$ 33 399	$ 34 887	$ 36 378	$ 37 931	$ 39 552									
G6		$ 26 156	$ 27 375	$ 28 595	$ 29 816	$ 31 089	$ 32 416									
G7		$ 14 139	$ 14 750	$ 15 362	$ 15 974	$ 16 611	$ 17 277									

Decisión 2 (2022)

Responsabilidad emanada de emergencias ambientales

Los representantes,

recordando los compromisos estipulados en el artículo 16 del Protocolo al Tratado Antártico sobre Protección del Medio Ambiente («el Protocolo») de elaborar normas y procedimientos relacionados con la responsabilidad derivada de daños provocados por actividades que se desarrollen en la zona del Tratado Antártico y cubiertas por el Protocolo;

recordando la Medida 1 (2005) y la aprobación del anexo VI al Protocolo, como un paso hacia el establecimiento de un régimen de responsabilidad de acuerdo con el artículo 16 del Protocolo;

teniendo en cuenta que el anexo VI aún debe entrar en vigor;

recordando las Decisiones 1 (2005), 4 (2010) y 5 (2015) en torno a la evaluación anual de los progresos para lograr la entrada en vigor del anexo VI y el establecimiento de un marco temporal para reanudar las negociaciones en materia de responsabilidad de conformidad con el artículo 16 del Protocolo;

agradeciendo el asesoramiento proporcionado por el Comité para la Protección del Medio Ambiente ofrecido en 2013 sobre cuestiones ambientales relacionadas con la posibilidad práctica de reparar o remediar, en ocasiones específicas, el daño ambiental en las circunstancias de la Antártida;

deciden:

1.   continuar evaluando anualmente los progresos para lograr la entrada en vigor del anexo VI de conformidad con el artículo IX del Tratado Antártico, y las acciones que puedan ser necesarias y adecuadas para alentar a las Partes a aprobar oportunamente el anexo VI;

2.   continuar intercambiando información y experiencias con el fin de respaldar el progreso de la entrada en vigor del anexo VI;

3.   tomar una decisión en 2025 sobre la reanudación de las negociaciones en materia de responsabilidad de conformidad con el artículo 16 del Protocolo, o antes, si las Partes así lo deciden a la luz de los progresos realizados en la aprobación de la Medida 1 (2005); y

4.   que la Decisión 5 (2015) ya no tiene vigencia.

Decisión 3 (2022)

Plan de Trabajo Estratégico Plurianual de la Reunión Consultiva del Tratado Antártico

Los Representantes,

Reafirmando los valores, objetivos y principios contenidos en el Tratado Antártico y su Protocolo sobre Protección del Medio Ambiente;

recordando la Decisión 3 (2012) sobre el Plan de Trabajo Estratégico Plurianual («el Plan») y sus principios;

Teniendo en cuenta que el Plan es complementario al programa de la Reunión Consultiva del Tratado Antártico ("RCTA") y que las Partes y demás participantes de la RCTA son alentados a contribuir, como de costumbre, en los demás asuntos del programa de la RCTA;

deciden:

1. adoptar el Plan que se anexa a esta Decisión; y

2. declarar obsoleto el Plan anexo a la Decisión 5 (2021).

Plan de Trabajo Estratégico Plurianual de la RCTA

	Prioridad	XLIV RCTA (2022)	Entre sesiones	XLV RCTA (2023)	Entre sesiones	XLVI RCTA (2024)	Entre sesiones	XLVII RCTA (2025)
1.	Considerar una difusión coordinada hacia los Estados que no son Parte cuyos ciudadanos o recursos están activos en la Antártida y hacia los Estados que son Parte al Tratado Antártico, si bien aún no lo son del Protocolo.	La RCTA debe identificar a los Estados que no son Parte cuyos ciudadanos están activos en la Antártida y comunicarse con ellos.	Se considerará la coordinación dentro del foro en línea de la Autoridad Competente.	La RCTA debe identificar a los Estados que no son Parte cuyos ciudadanos están activos en la Antártida y comunicarse con ellos.				
2.	Contribuir a las actividades de educación y difusión coordinadas a nivel nacional e internacional desde la perspectiva del Tratado Antártico.	El GT 1 debe considerar el informe del GCI sobre Educación y Difusión.	GCI sobre Educación y Difusión.	El GT 1 debe considerar el informe del GCI sobre Educación y Difusión.				
3.	Compartir y debatir las prioridades científicas estratégicas con el fin de identificar y aprovechar las oportunidades para la colaboración y la creación de capacidades científicas, particularmente en relación con el cambio climático.	El SCAR informará sobre los resultados de la actualización del informe ACCE, que representa una actualización integral de una década. La RCTA considerará si sus resultados indican la necesidad de algunas prioridades y oportunidades adicionales de cooperación. La RCTA invitará al SCAR a dar una presentación sobre el resultado del informe.		Se anima a Partes, observadores y expertos a informar sobre las actividades relacionadas con publicitar las implicaciones del cambio climático en la Antártida.				

	Prioridad	XLIV RCTA (2022)	Entre sesiones	XLV RCTA (2023)	Entre sesiones	XLVI RCTA (2024)	Entre sesiones	XLVII RCTA (2025)
4.	Lograr la entrada en vigor del anexo VI y continuar recabando información sobre reparación y remediación del daño al medio ambiente y otros asuntos pertinentes para servir de base informativa para las futuras negociaciones sobre responsabilidad.	La RCTA debe continuar evaluando los progresos para lograr la entrada en vigor del anexo VI de conformidad con el artículo IX del Tratado Antártico y las acciones que puedan ser necesarias y adecuadas para alentar a las Partes a aprobar oportunamente el anexo VI.		La RCTA debe continuar evaluando los progresos para lograr la entrada en vigor del anexo VI de conformidad con el artículo IX del Tratado Antártico y las acciones que puedan ser necesarias y adecuadas para alentar a las Partes a aprobar oportunamente el anexo VI.				

		Prioridad	XLIV RCTA (2022)	Entre sesiones	XLV RCTA (2023)	Entre sesiones	XLVI RCTA (2024)	Entre sesiones	XLVII RCTA (2025)
			La RCTA considerará las implicaciones de los límites de la responsabilidad en otros instrumentos internacionales pertinentes para la posible modificación futura de los límites en el artículo 9 del anexo VI.		La RCTA considerará las implicaciones de los límites de la responsabilidad en otros instrumentos internacionales pertinentes para la posible modificación futura de los límites en el artículo 9 del anexo VI.				

	Prioridad	XLIV RCTA (2022)	Entre sesiones	XLV RCTA (2023)	Entre sesiones	XLVI RCTA (2024)	Entre sesiones	XLVII RCTA (2025)
		La RCTA tomará una decisión en 2022 sobre el establecimiento de un plazo para la reanudación de las negociaciones en materia de responsabilidad de conformidad con el artículo 16 del Protocolo al Tratado Antártico sobre Protección del Medio Ambiente, o antes, si las Partes así lo deciden a la luz de los progresos realizados en la aprobación de la Medida 1 (2005) - véase la Decisión 5 (2015).		La RCTA tomará una decisión en 2025 sobre el establecimiento de un plazo para la reanudación de las negociaciones en materia de responsabilidad de conformidad con el artículo 16 del Protocolo al Tratado Antártico sobre Protección del Medio Ambiente, o antes, si las Partes así lo deciden a la luz de los progresos realizados en la aprobación de la Medida 1 (2005) - véase la Decisión D (2022).				
5.	Evaluar el progreso del CPA en su continuo trabajo en pos de revisar las prácticas recomendables y de mejorar las herramientas existentes, y desarrollar nuevas herramientas para la protección del medio ambiente, incluidos los procedimientos de evaluación del impacto ambiental.	El GT 1 debe considerar el asesoramiento del CPA y debatir las consideraciones sobre políticas para la revisión de la Evaluación del Impacto Ambiental (EIA).	Compartir las prácticas recomendables para la EIA.	El GT 1 debe considerar el asesoramiento del CPA y debatir las consideraciones sobre políticas para la revisión de la Evaluación del Impacto Ambiental (EIA).				
6.	Avanzar en la aplicación de la Resolución 4 (2022), incluidas las cuestiones relativas al desarrollo o el fortalecimiento de las	Las Partes deben presentar actualizaciones sobre los enfoques de evaluación de riesgos adoptados para identificar las posibles		Actualización del COMNAP sobre su trabajo con programas nacionales para usar métodos congruentes para				

	Prioridad	XLIV RCTA (2022)	Entre sesiones	XLV RCTA (2023)	Entre sesiones	XLVI RCTA (2024)	Entre sesiones	XLVII RCTA (2025)
	actividades de investigación y la difusión de sus resultados.	implicaciones del cambio climático para los valores actuales y futuros de la Antártida, la logística y el medio ambiente. Agencias espaciales: debate sobre tecnologías espaciales para observar la región antártica en el contexto del cambio climático. Acordar la forma de proceder sobre cualquier recomendación de la RETA sobre las implicaciones del cambio climático (2010) que esté pendiente.		cuantificar y publicar los ahorros logrados por las eficiencias energéticas y que contribuyen a (a) reducir la huella de carbono y (b) a reducir el consumo de combustible.				
7.	Modernización de las estaciones antárticas en el contexto del cambio climático.	Debate adicional sobre la modernización de las estaciones antárticas.		Las Partes deben continuar compartiendo información y experiencias sobre los aspectos medioambientales, de seguridad y culturales de sus actividades de construcción.				
8.	Revisar y analizar los asuntos relativos al aumento de la actividad de aeronaves en la Antártida y evaluar la necesidad de tomar medidas complementarias.	Debatir la información del Taller de aviación antártica presentada por COMNAP. Las Partes deben informar sobre sus actividades/planes relacionados con la aviación.		Las Partes, los observadores y los expertos deben informar sobre sus actividades/planes relacionados con la aviación.				

	Prioridad	XLIV RCTA (2022)	Entre sesiones	XLV RCTA (2023)	Entre sesiones	XLVI RCTA (2024)	Entre sesiones	XLVII RCTA (2025)
9.	Contribuir a reforzar una implementación uniforme del Código Polar.	Un mayor intercambio de opiniones sobre experiencias nacionales en la implementación del Código Polar en la Antártida.		Las Partes deben compartir documentos sobre las experiencias nacionales en la implementación del Código Polar. Se organizará una sesión específica para mejorar y apoyar una implementación armonizada del Código Polar.				
10.	Fomentar la mejora del levantamiento hidrográfico en la Antártida.	Las Partes deben reaccionar a la propuesta de la OHI. Las Partes, la OHI y la IAATO informarán sobre los avances en cuanto a la hidrografía.		Las Partes deben comentar las formas y los medios para aplicar las resoluciones existentes sobre hidrografía (véase el Documento de información IP 4 XLIII RCTA, 2021). Las Partes, la IAATO y la OHI informarán sobre los avances en cuanto a la hidrografía.				
11.	Desarrollar un enfoque estratégico para la gestión del turismo antártico con el fin de garantizar que se lleva a cabo de forma segura y respetuosa con el medio ambiente.	Considerar resultados del GCI sobre Instalaciones Permanentes para el Turismo y Otras Actividades No Gubernamentales en la Antártida.	Segundo período del GCI sobre las Instalaciones Permanentes para el Turismo y otras Actividades No Gubernamentales en la Antártida.	Considerar nuevos resultados del GCI sobre Instalaciones Permanentes para el Turismo y otras Actividades No Gubernamentales en la Antártida.				
		Deben seguir considerándose los asuntos		Considerar las implicaciones del crecimiento de la actividad	Considerar las opciones para apoyar y fomentar	Revisar los avances en la implementación		

	Prioridad	XLIV RCTA (2022)	Entre sesiones	XLV RCTA (2023)	Entre sesiones	XLVI RCTA (2024)	Entre sesiones	XLVII RCTA (2025)
		medioambientales relativos al turismo en base al nuevo asesoramiento proporcionado por el CPA.		del turismo para la carga de trabajo producida por las actividades de búsqueda y salvamento, incluido en los programas antárticos nacionales.	la implementación y la entrada en vigor de la Medida 4 (2004) y la Medida 15 (2009).	y la entrada en vigor de la Medida 4 (2004) y la Medida 15 (2009).		
		Consideración del posible aumento de la carga de trabajo producida por las actividades de búsqueda y salvamento debido al incremento de la actividad del turismo en la Antártida para los programas antárticos nacionales	Las Partes deben considerar el desarrollo de propuestas para un debate acerca de la forma en que la RCTA puede identificar mejor las estrategias de seguimiento, incluidos los indicadores que puedan sugerir tendencias del turismo que podrían aumentar los riesgos para una gestión eficaz o suponer un riesgo para el entorno antártico.	Debate acerca de la forma en que la RCTA puede identificar mejor las estrategias de seguimiento, incluidos los indicadores que puedan sugerir tendencias del turismo que podrían aumentar los riesgos para una gestión eficaz o suponer un riesgo para el entorno antártico.	Las Partes interesadas deben considerar opciones de formularios de informe posteriores a la visita de la RCTA para actividades de turismo terrestre y aéreo. Debates informales entre sesiones sobre la posible aplicabilidad y uso de tarifas turísticas.	Evaluar cualquier posible incremento de actividades turísticas o no gubernamentales llevadas a cabo por operadores que no formen parte de la IAATO.		
		Nuevos debates relativos a los temas derivados del aumento del turismo, lo que incluye las implicaciones del posible aumento de operadores no registrados en la IAATO.		Las Partes y otros participantes deben presentar informes acerca de los avances en las actividades de vigilancia ambiental relacionadas con el turismo que patrocinen o lleven a cabo, así como en el seguimiento del cumplimiento de las actividades turísticas.		Pedir la opinión del CPA acerca del diseño de un programa estratégico de vigilancia ambiental del turismo como apoyo para el debate sobre las opciones de implementación.		Evaluar si el paquete de Directrices para Sitios y otras herramientas abarcan de forma suficiente las ubicaciones en las que tienen lugar las actividades turísticas.

	Prioridad	XLIV RCTA (2022)	Entre sesiones	XLV RCTA (2023)	Entre sesiones	XLVI RCTA (2024)	Entre sesiones	XLVII RCTA (2025)
		Examinar los progresos del CPA en relación con las recomendaciones 3 y 7 del Estudio sobre turismo del CPA.			Las Partes deben aportar opiniones de sus respectivas autoridades competentes acerca de los tipos o formas y las normas sobre evidencia de presuntos incumplimientos que resultarían útiles a la hora de ejercer sus obligaciones de cumplimiento.	Considerar si deberían desarrollarse directrices para los operadores antárticos acerca de la recogida y presentación de pruebas de presuntos incumplimientos.		
12.	Mejorar el cumplimiento de las normas de la RCTA relacionadas con actividades no gubernamentales, incluidas las actividades de turismo.	El Grupo de Trabajo 1 brindará asesoramiento sobre el modo más eficaz en que las personas que operan en la Antártida pueden recopilar y compartir las pruebas de presuntos incumplimientos.	La Secretaría pedirá a las Partes que presenten recomendaciones sobre la forma de documentar adecuadamente los presuntos incumplimientos.	El Grupo de Trabajo 1 brindará asesoramiento sobre el modo más eficaz en que las personas que operan en la Antártida pueden recopilar y compartir las pruebas de presuntos incumplimientos.				
13.	Abordar los problemas de igualdad, diversidad e inclusión fomentando la plena participación de grupos infrarrepresentados en las actividades científicas y las operaciones en la Antártida para todos los temas antárticos, como la ciencia, las operaciones, la política y la legislación.	Las Partes compartirán información sobre sus planes con relación a estas cuestiones.		Las Partes, los observadores y los expertos compartirán información sobre sus planes con relación a estas cuestiones.		Las Partes, los observadores y los expertos compartirán información sobre sus planes con relación a estas cuestiones.		Las Partes, los observadores y los expertos compartirán información sobre sus planes con relación a estas cuestiones.

	Prioridad	XLIV RCTA (2022)	Entre sesiones	XLV RCTA (2023)	Entre sesiones	XLVI RCTA (2024)	Entre sesiones	XLVII RCTA (2025)
14.	Reforzar la coordinación para la gestión de eventos naturales peligrosos en instalaciones antárticas.	Considerar cualquier información del SCAR y el COMNAP sobre diferentes aspectos asociados a los sucesos volcánicos/sísmicos y las instalaciones antárticas. Revisar y discutir cómo las Partes pueden lidiar adecuadamente con estos eventos en las instalaciones antárticas.	Animar a las Partes a participar en el grupo de colaboración técnica del COMNAP a través de los programas antárticos nacionales.	Revisar y discutir cómo las Partes pueden lidiar adecuadamente con estos eventos en las instalaciones antárticas. El COMNAP informará del trabajo de este grupo en la XLV RCTA. El SCAR informará de las actividades sísmicas en la Antártida.				

Nota: Los antedichos Grupos de Trabajo de la RCTA no son permanentes, sino que se establecen por consenso al término de cada Reunión Consultiva del Tratado Antártico.

Decisión 4 (2022)

Cartas sobre la sinopsis decenal y las recomendaciones de actuación del Informe sobre el cambio climático y el medio ambiente en la Antártida

Los Representantes,

Reconociendo el importante papel de la región antártica en los procesos climáticos globales;

Acogiendo con agrado la sinopsis decenal del Informe sobre el cambio climático y el medio ambiente en la Antártida («sinopsis decenal») elaborado por el Comité Científico de Investigaciones Antárticas (SCAR); y

Preocupados por los efectos y los cambios proyectados en el medio ambiente antártico como resultado del cambio climático y que se describen en la sinopsis decenal;

Deciden solicitar a la Presidenta de la Reunión Consultiva del Tratado Antártico («RCTA») que envíe la carta anexa a esta Decisión remitiendo la sinopsis decenal a:

1. la Secretaria Ejecutiva de la Convención Marco de las Naciones Unidas sobre el Cambio Climático («CMNUCC») para que la transmita al Presidente de la 27ª Conferencia de las Partes de la CMNUCC;

2. el Secretario de la Secretaría del Grupo Intergubernamental de Expertos sobre el Cambio Climático («IPCC»);

3. el Secretario General de la Organización Meteorológica Mundial («OMM»);

4. la Secretaria Ejecutiva de la Plataforma Intergubernamental Científico-Política sobre Biodiversidad y Servicios de los Ecosistemas ("IPBES"); y

5. el Secretario General de la Organización Marítima Internacional («OMI»).

Estimada Secretaria Ejecutiva de la CMNUCC Patricia Espinosa / Secretario de la Secretaría del IPCC Abdalah Mokssit / Secretario General de la OMM Petteri Taalas / Secretaria Ejecutiva de la IPBES Dra. Anne Larigauderie / Secretario General de la OMI Kitack Lim

En la 44ª Reunión Consultiva del Tratado Antártico (XLIV RCTA), celebrada en Berlín (Alemania) del 24 de mayo al 2 de junio de 2022, las Partes Consultivas del Tratado Antártico reconocieron el importante papel de la región antártica en los procesos climáticos mundiales, acogieron con satisfacción la sinopsis decenal del Informe sobre el cambio climático y el medio ambiente en la Antártida (Informe ACCE) elaborado por el Comité Científico de Investigaciones Antárticas (SCAR) y mostraron su preocupación por los efectos y los cambios que se prevén en los entornos antárticos como consecuencia del cambio climático que se describen en dicha sinopsis decenal.

En vista de lo anterior, me complace enviarle el Informe ACCE. Asimismo, solicito a la Secretaria Ejecutiva de la CMNUCC, Patricia Espinosa, que transmita este Informe al Presidente de la 27ª Conferencia de las Partes de la CMNUCC, Sameh Shoukry.

Atentamente,

Tania von Uslar-Gleichen
Presidenta de la XLIV RCTA

Decisión 5 (2022)

Requisitos para el intercambio de información

Los Representantes,

señalando los Artículos III(1)(a) y VII(5) del Tratado Antártico;

conscientes de las obligaciones de intercambiar información tal como se expresa en el Protocolo al Tratado Antártico sobre Protección del Medio Ambiente («el Protocolo») y sus anexos;

conscientes de las Decisiones aprobadas por la Reunión Consultiva del Tratado Antártico («RCTA») relativas a la información que deben intercambiar las Partes;

deseando garantizar que el intercambio de información entre las Partes se realice de la manera más eficiente y oportuna;

deseando además que la información que intercambien las Partes se identifique con facilidad para maximizar su utilidad;

recordando la Decisión 4 (2012), que decidió que las Partes utilizarían el Sistema Electrónico de Intercambio de Información (SEII) para intercambiar información de conformidad con el Tratado Antártico y el Protocolo y sus anexos y que especificó que las Partes continuarían trabajando con la Secretaría del Tratado Antártico («la Secretaría») para perfeccionar y mejorar el SEII;

señalando que la Decisión 4 (2012) exige que las Partes actualicen las secciones pertinentes del SEII regularmente durante el año con el fin de que dicha información esté disponible y accesible para las Partes tan pronto como sea factible;

Deciden:

1. que el Anexo a la presente Decisión representa una lista consolidada de la información que se ha acordado intercambiar por las Partes;

2. solicitar a la Secretaría que modifique el SEII a fin de que refleje la información contenida en el Anexo de la presente Decisión; y

3. declarar obsoleto el Anexo a la Decisión 7 (2021).

Requisitos para el intercambio de información

1. Información de pretemporada
La siguiente información debería presentarse tan pronto como sea posible, de preferencia antes del 1 de octubre, y en todo caso no más allá del comienzo de las actividades de las que se informe.

1.1 Información operacional
1.1.1 Expediciones nacionales

A. Estaciones
Nombres de las estaciones (indique la región, latitud y longitud), estacionalidad, período de funcionamiento (por temporada), estado, población máxima, y asistencia médica disponible.
Nombres de los refugios (indique región, latitud y longitud), instalaciones médicas y capacidad de alojamiento. Otras actividades de campo principales, por ejemplo, travesías científicas (indique la ubicación).

B. Buques no militares
Nombre de buques no militares, resistencia al hielo, país de registro, número de viajes, fechas de salida planificadas, áreas de operación, puertos de salida y llegada hacia y desde la Antártida y propósito del viaje. Cantidad máxima de tripulantes y de pasajeros.

C. Aeronaves no militares
Tipo de aeronave no militar, número planeado de vuelos, período de vuelos o fechas de salida planeadas para vuelos intercontinentales y propósito de los vuelos. Cantidad máxima de tripulantes y de pasajeros.

D. Cohetes de investigación
Coordenadas del lugar de lanzamiento, hora y fecha/período, dirección de lanzamiento, altitud máxima prevista, área de impacto, tipo y especificaciones de los cohetes, objetivo y título del proyecto de investigación.

E. Efectivos militares
- Cantidad de personal militar (oficiales y soldados) en expediciones.
- Cantidad y tipos de armamento.
- Información sobre equipo militar, si lo hubiera, que no se haya incluido en la sección 3.2.D a continuación, incluido el nombre del sitio, coordenadas (latitud y longitud), tipo de equipo y propósito de este.
- Buque: Nombre del navío militar, resistencia del hielo, número de viajes, fechas de salida planificadas, áreas de operación, puertos de salida y llegada a y desde la Antártida y propósito del viaje. Cantidad máxima de tripulantes y de pasajeros.
- Aeronave: Tipo de aeronave militar, número planeado de vuelos, período de vuelos o fechas de salida planeadas para vuelos intercontinentales y propósito de los vuelos. Cantidad máxima de tripulantes y de pasajeros.

1.1.2 Expediciones no gubernamentales[i]
A. Operaciones basadas en buques
Nombre del operador, nombre del buque, cantidad máxima de tripulantes, cantidad máxima de pasajeros, país de registro del buque, cantidad de viajes, jefe de

expedición, fechas de salida previstas, puertos de salida y de llegada hacia la Antártida y desde ella, áreas de operación (incluidos los nombres de los sitios propuestos para visita y las fechas previstas para la realización de visitas), tipo de actividad, si las visitas incluyen desembarques y, opcionalmente, su duración y la cantidad de visitantes que participarán en cada una de las actividades específicas.

B. Operaciones terrestres
Nombre de la expedición, nombre del operador, método de transporte hacia, desde y en el interior de la Antártida, tipo de actividad turística o de aventura, ubicación(es) de las actividades y/o rutas, fechas de la expedición, cantidad de personal participante, dirección de contacto, dirección del sitio web.

C. Actividad de aeronaves
Nombre del operador, tipo de aeronave, número de vuelos, período de los vuelos, fecha de salida por vuelo, ubicación de la salida y de la llegada por vuelo, ruta por vuelo, propósito por vuelo y cantidad de pasajeros.

D. Denegación de autorizaciones
Nombre del buque y/o de la expedición, nombre del operador, fecha, motivo de la denegación.

1.2 Visitas a las zonas protegidas
Nombre y número de la zona protegida, cantidad de visitantes permitidos, fecha/período y propósito.

2. Informe anual
La siguiente información debería presentarse tan pronto como sea posible una vez terminada la temporada estival, y en todo caso antes del 1 de octubre, con un período de información entre el 1 de abril y el 30 de marzo.

2.1. Información científica

2.1.1. Planes a futuro[ii]
Información pormenorizada sobre los planes científicos estratégicos o plurianuales o la información del contacto para obtener la versión impresa. Lista de participantes previstos en proyectos o programas científicos internacionales importantes basados en la colaboración.

2.1.2. Actividades científicas del año anterior
Lista de proyectos de investigación realizados en el año anterior según disciplina científica (con la ubicación, investigador principal, nombre o número del proyecto, disciplina y actividad u observaciones principales).

2.2. Información operacional

2.2.1. Expediciones nacionales
Actualización de la información proporcionada en virtud de 1.1.1.

2.2.2. Expediciones no gubernamentales
Actualización de la información proporcionada en virtud de 1.1.2. más, para la sección 1.1.2.A y B: cantidad total de pasajeros transportados en cada viaje, cantidad total de tripulación a bordo en cada viaje y actividad combinada para las secciones A, B y C.

Información de incidentes inusuales para las secciones A, B y C, incluido el tipo de incidente inusual que ha tenido lugar (personas, medio ambiente y/o materiales/bienes), fecha, lugar, quién proporcionó asistencia y punto de contacto para más información sobre el incidente (operador o miembro del programa nacional o la autoridad competente).

2.3. Información del permiso

2.3.1. Visitas a zonas protegidas
Actualización de la información proporcionada en virtud de 1.2.

2.3.2. Recolección de e intromisión perjudicial con la flora y la fauna
Número del permiso, período del permiso, especies, ubicación, cantidad, sexo, edad y propósito[iii].

2.3.3. Introducción de especies no autóctonas
Número de permiso, período del permiso, especies, ubicación, cantidad, propósito[iv], extracción o eliminación.

2.4. Información medioambiental

2.4.1. Cumplimiento del Protocolo[v]
Descripción de la Medida, fecha de entrada en vigor.

2.4.2. Planes de Contingencia
Título del plan o planes de contingencia para derrames de petróleo y otras emergencias medioambientales, copias (PDF) o la información del contacto para obtener las versiones impresas.

2.4.3. Lista de EMI y EMG[vi]
Lista de EMI/EMG realizadas durante el año, indicando la actividad propuesta, (opcionalmente) el período/duración, ubicación, nivel de evaluación y decisión tomada.

2.4.4. Informe de actividades de seguimiento[vii]
Nombre de la actividad, ubicación, procedimientos aplicados, información importante obtenida, medidas tomadas en consecuencia.

2.4.5. Planes de Gestión de Residuos
Título, nombre del sitio/buque, copia (PDF) o contacto para la versión impresa. Informe sobre la implementación de planes de tratamiento de residuos durante el año.

2.4.6. Medidas tomadas para implementar las disposiciones del anexo V[viii]
Descripción de las medidas.

2.4.7. Procedimientos relacionados con las EIA
Descripción de los procedimientos nacionales apropiados.

2.4.8. Prevención de la contaminación marina[ix]
Descripción de las medidas.

3. Información permanente
La siguiente información puede actualizarse en cualquier momento.

3.1. Instalaciones científicas

3.1.1 Estaciones de registro automático/observatorios
Nombre del sitio, coordenadas (latitud y longitud), elevación (m), parámetros registrados, frecuencia de observaciones, número de referencia (por ejemplo, n.° de la OMM).

3.2 Información operacional
A. Estaciones
Nombre de las estaciones (indique región, latitud y longitud), estado, estacionalidad, fecha de establecimiento, alojamiento e instalaciones médicas. Nombres de los refugios (indique región, latitud y longitud), instalaciones médicas y capacidad de alojamiento.

B. Buques no militares
Nombre de buques no militares, país de registro, resistencia al hielo, tripulación máxima, número máximo de pasajeros.

C. Aeronaves no militares
Tipo de aeronave no militar, tripulación máxima, máximo de pasajeros.

D. Efectivos militares
- Cantidad de personal militar (oficiales y soldados)
- Cantidad y tipos de armamento.
- Información sobre equipo militar, si lo hubiera, que no se haya registrado ya en el SEII, incluido el nombre del sitio, coordenadas (latitud y longitud), tipo de equipo y propósito.
- Buque: Nombre del buque militar, resistencia del hielo, tripulación máxima, número máximo de pasajeros.
- Aeronave: Tipo de aeronave militar, tripulación máxima, máximo de pasajeros.

3.3 Información medioambiental

3.3.1 Planes de tratamiento de residuos
Título del plan, sitio/buque, copia (PDF) o contacto para la versión impresa.

3.3.2 Planes de continencia
Título del plan o planes de contingencia para derrames de petróleo y otras emergencias medioambientales, copias (PDF) o la información del contacto para obtener las versiones impresas.

3.3.3 Inventario de las actividades pasadas
Nombre de la estación, base, campamento, travesía, aeronave accidentada, etc., sus coordenadas (latitud y longitud), período durante el cual se realizó la actividad, descripción y objetivo de las actividades realizadas, descripción de los equipos o las instalaciones que se dejaron en el lugar.

3.3.4 Cumplimiento del Protocolo[x]
Descripción de la Medida, fecha de entrada en vigor.

3.3.5 Procedimientos relacionados con las EIA
Igual que para 2.4.7.

3.3.6 Prevención de la contaminación marina
Igual que para 2.4.8.

3.3.7 Medidas tomadas para implementar las
disposiciones del anexo V Igual que en 2.4.6.

3.4 Otra información

3.4.1 Legislación nacional pertinente
Descripción de la ley, norma, medida administrativa u otra disposición, fecha de
entrada en vigor o de promulgación, con una copia (PDF) o la información del
contacto para obtener una copia impresa.

Notas:

i Se permitirá que se facilite información sobre expediciones no gubernamentales tan pronto como
sea posible tras completar los procesos nacionales, siendo la siguiente la
descripción pertinente de la planificación temporal: «tan pronto como sea posible, tras
completar los procesos nacionales, de preferencia antes del 1 de octubre y en ningún caso
después de la fecha de inicio de la actividad».

ii La entrega de información opcional sobre planes a futuro se permitirá en cualquier momento, por
ejemplo, tras completar o actualizar los planes nacionales.

iii Propósito con referencia al artículo 3 del anexo II al Protocolo.

iv Propósito con referencia al artículo 4 del anexo II al Protocolo.

v Nuevas medidas aprobadas durante el año anterior de conformidad con el artículo 13 del
Protocolo al Tratado Antártico sobre Protección del Medio Ambiente, incluida la aprobación de
leyes y normativas, medidas administrativas y medidas de aplicación.

vi Se alienta la entrega de información sobre EMI/EMG «tan pronto como finalicen los
procesos nacionales, al tiempo que se mantiene la fecha límite para que las Partes presenten
la información».

vii Actividades de seguimiento conectadas con actividades sujetas a evaluaciones
iniciales y globales (mencionadas en el anexo I al Protocolo, art. 6.1 c).

viii Información sobre las medidas tomadas para implementar las disposiciones del
anexo V, incluidas las inspecciones a los sitios y todas las medidas tomadas para abordar
los casos de actividades no coherentes con las disposiciones contenidas en los planes de
gestión.

ix Medidas para garantizar que todo buque de guerra, unidad naval auxiliar u otro buque de
propiedad de un Estado u operado y utilizado por este, que se utilice por el momento
exclusivamente para servicios gubernamentales no comerciales, se utilice de manera coherente, en
la medida en que sea razonable y factible, con el anexo.

x Medidas aprobadas de conformidad con el Artículo 13 del Protocolo al Tratado Antártico sobre
Protección del Medio Ambiente, incluida la aprobación de leyes y normativas, medidas
administrativas y medidas de aplicación.

3. Resoluciones

Resolución 1 (2022)

Directrices revisadas para la evaluación y gestión del patrimonio antártico

Los representantes,

recordando que el artículo 8 del anexo V del Protocolo al Tratado Antártico sobre Protección del Medio Ambiente («el Protocolo») dispone que aquellos sitios o monumentos de reconocido valor histórico sean designados Sitios y Monumentos Históricos («SMH»), los cuales «no deberán dañarse, trasladarse ni destruirse»;

recordando también la Medida 23 (2021), que aprobó la lista de SMH con formato rediseñado;

recordando, asimismo, la Resolución 3 (2009), en la que se recomendaba que las Partes utilizaran las *Directrices para la designación y protección de SMH* a modo de orientación para la designación, la protección y la preservación de sitios históricos, monumentos y artefactos históricos, así como de otros restos históricos de la Antártida;

recordando, asimismo, la Resolución 2 (2018), que recomendaba que las Partes utilizasen, sin obligación, las *Directrices para la evaluación y gestión del patrimonio antártico* a modo de orientación adicional sobre preguntas relativas a la evaluación y gestión de sitios u objetos con valor patrimonial de la Antártida;

observando los crecientes conocimientos técnicos en la gestión de los valores patrimoniales antárticos;

deseando apoyar a las Partes para que, cuando corresponda, desarrollen Planes de gestión de conservación para equilibrar adecuadamente la protección del medio ambiente y las consideraciones de conservación del patrimonio en la gestión de los SMH;

acogiendo positivamente el trabajo del Comité para la Protección del Medio Ambiente («CPA») para desarrollar directrices para la planificación de la gestión de la conservación de los SMH, para su inclusión en las *Directrices para la evaluación y gestión del patrimonio antártico*;

Recomiendan a sus Gobiernos que:

1.	sustituyan las directrices anexas a la Resolución 2 (2018) por las *Directrices para la evaluación y gestión del patrimonio antártico* anexas a la presente Resolución;

2.	usen las directrices revisadas como orientación adicional con respecto a la evaluación y la gestión de sitios u objetos con valor patrimonial de la Antártida; y

3.	soliciten a la Secretaría del Tratado Antártico que publique el texto de la Resolución 2 (2018) en su sitio web de manera que quede claro que ya no tiene vigencia.

Directrices para la evaluación y gestión del patrimonio antártico

1. Introducción

El objetivo del presente documento es brindar a las Partes orientación y apoyo en el proceso por el cual se evalúa y determina si un sitio u objeto debería considerarse patrimonio, lo que incluye decidir si amerita figurar en la lista de Sitios y Monumentos Históricos (SMH) en el marco tanto del anexo V como del anexo III del Protocolo al Tratado Antártico sobre Protección del Medio Ambiente (Protocolo Ambiental). Asimismo, apunta a brindar orientación en lo que respecta a la mejor manera de gestionar un sitio u objeto patrimonial cuando se llegue a una conclusión. Esta orientación no tiene carácter obligatorio, pero ofrece los puntos que deben tenerse en cuenta cuando una o varias Partes comienzan a considerar la designación de un SMH u otros métodos de protección para un objeto o sitio particular.

Además, busca ayudar al Comité para la Protección del Medio Ambiente (CPA) y a las Partes a alcanzar la siguiente visión general:

«Reconocer, gestionar, conservar y promover el patrimonio antártico para el beneficio de las generaciones presentes y futuras».

Estas directrices tienen en cuenta lo esencial de que las necesidades de proteger el medioambiente antártico, de conformidad con el Protocolo Ambiental, se equilibren de manera adecuada con el deseo de proteger sitios y objetos patrimoniales importantes.

En el artículo 8 de su anexo V, el Protocolo Ambiental estipula que es posible proponer que los sitios o monumentos de reconocido valor histórico sean designados Sitios y Monumentos Históricos (SMH), los cuales no deberán dañarse, trasladarse ni destruirse.

La Resolución 3 (2009) contiene *Directrices para la designación y protección de Sitios y Monumentos Históricos* y ofrece orientación para las Partes en temas relativos a la designación, la protección y la preservación de sitios, monumentos y artefactos históricos, así como de otros restos históricos de la Antártida. Estas directrices ofrecen orientación adicional en lo que respecta a la implementación de la Resolución 3 (2009).

El CPA debe considerar todas las propuestas de SMH, que, en última instancia, deben acordar las Partes Consultivas del Tratado Antártico durante una Reunión Consultiva del Tratado Antártico (RCTA). El Protocolo Ambiental y las medidas aprobadas por las Partes del Tratado Antártico no exigen ni especifican ninguna otra medida adicional. No obstante, el presente documento sí proporciona orientación sobre los esfuerzos de gestión posibles o pertinentes destinados a un sitio u objeto histórico, ya sea que se lo haya designado SMH o se lo considere sitio u objeto general de interés histórico.

Este documento debería tomarse solo a modo de orientación, para ayudar a garantizar que todos los aspectos pertinentes en el proceso que conduce a la decisión de proponer un objeto o sitio como SMH se hayan considerado en forma adecuada y cumplida. Los sitios —incluidos los objetos que estos contengan— que se consideran para su designación de SMH encerrarán diferentes cualidades y presiones pasadas, presentes o futuras, así como dificultades de gestión asociadas, y deberán tenerse en cuenta las circunstancias específicas en todo proceso de designación.

Además de la orientación que se ofrece a los proponentes, el objetivo a largo plazo de este documento es contribuir a lograr cierto grado tanto de coherencia dentro de los procesos de evaluación como de comparabilidad entre dichos procesos —al tiempo que se reconoce que cada posible SMH tendrá sus propios requisitos y dinámicas—, así como garantizar que el proceso esté lo suficientemente documentado para referencia futura.

Los siguientes materiales son documentos que constituyen un marco y una referencia para estas directrices:

- Anexo V del Protocolo Ambiental (en específico, el artículo 8)

- Anexo III del Protocolo Ambiental

- Resolución 3 (2009) sobre las Directrices para la designación y protección de Sitios y Monumentos Históricos

- Resolución 5 (2001) sobre la manipulación de los restos históricos anteriores a 1958 y Resolución 5 (2011), que contiene una Guía revisada para la presentación de Documentos de Trabajo que contengan propuestas para Zonas Antárticas Especialmente Protegidas, Zonas Antárticas Especialmente Administradas o Sitios y Monumentos Históricos

- Lista actual de Sitios y Monumentos Históricos: https://ats.aq/devphBackEnd/api/export/hsm?lang=s

- Anexo I del Protocolo Ambiental

En el capítulo 11, se incluye una reseña de otros materiales y documentos de antecedentes de relevancia.

2. Objetivo de las directrices

Estas directrices constituyen un elemento que forma parte del esfuerzo del CPA por alcanzar la visión general de reconocer, gestionar, conservar y promover el patrimonio antártico para el beneficio de las generaciones presentes y futuras.

El material incluido en estas directrices tiene por finalidad asistir tanto a quienes realizan una evaluación inicial de algún sitio u objeto patrimonial —en el contexto ya sea del anexo III o del anexo V— como al CPA a la hora de evaluar presentaciones o propuestas de nuevos SMH. Los dos objetivos de la orientación son:

- Objetivo 1: Proporcionar orientación para decidir si un sitio u objeto debe considerarse patrimonio, lo que incluye determinar si amerita, requiere o necesita ser designado SMH.

- Objetivo 2: Proporcionar orientación sobre opciones de gestión para SMH y otros sitios u objetos patrimoniales.

En la Figura 1, se proporciona una idea general del proceso descripto en este documento, que consiste en los siguientes pasos:

1. Considerar si un sitio u objeto tiene valor patrimonial, según lo especificado en la Resolución 3 (2009)[1].

2. Determinar si el sitio u objeto se designará como SMH, se preservará *ex situ* o si se planificará su traslado o conservación por distintas razones.

3. Para todos los sitios u objetos designados SMH, deberían considerarse opciones de gestión, lo que incluye la protección adicional mediante los mecanismos del Sistema del Tratado Antártico.

4. Para los SMH incluidos en la lista y para los sitios u objetos que tengan otros valores patrimoniales, incluso aquellos preservados *ex situ*, deben considerarse actividades adecuadas de difusión/divulgación.

---

[1] Nota: El presente documento hace referencia a los principios que supone la consideración de valores patrimoniales, pero no intenta brindar una orientación completa y exhaustiva respecto de este complejo tema, que está atravesado por aspectos de índole nacional y cultural.

Figura 1

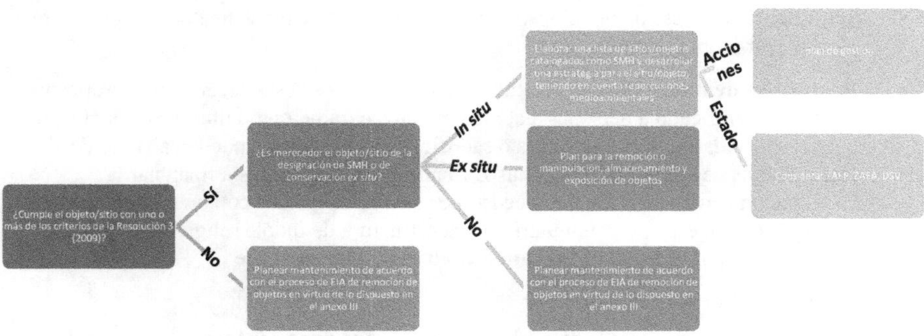

3. Patrimonio y valores históricos en el contexto antártico

La historia de la presencia humana en la Antártida es muy breve, si se la considera en el contexto global. Desde el primer avistamiento del continente, en 1820, la huella que han dejado los humanos allí es relativamente limitada. En un contexto semejante, las escasas pruebas históricas de una conexión entre el hombre y el terreno se tornan visibles y especiales en extremo.

Ya en la primera Reunión Consultiva del Tratado Antártico, celebrada en 1961, las Partes reconocieron plenamente los sitios, las estructuras y los objetos históricos como parte del patrimonio cultural de la humanidad.

El Protocolo Ambiental hace de la lista de Sitios y Monumentos Históricos (SMH)[2] el principal mecanismo para proteger los valores históricos de la Antártida. Las disposiciones del Protocolo Ambiental establecen que los sitios y monumentos enumerados en la lista deben protegerse de daños, traslados o destrucción.

La Resolución 3 (2009) brinda a las Partes una orientación más detallada en lo que respecta a la designación, la protección y la preservación de los SMH. La sección 4.2 proporciona una descripción y una consideración adicionales de estas directrices. La Resolución 3 (2009) continúa siendo esencial a la hora de determinar si un sitio cumple con los criterios para su inclusión en la lista de SMH.

Además, la Resolución 5 (2001) brinda a las Partes un mecanismo para proteger los artefactos o sitios históricos anteriores a 1958 de manera provisoria, hasta que pase suficiente tiempo para que se considere su designación de SMH.

Los términos «sitio» y «monumento» son denominaciones fundamentales en el marco establecido por el Protocolo Ambiental. Estos términos dependen, en gran medida, de los contextos y marcos jurídicos nacionales, pero las siguientes definiciones y descripciones básicas, que aportó el Comité Internacional del Patrimonio Polar (IPHC) del ICOMOS, son pertinentes para nuestra comprensión:

---

[2] La lista de SMH se presentó y acordó por primera vez en la Quinta Reunión Consultiva del Tratado Antártico (RCTA), en 1968.

- **Sitio**: entorno en que se encuentran uno o varios monumentos o lugar en que se ubican uno o varios artefactos y que está relacionado con estos de manera directa.

- **Objetos y artefactos**: todo artículo que ingresa a la Antártida es un «objeto» (término neutro), pero puede atribuírsele importancia formalmente como «artefacto», lo que le confiere valor patrimonial.

- **Monumento**: toda estructura ubicada sobre el suelo que se mantenga en pie y encierre valor de patrimonio cultural.

- **Objetos conmemorativos**: los objetos conmemorativos se establecen con el propósito de atribuir significado a personas, acontecimientos o tradiciones culturales, e incluyen hazañas asociadas a logros, pérdidas o sacrificios. Estos objetos pueden abarcar desde placas y obras de arte hasta fideicomisos filantrópicos destinados a financiar la investigación constante. También puede que estén relacionados con un instituto de investigación, un espacio comunitario o una estructura de índole religiosa. Es posible atribuir valor conmemorativo a un artefacto o estructura existente.

4. Determinar y evaluar valores históricos y patrimoniales

4.1. Determinar si un sitio u objeto tiene valor patrimonial, según lo especificado en la Resolución 3 (2009)

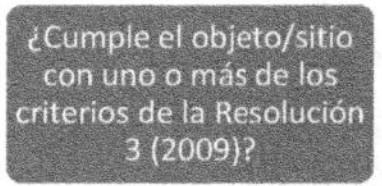

Antes de evaluar cualquier sitio u objeto para su inclusión en la lista de SMH, se asume que la Parte proponente realizó una evaluación preliminar para determinar si un objeto o sitio tiene un posible valor patrimonial. Asimismo, debe considerárselo según la orientación brindada en el presente documento y debe determinarse si se trata solo de material sin valor patrimonial que permanece de actividades pasadas y que, por lo tanto, debe extraerse de la Antártida, de conformidad con el anexo III del Protocolo Ambiental.

En muchos casos, la respuesta es obvia y existe una diferencia clara entre los sitios u objetos que ameritan ser gestionados como patrimonio y aquellos que, en esencia, pueden considerarse residuos. Se supone que la gran mayoría de los objetos que se encuentran en la Antártida pertenecen a la segunda categoría y, por esa razón, deben extraerse de la Antártida una vez agotado su uso.

En una pequeña proporción de casos, el sitio u objeto quizás tenga un valor patrimonial que no solo refiera a un producto, un lugar o algo que evoque una sensación nostálgica de tradición o historia y nos informe sobre el pasado en términos generales, sino también que brinde pruebas tangibles sobre la continuidad entre pasado, presente y futuro.

Al momento de llevar a cabo dicha evaluación preliminar, sería muy beneficioso contar con la pericia adecuada y que se sumaran las partes interesadas. En el capítulo 11 se incluye más información sobre posibles fuentes de pericia pertinentes.

En caso de determinarse que el sitio u objeto amerita una mayor consideración, las Partes deberán remitirse al artículo 8 del anexo V del Protocolo Ambiental, que, de manera muy amplia, establece «reconocido valor histórico» como el criterio para designar un SMH. Sin embargo, las Partes convinieron que un objeto o sitio que tiene un «reconocido valor histórico» debe cumplir con, al menos, uno de los criterios[3] enumerados en el anexo de la Resolución 3

---

[3] Ver anexo a la Resolución 3 (2009): Directrices para la designación y protección de Sitios y Monumentos Históricos

(2009). Los criterios estipulados en la Resolución 3 (2009) se describen y analizar en mayor detalle a continuación a fin de orientar el proceso de evaluación. Para el patrimonio anterior a 1958, es necesario remitirse a la Resolución 5 (2001) y tomarla en consideración.

Si el proceso de evaluación determina que no es necesario considerar un sitio u objeto para que reciba una mayor protección, dicho objeto debería considerarse y manipularse en virtud de las disposiciones sobre limpieza del Anexo III del Protocolo Ambiental y de su documentación de respaldo, tales como el Manual sobre limpieza de la Antártida (aprobado mediante la Resolución 2 [2013]).

4.2. Orientación sobre los criterios de evaluación estipulados en la Resolución 3 (2009)

A través de la Resolución 3 (2009), la RCTA aprobó un conjunto de criterios, que indican si un sitio u objeto tiene un «reconocido valor histórico». A continuación, dichos criterios se describen y analizan a fin de asistir a las Partes en su proceso de evaluación.

1.   Un suceso de especial importancia en la historia de la ciencia o la exploración de la Antártida

Determinar la importancia de un suceso en la historia es difícil y, en cierta medida, controversial, dada la naturaleza subjetiva del tema. Como punto de partida, uno debería tener en cuenta que un suceso podría ser un momento en la historia en que un acto, una decisión o un fenómeno natural alteró o inspiró el rumbo que tomó la evolución de una comunidad. En este caso, la ocupación humana de la Antártida constituiría dicha evolución. Estos sucesos no suelen tener una larga duración, sino que son momentos bastante puntuales e individuales. Para guiar la evaluación en función de este criterio, es importante considerar lo siguiente:

- ¿Es posible definir el suceso como un acontecimiento único e individual que también puede considerarse el momento fundacional de los sucesos o actividades que procedieron y que constituye una representación de la historia de ese momento particular?

- ¿Este suceso tiene relevancia para muchas personas o naciones?

- ¿Es posible asociar el suceso con un sitio o lugar específico?

El Sitio y Monumento Histórico n.º 80 (tienda de campaña de Amundsen) es un ejemplo de la lista actual de SMH que cumple con este criterio de «suceso».

2.   Guarda una asociación particular con una persona que desempeñó un papel importante en la historia de la ciencia o la exploración en la Antártida

En general, las personas de importancia histórica son aquellas cuya labor de toda una vida ayudó a definir y orientar el curso de la historia antártica o aquellas cuya vida es un ejemplo para la comunidad. Para guiar la evaluación en función de este criterio, es importante considerar lo siguiente:

- ¿La persona hizo, inventó o concibió una idea o producto que se utilizó y continuó utilizándose en el contexto antártico —y quizás en otros— y que incidió en la evolución de la Antártida?

- ¿Se puede decir que la persona representa una actividad antártica?

Al momento de realizar la evaluación, debería considerarse lo siguiente:

- La magnitud de la influencia de la persona o del grupo sobre el contexto antártico o dentro de este.

- La cantidad de personas o naciones que tienen una conexión con las actividades de la persona o el grupo.

- Conexión con el sitio existente: ¿todavía existen conexiones importantes con el sitio donde la persona vivió o trabajó?, ¿la persona está sepultada en un sitio antártico?

El *Sitio y Monumento Histórico n.º 3 (mojón de rocas de Mawson)* es un ejemplo de la lista actual de SMH que cumple con este criterio de «persona».

3.   *Guarda una asociación particular con una proeza de resistencia o un logro.*

Este criterio tiene una naturaleza similar al primero, y deberían considerarse los mismos factores, pero con énfasis en el contexto de una proeza de resistencia:

- Proeza: logro que requiere mucho coraje, habilidad o fuerza.

- Resistencia: capacidad de resistir un proceso o una situación desagradable o difícil sin ceder.

El *Sitio y Monumento Histórico n.º 53 (sitio conmemorativo del Endurance)* es un ejemplo de la lista actual de SMH que cumple con este criterio de «proeza».

4.   *Es representativo o forma parte de una actividad de gran alcance que ha sido importante en el desarrollo y el conocimiento de la Antártida*

Este criterio tiene una naturaleza similar al segundo, y deberían considerarse los mismos factores, pero con énfasis en el contexto de aumentar los conocimientos sobre la Antártida o el resto del mundo. Por ejemplo, podría tratarse de un sitio u objeto vinculado a un determinado descubrimiento científico o representativo de este.

El *Sitio y Monumento Histórico n.º 42 (cabañas de la bahía Scotia)* es un ejemplo de la lista actual de SMH que cumple con este criterio de «actividad».

5.   *Sus materiales, diseño o método de construcción tienen un valor técnico, histórico, cultural o arquitectónico particular.*

Este criterio apunta a considerar si el lugar u objeto demuestra métodos importantes o innovadores de construcción o diseño, si contiene materiales de construcción inusuales, si es uno de los primeros ejemplos del uso de una técnica de construcción particular o si tiene el potencial de contribuir con información sobre la historia de la tecnología o la ingeniería. Las siguientes son algunas de las preguntas que pueden ayudar a aclarar e informar las evaluaciones en relación con este tema:

- ¿El lugar es significativo por su diseño, forma, escala, materiales de construcción, estilo, decoración, período, detalle u otro elemento arquitectónico?

- ¿El lugar demuestra métodos importantes o innovadores de construcción o diseño, contiene materiales de construcción inusuales, es uno de los primeros ejemplos del uso de alguna técnica de construcción en particular o tiene el potencial de contribuir con información sobre la historia de la tecnología o la ingeniería?

- ¿El lugar tiene integridad y mantiene características significativas de su época de construcción o de períodos posteriores en los que se realizaron modificaciones o agregados importantes?

- ¿El sitio o la zona es un buen ejemplo de su clase, por ejemplo, en términos de diseño, tipo, características, uso, tecnología o período?

El *Sitio y Monumento Histórico n.º 83 (base «W», isla Detaille, fiordo Lallemand, costa Loubet)* es un ejemplo de la lista actual de SMH que cumple con este criterio de «construcción».

6. *Ofrece la posibilidad de revelar información por medio del estudio o de educar a la gente sobre actividades humanas importantes en la Antártida*

Los artefactos y los sitios pueden aportar conocimientos sobre procesos tecnológicos, desarrollo económico y estructuras sociales, entre otros temas, y, por tanto, brindan un mayor entendimiento del pasado y el futuro:

- ¿El lugar o la zona —donde el o los artefactos están ubicados— tiene la posibilidad de ofrecer información científica sobre la historia de la Antártida?

- ¿El sitio u objeto representa un gran interés real o potencial para investigadores o arqueólogos?

- ¿El sitio u objeto tiene potencial para ser el objeto de un nuevo estudio en un campo de estudio?

- ¿El sitio u objeto tiene el potencial para hacer un aporte significativo y duradero a un campo de estudio?

- ¿Podría el lugar contribuir, a través de la educación pública, a la concientización, comprensión y apreciación de las personas respecto de la Antártida, incluida la exploración y los logros científicos?

El *Sitio y Monumento Histórico n.º 4 (edificio de la estación del Polo de la Inaccesibilidad)* es un ejemplo de la lista actual de SMH que cumple con este criterio de «estudio».

7. *Tiene valor simbólico o conmemorativo para la gente de muchas naciones*

Teniendo en mente todos los otros criterios analizados más arriba, es útil considerar hasta qué punto los valores identificados son pertinentes para la comunidad antártica en su conjunto. Tal como se mencionó antes, la importancia del patrimonio nacional debería evaluarse en un contexto más amplio en el que se tenga en cuenta su importancia en la historia más general de las actividades humanas en la Antártida o su relevancia para numerosas naciones.

El *Sitio y Monumento Histórico n.º 82 (monumento al Tratado Antártico)* es un ejemplo de la lista actual de SMH que cumple con este criterio de «simbólico para muchos».

4.3. Determinar si los valores ameritan su inclusión en la lista de Sitios y Monumentos Históricos

Una vez evaluados los distintos valores patrimoniales que encierra el sitio u objeto, según los criterios estipulados en la Resolución 3 (2009), los proponentes tendrán más en claro si debería conservarse dicho sitio u objeto.

En caso contrario, las Partes responsables del sitio u objeto deberán considerar si i) lo mantendrán en la Antártida con un propósito distinto —y evaluarán adecuadamente los impactos medioambientales de tal acción— o ii) lo trasladarán fuera del continente, conforme a los términos del anexo III.

En caso de determinar que debe conservarse el sitio u objeto, el próximo paso es considerar si se intentará conseguir la designación de SMH, para recibir una protección *in situ* en la Antártida, o si sería más adecuado que el sitio u objeto se preserve *ex situ*.

5. Evaluar la conservación *in situ* o *ex situ*

5.1. Preservación *in situ* o *ex situ*

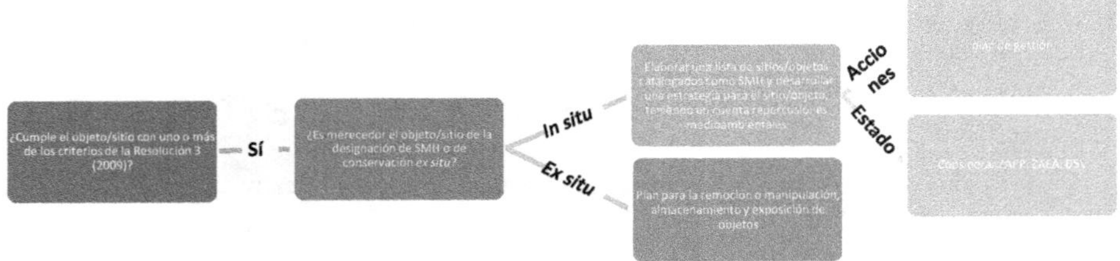

Una vez determinado que un sitio u objeto tiene valor patrimonial o histórico, es hora de evaluar necesidades y enfoques apropiados de protección. Lo primero que debe hacerse al respecto es considerar si la mejor manera de mantener el valor es dejarlo en su lugar, en la Antártida, o trasladarlo fuera del continente para mantener el valor a través otros medios.

El posible impacto ambiental debe medirse de forma adecuada al momento de evaluar si el objeto se mantendrá *in situ* o *ex situ*, a efectos de garantizar que se respeten los principios ambientales estipulados en el artículo 3 (2) del Protocolo Ambiental. Para ello, a menudo, puede resultar apropiado realizar un proceso de Evaluación del Impacto Ambiental (EIA), según lo dispuesto en el artículo 8 (y el anexo I) del Protocolo Ambiental. Para acceder a ejemplos de EIA relativas a SMH, podrá consultarse la «sección 12: Recursos».

La mayoría de las veces, los objetos fijos —como una infraestructura— que están vinculados al sitio se mantienen *in situ*, aunque, en algunas ocasiones, quizás sea más conveniente y pertinente trasladar y restructurar dichos objetos *ex situ*, por ejemplo, llevándolos a un museo.

Por el contrario, los objetos móviles pueden mantenerse tanto *in situ* como *ex situ*. Ambos enfoques tienen ventajas y desventajas.

- *Importancia del contexto*: El objeto puede comprenderse y apreciarse por completo solo —o de mejor manera— si está en su ubicación original gracias a determinados factores, como la baja temperatura, el aislamiento y la vida silvestre.

- *Interés y entusiasmo local para la protección*: El patrimonio que pertenece a la población local —es decir, a la de alguna estación cercana— o que fue «adoptado» por esta última, suele ser tratado con el cuidado adecuado.

- *Gastos y uso de recursos en el mantenimiento a largo plazo*: Aunque no trasladar el objeto podría implicar un ahorro de recursos a corto plazo, un mantenimiento adecuado a lo largo del tiempo, en general, es costoso (en términos de recursos de conservación y logística).

- *Un público más reducido*: El potencial de visitas para los sitios y objetos que están ubicados en lugares remotos nunca se comparará con el de las ubicaciones más centrales.

- *El interés local, y por lo tanto el cuidado, puede ser menor que el interés que se demuestra desde el exterior*: Pocas personas de la zona, o ninguna, realizarán un mantenimiento del patrimonio que dependa del alto interés constante de las poblaciones temporales.

Las siguientes son algunas de las consideraciones que podrían ayudar a decidir si sería más apropiada una conservación *ex situ* o una protección *in situ* de objetos fijos y móviles:

- Una conservación *ex situ* puede resultar pertinente y apropiada si la integridad de los objetos se ve amenazada por los procesos naturales de degradación.

- Una conservación *ex situ* puede resultar pertinente y apropiada si es evidente que será demasiado costoso o difícil mantener los objetos *in situ* a lo largo del tiempo.

- A la hora de elegir entre una protección *in situ* y una *ex situ*, también podría ser útil evaluar la importancia de que sean muchas las personas que observen y aprecien el objeto.

- Una conservación *ex situ* puede resultar pertinente y apropiada si los objetos se encuentran en un entorno particularmente vulnerable cuya protección sería de una prioridad más alta. Mantener los objetos *in situ* puede resultar pertinente y apropiado si su traslado supone un alto riesgo de daño.

- La capacidad —logística y financiera— de mantener objetos *in situ* influirá en la decisión.

- Si el objeto no puede escenificarse de forma adecuada en un marco contextual y pierde su valor a causa de ser trasladado fuera de su entorno, puede resultar más apropiado considerar una protección *in situ* en lugar de trasladarlo para una conservación *ex situ*.

- Si quedó demostrado, a través de la evaluación correspondiente, que el conjunto existente de SMH antárticos ya representa el valor del objeto en cuestión, puede resultar útil una conservación *ex situ*. No obstante, si el sitio u objeto se considera representativo —es decir, que ejemplifica una clase importante de elementos significativos— o poco común —encierra un aspecto inusual de la historia o el patrimonio antártico—, y no existe un sitio u objeto similar en la lista, puede resultar más apropiado un mantenimiento *in situ*.

En casos en los que haya objetos de gran importancia patrimonial en peligro, es posible hacer réplicas mientras no se pueda acceder al original. Es posible mejorar de manera parcial la escenificación de un entorno *ex situ* artificial mediante el uso de varios efectos para dar la impresión de la ubicación original.

El traslado de objetos para su conservación *ex situ* siempre debe realizarse con el acuerdo de todas las Partes que tengan o puedan tener vínculo o interés respecto del objeto. Además, debe realizarse sobre la base de evaluaciones y recomendaciones de expertos en patrimonio. Esto tiene particular importancia, ya que pueden presentarse problemas jurídicos y otros problemas asociados en términos del origen o la propiedad de un objeto o artefacto.

5.2.   Documentación

Si se determina que la conservación *ex situ* será la más apropiada, se recomienda contar con un archivo que incluya documentación exhaustiva sobre el sitio. Una documentación estricta proporciona un medio a través de cual los investigadores y el público pueden comprender un sitio que cambió de manera radical o que desapareció.

Las nuevas tecnologías crearon nuevas oportunidades en el proceso de documentación del patrimonio histórico. Las filmaciones, el escaneo en 3D, la fotografía, las entrevistas y el almacenamiento de registros de archivo son métodos de registro aceptados.

Con la tecnología moderna es posible crear realidades virtuales que se pueden usar, entre otras cosas, para evitar el impacto o proporcionar «acceso» a sitios remotos e inaccesibles.

6. *Lista de Sitios o Monumentos Históricos*

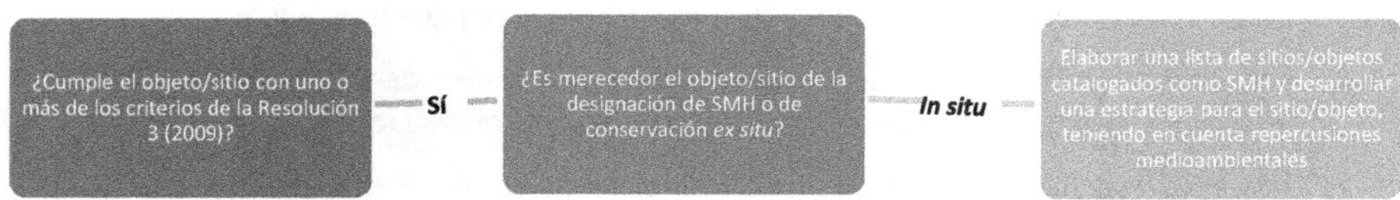

Una vez determinado que un sitio u objeto cumple con uno o más de los criterios establecidos en la Resolución 3 (2009), es necesario decidir si el objeto se gestionará como un valor patrimonial asociado con operaciones nacionales o si amerita la designación de SMH. Es probable que la calidad del valor —según los criterios para SMH estipulados en la Resolución 3 (2009)— proporcione una base sustancial para la toma de esa decisión. A continuación, se brindan algunos detalles relativos a la manera en que se llega al proceso de evaluación y posible designación.

El *artículo 8 (2) del anexo V del Protocolo Ambiental estipula que* cualquier Parte puede proponer un sitio o monumento de reconocido valor histórico para su inclusión en la lista de SMH, sujeto a la aprobación de la RCTA.

Es útil seguir los pasos indicados a continuación para determinar y proponer la designación de SMH con relación a un sitio u objeto:

- **Paso 1**: Evaluar el sitio u objeto (ver las Secciones 3 y 4).

- **Paso 2**: Decidir si resulta apropiada la designación de SMH.

- **Paso 3**: Consultar a las Partes que tengan interés sobre el sitio u objeto en cuestión, conforme a lo estipulado en la Resolución 4 (1996) y lo reiterado en la Resolución 3 (2009), las cuales indican que, durante los preparativos para la designación de un SMH, la Parte proponente deberá mantener un enlace adecuado con el originador del SMH y con otras Partes, según corresponda.

- **Paso 4**: En colaboración con las Partes interesadas, elaborar un marco de gestión.

- **Paso 5**: Preparar una propuesta y presentarla ante el CPA. La siguiente información debería incorporarse a la propuesta en un formato que pueda trasladarse sin complicaciones a la lista formal de SMH[4]:

---

[4] Los elementos enumerados en esta sección están basados, en gran medida, en los requisitos estipulados en la Resolución 3 (2009).

Introducción

- *Nombre del SMH*
- *Parte proponente original:* Enumerar proponente(s)
- *Parte a cargo de la gestión:* Nombrar el país o los países que se comprometieron a hacer un seguimiento (y especificar el enfoque de gestión adoptado para el sitio u objeto).
- *Tipo:* Edificio (restos de cabaña, estación, otro edificio, etc.), sitio, otros restos (mojón de expedición, tienda de campaña, faro, etc.) o monumento / objeto conmemorativo (placa, busto).

Descripción y documentación del sitio

- *Ubicación del sitio*: Proporcionar el nombre y las coordenadas (en caso de tenerlas) correspondientes al sitio u objeto. Describir materiales, construcción, función, uso. Rasgos físicos y contexto cultural y local. Proporcionar imágenes que muestren el sitio, el monumento y la ubicación en el entorno.

Características históricas y culturales

- *Descripción del contexto histórico:* Reseña del sitio en cuestión. Resultaría útil que la información también indicara con claridad los criterios de evaluación primarios estipulados en la Resolución 3 (2009) con los que cumple el sitio u objeto en cuestión.

Gestión

- *Describir actividades de gestión o seguimiento planificadas para el sitio u objeto (ver las Secciones 6 y 7, así como como la parte 5, del anexo de la Resolución 3 [2009]),* así como medidas que se tomarán para limitar el impacto ambiental que podría causar la gestión del SMH.

- **Paso 6**: En colaboración con las Partes interesadas, implementar un marco de gestión (ver la sección 7).

7. Determinar actividades de gestión para un SMH

7.1 Métodos de gestión

Una vez determinado que un sitio u objeto debe mantenerse *in situ* en calidad de SMH, se recomienda realizar una evaluación de los desafíos y vulnerabilidades particulares que supone este último, así como considerar las opciones disponibles para su gestión. Al momento de considerar enfoques de gestión, también es necesario tener en cuenta los requisitos del anexo I en relación con la EIA y las medidas de mitigación y seguimiento. Estos elementos sirven de base para la elaboración de cualquier plan de conservación o gestión para el sitio u objeto.

La «intervención mínima» constituye un objetivo general de la conservación patrimonial en todo el mundo. La decisión que debe tomarse con respecto al sitio u objeto en cuestión es si el camino que se seguirá es el de adoptar un enfoque de no intervención o el de realizar una gestión activa —poca intervención—, teniendo en cuenta que debe encontrarse un equilibrio entre la necesidad de proteger el SMH y la de cumplir con los principios de protección del medioambiente del Protocolo Ambiental.

En algunas ocasiones, puede resultar apropiado permitir que un sitio —incluso uno de reconocida importancia— se gestione según el principio de deterioro controlado, por el cual se permite que el deterioro natural siga su rumbo con solo una protección limitada. Sin embargo, en general, las consideraciones en materia de salud, seguridad y medioambiente tornan poco práctica a esta opción, y generalmente se requiere un mantenimiento mínimo para garantizar que un sitio no constituya un peligro para los humanos o la vida silvestre.

La gestión activa implica que las personas administren cambios en el entorno de un lugar significativo de manera que se mantengan, revelen o refuercen sus valores patrimoniales naturales y culturales. La conservación no se limita a la intervención física, ya que incluye actividades, como la interpretación y el uso sostenible de los lugares. Es posible que solo implique mantener el *statu quo* e intervenir solo cuando sea necesario contrarrestar los efectos del crecimiento y el deterioro, pero también puede lograrse a través de intervenciones de mayor magnitud, es decir, puede ser activa y reactiva. Si bien es inevitable que se generen cambios en un lugar significativo, aunque solo se deba al paso del tiempo, es posible que esos cambios tengan efectos neutrales o beneficiosos sobre los valores patrimoniales. Solo resulta perjudicial si se merma su significancia (y el grado en que esto sucede).

Las siguientes son algunas de las cuestiones que deben considerarse a la hora de determinar el nivel y el tipo de actividad de gestión requerida y deseada:

- Identificación del uso actual del sitio u objeto, y consideración de toda necesidad de un cambio apropiado en su uso.

- La condición del objeto y toda necesidad de repararlo: La reparación es un trabajo que va más allá de un mantenimiento regular —en el que se reparan los defectos causados por el deterioro, los daños o el uso— y suele realizarse para mantener la significación de un edificio o lugar. En condiciones normales, las reparaciones deberían generar cambios mínimos o nulos sobre la estructura y sus materiales y, de ser posible, deberían usar los mismos métodos utilizados durante la construcción. Sería muy beneficioso para dicha labor contar con la pericia apropiada.

- Acciones necesarias para conservar o restaurar un objeto: Restaurar significa devolver un objeto a una posición o condición anterior. Con énfasis en la conservación, se preserva la mayor cantidad absoluta de material original sin alterar su condición, dentro de lo posible. En toda tarea de reparación o agregado, no debe extraerse ni modificarse el material original, como tampoco se le deben fijar o interconectar otros materiales de forma permanente. Sería muy beneficioso para dicha labor contar con la pericia apropiada.

- Posibles impactos sobre el medioambiente que podrían generarse por el deterioro del objeto.

- Necesidades de servicios.

- Costo de las muchas medidas recomendadas.

- Recursos que estarían disponibles para el valor, tanto de manera inmediata como en el futuro.

- Educación y difusión. En la sección 9, se proporcionan más ejemplos y una mayor orientación.

7.2. Enfoques de gestión complementarios

A la hora de considerar la mejor manera de gestionar o mantener un sitio u objeto de valor patrimonial histórico, existen numerosos enfoques formales que podrían considerarse, algunos de los cuales tienen condición oficial dentro del Sistema del Tratado Antártico y proporcionan distintos grados de protección.

7.2.1. Planes de gestión de conservación

Un plan de gestión de conservación (PGC) puede servir de documento-guía para la conservación y gestión de un sitio u objeto patrimonial. A través de un plan de estas características, será posible identificar qué políticas son necesarias para garantizar que los valores patrimoniales del sitio u objeto se mantengan durante su uso y desarrollo en el futuro. Un PGC también aporta un marco importante para garantizar que la gestión del sitio u objeto patrimonial genere el menor impacto posible sobre el medio ambiente. Cada PGC variará y deberá adaptarse a cada sitio u objeto, según el tipo y el tamaño del lugar, los atributos patrimoniales y las necesidades. Un PGC también ofrece orientación en materia de gestión de cambios en el sitio u objeto patrimonial sin comprometer la importancia patrimonial del lugar.

En su aspecto más básico, la planificación de la gestión de la conservación es una herramienta valiosa que permite una mayor comprensión del patrimonio. Durante el proceso se consideran cuestiones relativas a la importancia, la interpretación, las amenazas y los riesgos, las oportunidades de mejora y el potencial de uso del patrimonio, y las respuestas deberían crear una mejor comprensión y un plan claro para su futuro.

Se ha publicado una cantidad considerable de información que puede servir de base para una toma de decisiones adecuada en materia de gestión del patrimonio, y hay muchos ejemplos de una excelente custodia del patrimonio en la Antártida y en todo el mundo (véanse las referencias).

Las directrices contenidas en el apéndice A, basadas en las normas internacionales y las mejores prácticas, ofrecen sugerencias sobre los elementos que podrían incluirse en un PGC. Estas directrices no pretenden ser una plantilla ni proporcionar un conjunto estricto de instrucciones. Cada SMH será diferente y puede requerir su propio enfoque. Hay que tener en cuenta que un PGC puede no ser apropiado para todos los SMH; es importante que el enfoque cumpla su propósito.

7.2.2. Directrices de sitios para visitantes

Desde 2005, las Partes del Tratado Antártico han elaborado y utilizado Directrices de sitios para visitantes (DSV) como una herramienta de gestión. El propósito de las directrices es proporcionar instrucciones específicas para la realización de actividades en los sitios antárticos visitados con mayor frecuencia. Esto incluye orientaciones prácticas para guías y operadores turísticos sobre la forma de visitar esos sitios teniendo presentes sus valores medioambientales y sus vulnerabilidades. Las DSV se elaboran a partir de los niveles y tipos de visitas actuales en cada sitio específico, y, si hubiese cambios significativos en los niveles o tipos de visitas a un sitio, requerirían una revisión. Los valores patrimoniales e históricos de zonas que reciben muchas visitas podrían beneficiarse de la elaboración de DSV específicas, ya sea que se los designe formalmente SMH o no. De esta manera, se orientarían las actividades de los visitantes a la zona para reducir la posibilidad de generar impactos negativos, daños o destrucción.

Los siguientes son algunos ejemplos pertinentes de este tipo de DSV:

- DSV n.° 8: isla Paulet[5]

- DSV n.° 14: cerro Nevado[6]

- DSV n.° 17: Caleta Balleneros[7]

7.2.3. Zonas Antárticas Especialmente Protegidas (ZAEP)

El artículo 3 (1) del anexo V del Protocolo Ambiental establece que toda zona puede designarse ZAEP en pos de proteger sus valores históricos sobresalientes, entre otras cosas. De conformidad con el artículo 8 del anexo V, los sitios o monumentos que se hayan designado ZAEP también pueden incluirse en la lista de SMH. La gestión del sitio como una ZAEP aportaría un valor agregado mediante la elaboración y aprobación de un plan de gestión formal para la zona, además de la exigencia de presentar permisos para ingresar. Dicho enfoque de gestión puede resultar útil, sobre todo, en situaciones en las que es importante regular, limitar o controlar la presión que ejercen los visitantes.

Ya existe material de orientación disponible para el proceso de designación de ZAEP:

- ZAEP n.° 155: cabo Evans, isla de Ross[8]

- ZAEP n.° 158: Punta Hut, isla de Ross[9]

- ZAEP n.° 162: cabañas de Mawson, cabo Denison, bahía Commonwealth, Tierra de Jorge V, Antártida Oriental[10]

7.2.4. Zonas Antárticas Especialmente Administradas (ZAEA)

El artículo 3 (1) del anexo V del Protocolo Ambiental establece que toda zona puede designarse ZAEA en pos de proteger sus valores históricos sobresalientes, entre otras cosas. De conformidad con el artículo 8 del anexo V, los sitios o monumentos que se hayan designado ZAEA también pueden incluirse en la lista de SMH. La gestión del sitio como una ZAEA aportaría un valor agregado mediante la elaboración y aprobación de un plan de gestión formal para la zona. Dicho enfoque de gestión puede resultar útil, sobre todo, en situaciones en que hay varias actividades e intereses en curso que podrían competir entre sí, o frente a situaciones en que se necesita coordinación para garantizar el control adecuado de las actividades, a fin de no poner en riesgo los valores históricos de la zona.

Ya existe material de orientación disponible para el proceso de designación de ZAEA:

- ZAEA n.° 4: isla Decepción[11]

- ZAEA n.° 5: estación Amundsen-Scott del Polo Sur, Polo Sur[12]

---

[5] https://guidelines.ats.aq/GuideLinePDF/ea07581b-ee37-49bf-94c3-68dd20fef6a9/8_Paulet_2018_s.pdf

[6] https://guidelines.ats.aq/GuideLinePDF/974720a7-faaf-417c-a40a-40584bf98c51/14_Snow_2019_s.pdf

[7] https://guidelines.ats.aq/GuideLinePDF/30c44ada-60be-404c-9665-331b79c81ecf/17_Whalers_2018_s.pdf

[8] http://www.ats.aq/documents/recatt/att572_s.pdf

[9] http://www.ats.aq/documents/recatt/att574_s.pdf

[10] http://www.ats.aq/documents/recatt/att549_s.pdf

[11] http://www.ats.aq/documents/recatt/Att512_s.pdf

[12] http://www.ats.aq/documents/recatt/Att357_s.pdf

8. Consideraciones ambientales

Es importante tener en cuenta cuestiones ambientales durante el proceso de evaluación de un posible sitio u objeto patrimonial. De hecho, las consideraciones ambientales deberían ser la prioridad al momento de pensar cómo tratar un sitio u objeto.

Tal como se señaló, el impacto ambiental de las actividades realizadas y las medidas tomadas deben evaluarse durante el proceso de evaluación, y es probable que el miembro correspondiente complete una EIA en algún punto del proceso. La realización de una EIA probablemente sea no solo un requisito formal de muchas acciones descriptas en estas directrices, sino también una herramienta útil.

Es claro que el impacto sobre la vida silvestre —y sobre el ecosistema más amplio— deberá considerarse con seriedad en cualquier situación. La limpieza —que será el resultado principal para la mayoría de los sitios donde haya actividad humana— y la preservación *ex situ* —que requerirá del traslado de objetos desde un sitio— necesitarán una planificación y una evaluación ambiental precisas.

A la vez, otras opciones de conservación también requerirán distintos grados de evaluación ambiental: la opción de deterioro natural, por ejemplo, necesitará una evaluación particularmente cuidadosa.

Según cada caso, se decidirá cuándo y hasta qué nivel es necesario realizar una EIA, pero esa decisión debería tomarse en el contexto de una revisión continua de los impactos medioambientales.

Al comenzar y realizar un proceso de EIA, según corresponda, debe hacerse referencia a la orientación brindada por el anexo I del Protocolo Ambiental y por los Lineamientos para la Evaluación de Impacto Ambiental en la Antártida (aprobados por la Resolución 1 [2016]).

Cuando se haya completado una EIA —en caso de realizar una— como parte de un proceso de evaluación previo a una propuesta de SMH, sería útil para el CPA que los proponentes hicieran referencia a las conclusiones de la EIA en el Documento de Trabajo que presentan para que el CPA considere su propuesta.

9. Educación y difusión

Cualquiera sea el modo de protección que se determinó necesario para un sitio u objeto particular, es esencial que se consideren métodos de difusión adecuados. Dado que, en la actualidad, solo unos 40 000 turistas visitan la Antártida cada año, es evidente que el patrimonio antártico no es accesible, ni lo será, para el público en general. Si bien la protección del patrimonio es importante en sí, su valor disminuye un poco si no es visible. En parte, esta es la razón por la cual, a veces, debería considerarse seriamente la conservación *ex situ* y permitirles a las personas ver el patrimonio antártico ya sea en un museo o en otras formas de exhibición pública. De igual modo, por esa misma razón, los objetos *in situ* deberían formar parte de un proceso más amplio de difusión y educación, ya que la mayoría de las personas no podrá experimentar el patrimonio en el lugar. Es posible utilizar muchos métodos para ayudar a compensar el hecho de que no todos pueden visitar el patrimonio o verlo en persona.

Algunas de las herramientas descriptas en el capítulo 5.2 hacen que el proceso sea más sencillo que en el pasado, y los detalles sobre los SMH ahora estarían disponibles en línea para cualquiera que quiera conocerlos por fotos, recorridos en video o mapas digitales, así como en formatos más tradicionales, como material bibliográfico. También debería ser posible agrupar registros de los sitios con material de archivo y testimonios.

Los proponentes deben considerar la inclusión de actividades de educación y difusión en sus planes de gestión, de modo que estas formen parte integral de la gestión de un sitio u objeto patrimonial. Asimismo, las Partes deben considerar las actividades de difusión dentro de su país, en especial con niños, para garantizar que el patrimonio antártico se comparta y aprecie tanto como sea posible. Los esfuerzos continuos de difusión y educación que informan e inspiran al público en lo que respecta a los valores que encierra el patrimonio antártico en particular son centrales para la gestión del patrimonio. Esta ampliación es importante a la hora de comprometer al público con el patrimonio antártico.

10. Términos/siglas

RCTA: Reunión Consultiva del Tratado Antártico

CPA: Comité para la Protección del Medio Ambiente

SMH: Sitio y Monumento Histórico

Objetos conmemorativos: los objetos conmemorativos se establecen con el propósito de atribuir significado a personas, acontecimientos o tradiciones culturales, e incluyen hazañas asociadas a logros, pérdidas o sacrificios. Estos objetos pueden abarcar desde placas y obras de arte hasta fideicomisos filantrópicos destinados a financiar la investigación constante. También puede que estén relacionados con un instituto de investigación, un espacio comunitario o una estructura de índole religiosa. Es posible atribuir valor conmemorativo a un artefacto o estructura existente.

Monumento: toda estructura ubicada sobre el suelo que se mantenga en pie y encierre valor de patrimonio cultural.

Objetos y artefactos: todo artículo que ingresa a la Antártida es un «objeto» (término neutro), pero puede atribuírsele importancia formalmente como «artefacto», lo que le confiere valor patrimonial.

Sitio: entorno en que se encuentra un monumento y que está relacionado con este último de manera directa.

11. Referencias

11.1.   Decisiones de la RCTA

- Resolución 4 (1996): https://www.ats.aq/devAS/Meetings/Measure?lang=s&id=237

- Resolución 3 (2009): https://www.ats.aq/devAS/Meetings/Measure?lang=s&id=444

- Medida 3 (2003): https://www.ats.aq/devAS/Meetings/Measure?lang=s&id=296

- Resolución 1 (2016): https://www.ats.aq/devAS/Meetings/Measure?lang=s&id=637

- Resolución 2 (2013) Manual sobre limpieza de la Antártida: https://www.ats.aq/documents/recatt/att540_s.pdf

11.2.   Documentos de la RCTA / el CPA

- Documento de Trabajo WP 47 de la XXXIII RCTA (Argentina): Propuesta para la discusión de aspectos asociados a la gestión y manejo de Sitios y Monumentos Históricos

- Documento de Trabajo WP 27 de la XXXIV RCTA (Argentina): Informe de los debates informales sobre Sitios y Monumentos Históricos

- Documento de Trabajo WP 46 de la XXXV RCTA (Argentina): Informe final de los debates informales sobre Sitios y Monumentos Históricos

- Documento de Trabajo WP 12 de la XXXIX RCTA (Reino Unido): Gestión del patrimonio antártico: Bases británicas históricas en la península antártica

* Documento de Trabajo WP 30 de la XXXIX RCTA (Noruega): Consideración de los enfoques para la protección del patrimonio histórico en la Antártida

* Documento de Información IP 22 de la XXXIII RCTA (Argentina): Información complementaria para la discusión de aspectos asociados a la gestión y manejo de Sitios y Monumentos Históricos

12. Recursos

12.1. Organizaciones

* Consejo Internacional de Monumentos y Sitios (ICOMOS): www.icomos.org/en

    o ICOMOS Australia. Carta de Burra, 2013. http://australia.icomos.org/publications/burra-charter-practice-notes/

    o ICOMOS. Documento de Nara sobre la autenticidad, 1994. https://www.icomos.org/charters/nara-e.pdf

    o ICOMOS. Declaración de Xi'an, 2005. https://www.icomos.org/xian2005/xian-declaration.pdf

    o ICOMOS. Carta internacional para la gestión del patrimonio arqueológico, 1990. http://wp.icahm.icomos.org/wp-content/uploads/2017/01/1990-Lausanne-Charter-for-Protection-and-Management-of-Archaeological-Heritage.pdf

    o Comité Internacional del Patrimonio Polar (IPHC) del ICOMOS

* ICOMOS: Estatutos del IPHC. http://iphc.icomos.org/index.php/statutes/

12.2. Acuerdos internacionales

* Convención de la UNESCO sobre la Protección del Patrimonio Cultural Subacuático, 2001. http://www.unesco.org/new/en/culture/themes/underwater-cultural-heritage/2001-convention/

* Convención de la UNESCO sobre la Protección del Patrimonio Mundial Cultural y Natural, 1972.

12.3. Bibliografía general sobre patrimonio

* Logan, W., M.C. Craith, y U. Kockel, eds. 2015. *A Companion to Heritage Studies.* Chichester. Wiley-Blackwell.

12.4. Estudios de casos

* Nueva Zelandia. 2015. Proyecto de restauración del patrimonio del mar de Ross, cabañas históricas en el cabo Adare.

* Rusia. 2016. Restauración del cementerio de la isla Buromsky (SMH n.º 9) en el marco de las actividades del programa de la Expedición Rusa Antártica.

12.5 Evaluaciones del impacto ambiental

* Nueva Zelandia. 2009. EMI. Remoción de artefactos de sitios históricos en la Antártida con el objeto de restaurarlos y protegerlos.

* Nueva Zelandia. 2012. Evaluación Medioambiental Inicial de la restauración del patrimonio en mar de Ross.

12.6 Planes de gestión de conservación

El contenido de los sitios web externos y otros recursos no refleja necesariamente la opinión de las Partes Consultivas. Los enlaces a sitios web externos se proporcionan para su conveniencia y no indican el respaldo de ninguna información contenida en los sitios vinculados.

Bibliografía seleccionada

- Petzet, Michael. (2004) Principles of Preservation: An Introduction to the International Charters for Conservation and Restoration 40 years after the Venice Charter. https://www.icomos.org/venicecharter2004/petzet.pdf
- Semple Kerr, James. (2013) The Conservation Plan. 7th Edition. Australia ICOMOS https://australia.icomos.org/publications/the-conservation-plan/

Organizaciones

- Centro del Patrimonio Mundial (World Heritage Centre) https://whc.unesco.org/
- Consejo Internacional de Monumentos y Sitios https://www.icomos.org/
- http://openarchive.icomos.org/2146/
- https://www.iccrom.org/sites/default/files/2018-02/1998_feilden_management_guidelines_eng_70071_light_0.pdf
- El Centro del Patrimonio Mundial de la UNESCO puede proporcionar directrices detalladas y casos prácticos sobre gestión del patrimonio.

Programas de conservación existentes para SMH antárticos

- Fondo Fiduciario para el Patrimonio Antártico del Reino Unido http://www.ukaht.org
- Fondo Fiduciario para el Patrimonio Antártico de Nueva Zelandia https://nzaht.org/
- Cabañas Mawson http://www.antarctica.gov.au/environment/cultural-heritage/mawsons-huts-cape-denison

Apéndice A: Enfoque para desarrollar un plan de gestión de conservación

Las siguientes directrices ofrecen sugerencias sobre el tipo de información que puede ser útil incluir en un PGC. Si bien no todas las secciones que aparecen a continuación serán relevantes para cada SMH, puede ser un ejercicio útil analizarlas una por una. Un buen PGC puede dividirse en cinco secciones, que pueden ser tan detalladas o tan breves como sea necesario. Las fotografías, ilustraciones, dibujos, documentos históricos y mapas son extremadamente útiles como información de apoyo.

1. **Descripción del patrimonio**
   - Describa cada uno de los diferentes elementos del patrimonio del sitio, incluidos los artefactos, los edificios, las estructuras, los vehículos y la arqueología, según corresponda.
   - Describa el contexto del patrimonio, explicando dónde está y qué hay a su alrededor, e incluya cualquier elemento importante del medio ambiente, la vida silvestre o el paisaje.
   - Describa su estado, e incluya la integridad y el estado de reparación (los detalles individuales pueden guardarse en un apéndice).
   - Describa su historia, e incluya cómo llegó a encontrarse en ese lugar y qué le ha sucedido a lo largo del tiempo. Este es un buen punto en el que utilizar fuentes históricas para ilustrar su historia.
   - Describa cómo se relaciona en un ámbito más amplio, e incluya su comparación con otros lugares o acontecimientos.
   - Describa cómo se cuida el patrimonio en la actualidad, cómo se gestiona el sitio y quién lo gestiona.
   - Considere el uso de referencias digitales para el sitio y los objetos individuales asociados. Esto podría ayudar a la futura supervisión, así como a la identificación de artefactos para determinadas acciones de gestión.

2. **Importancia del patrimonio**
   - Describa qué es importante acerca de este patrimonio y para quién. Puede tratarse de un sitio completo, o puede haber elementos dentro del sitio que tengan una importancia especial. La descripción podría incluir:
     - Si el patrimonio forma parte de alguna designación más amplia (como una ZAEP o ZAEA).
     - Asociaciones históricas: personas, acontecimientos, actividades, historias.
     - Valor estético, si el patrimonio forma una parte esencial del paisaje visual.
     - Valor científico: paisaje, geología, fauna y flora silvestre, recogida de datos científicos.
     - Rareza: ¿es el sitio, o hay elementos del mismo, que sean únicos o poco frecuentes?
   - Describa claramente los elementos que son cruciales y que no pueden perderse o peligrar.
   - Describa también los elementos del patrimonio que podrían no ser originales. En el caso de las restauraciones, algunos elementos serán históricos, mientras que otros podrían ser el resultado de intervenciones modernas.
   - Sería útil incluir resúmenes de informes arqueológicos, resultados de investigaciones u otros análisis de expertos que puedan contribuir a la comprensión del significado del patrimonio.

3. **Riesgos y oportunidades**
   - Describa de qué manera puede ser vulnerable el patrimonio y las amenazas a su supervivencia futura. Estas pueden incluir:

- o   Riesgos ambientales: incluidos los derivados del cambio climático y las condiciones ambientales, así como la vida silvestre.
- o   Operaciones científicas en curso: si el sitio sigue siendo utilizado o forma parte de un sitio operativo, las operaciones pueden afectar al patrimonio. Puede haber tensiones entre la conservación y la operación.
- o   Necesidades de recursos: ¿hay suficientes recursos financieros y conocimientos técnicos para cuidar el patrimonio?
- o   Acceso: considere si el sitio del patrimonio puede ser visitado fácilmente para su inspección. ¿Recibe el sitio un gran número de visitantes y cuáles son los riesgos asociados (daños por desgaste, robo, vandalismo)?

- Describa los riesgos para el medio ambiente derivados del deterioro de los materiales o de la dispersión de tejidos del patrimonio.
- Describa los riesgos particulares o los materiales peligrosos. Si el sitio se deteriora, ¿se vuelve más peligroso? ¿Es el acceso difícil o potencialmente peligroso?
- Describa también las oportunidades para mejorar la protección del patrimonio y crear un mejor acceso al mismo. Estas pueden incluir:
  - o   Considerar si las acciones de conservación mejorarían la longevidad del sitio o de sus elementos.
  - o   Considerar si las visitas podrían gestionarse mejor, por ejemplo, mejorando la seguridad o la accesibilidad al sitio, o mejorando la sostenibilidad del mismo.
  - o   Considerar formas alternativas de contar la historia del sitio, como el uso de tecnologías digitales para que la gente pueda conocerlo de forma virtual.

4. Gestión del patrimonio: políticas

- Es importante establecer las políticas que guiarán las acciones y actividades de gestión del patrimonio. Estas políticas pueden ser tan breves o exhaustivas como sea necesario, y probablemente se guiarán por el nivel de intervención necesario para gestionar el patrimonio (que podría ser desde una intervención mínima hasta un programa de conservación a gran escala). Como mínimo, es importante establecer los objetivos generales para el futuro del patrimonio (por ejemplo, mantener y preservar el sitio histórico, ofrecer una experiencia a los visitantes o proteger todo el sitio y su carácter). Unos objetivos claros y unas políticas orientadoras servirán de base para todas las actividades futuras relacionadas con el patrimonio. Las políticas pertinentes pueden incluir:
  - o   Conservación y reparación: una descripción de cómo se mantendrá el estado del sitio, incluidos los principios o directrices que deban seguirse durante trabajos de reparación o mantenimiento.
  - o   Acceso y visitas: cómo deben gestionarse las visitas al sitio, incluidos los requisitos de reserva, supervisión y envío de informes.
  - o   Salud y seguridad: descripción de las políticas en materia de riesgos, incendios, catástrofes o envío de informes sobre incidentes.
  - o   Gestión del medio ambiente: políticas relativas a consideraciones medioambientales o de la vida silvestre.
  - o   Investigación: descripción de las políticas relacionadas con futuras prospecciones o estudios del patrimonio (incluidos los arqueológicos, digitales, geofísicos o ecológicos) y cualquier restricción en torno a las técnicas que se vayan a utilizar (uso de RPAS, escaneado láser, excavación).
  - o   Cambio climático y medio ambiente: descripción de la vulnerabilidad del sitio con respecto a un clima cambiante y descripción de las políticas de mitigación o adaptación a los efectos de un clima cambiante.

- o Documentación de las intervenciones: descripción de cómo deben documentarse las reparaciones y otras medidas adoptadas para conservar, estabilizar o mantener el sitio y los artefactos para poder mantener un historial de los cambios.
- o Información: descripción de cómo se gestionará la información y los datos sobre el sitio (incluidos dónde se almacenará la información y si se pondrá a disposición del público).

5. Apéndices

- En los apéndices debe incluirse información detallada de apoyo relacionada con la gestión de la conservación del patrimonio. Cualquier dato o información disponible puede ser útil para comprender y gestionar el sitio. La información útil podría incluir datos de archivos, prospecciones y proyectos de investigación, planes de acción e informes, o imágenes.

Resolución 2 (2022)

Directrices para sitios que reciben visitantes

Los representantes,

recordando las Resoluciones 5 (2005), 2 (2006), 1 (2007), 2 (2008), 4 (2009), 1 (2010), 4 (2011), 4 (2012), 3 (2013), 4 (2014), 2 (2016), 1 (2018) 2 (2019) y 3 (2021), en virtud de las cuales se adoptaron y actualizaron las listas de sitios sujetos a las directrices para sitios que reciben visitantes («Directrices para Sitios»);

convencidos de que las Directrices para Sitios refuerzan las disposiciones establecidas en las orientaciones para aquellos que organizan y llevan a cabo actividades turísticas y no gubernamentales en la Antártida anexas a la Recomendación XVIII-1 (1994);

confirmando que el término «visitantes» no incluye a los científicos que realizan investigaciones en dichos sitios, ni a las personas que participan en actividades gubernamentales oficiales;

teniendo en cuenta que las Directrices para Sitios se han desarrollado a partir de los niveles y tipos de visitas actuales en cada sitio específico, y conscientes de que dichas Directrices podrían requerir de una revisión si hubiese cambios significativos en los niveles o tipos de visitas a un sitio;

convencidos de que las Directrices para cada sitio deben revisarse y modificarse de manera oportuna en respuesta a los cambios en el nivel y el tipo de visitas, o en respuesta a cualquier impacto en el medioambiente que pueda demostrarse o ser probable;

deseando mantener actualizadas tanto la lista de sitios sujetos a las Directrices para Sitios como las Directrices propiamente dichas;

Recomiendan a sus Gobiernos que:

1.   la casa Wordie, isla Winter (isla Invierno), se actualice en la lista de sitios sujetos a las Directrices para Sitios anexas a esta Resolución y que las directrices para tal sitio, adoptadas por la Reunión Consultiva del Tratado Antártico («RCTA»), se agreguen a las Directrices para Sitios;

2.   la isla Torgersen, Puerto Arthur se elimine de la lista de las Directrices para Sitios;

3.   la Secretaría del Tratado Antártico («la Secretaría») actualice en conformidad su sitio web;

4.   se inste a todos los potenciales visitantes a garantizar que están plenamente familiarizados con las recomendaciones de estas Directrices para Sitios y que se regirán por ellas; y

5.   la Secretaría publique el texto de la Resolución 3 (2021) en su sitio web de manera que se aclare que este ya no tiene vigencia.

Lista de sitios sujetos a las Directrices para Sitios

Directrices para Sitios	Aprobación original	Última versión
1. Isla Penguin (Lat. 62° 06' S, Long. 57° 54' O)	2005	2005
2. Isla Barrientos, islas Aitcho (Lat. 62° 24' S, Long. 59° 47'O)	2005	2013
3. Isla Cuverville (Lat. 64° 41' S, Long. 62° 38' O)	2005	2013
4. Punta Jougla (Lat. 64° 50' S, Long. 63° 30' O)	2005	2013
5. Isla Goudier, puerto Lockroy (Lat. 64° 49' S, Long. 63° 29' O);	2006	2006
6. Punta Hannah (Lat. 62° 39' S, Long. 60° 37' O)	2006	2013
7. Puerto Neko (Lat. 64° 50' S, Long. 62° 33' O)	2006	2013
8. Isla Paulet (Lat. 63° 35' S, Long. 55° 47' O)	2006	2018
9. Isla Petermann (Lat. 65° 10' S, Long. 64° 10' O)	2006	2013
10. Isla Pleneau (Lat. 65° 06' S, Long. 64° 04' O)	2006	2013
11. Punta Turret (Lat. 62° 05' S, Long. 57° 55' O)	2006	2006
12. Puerto Yankee (Lat. 62° 32' S, Long. 59° 47' O)	2006	2019
13. Monte Bardas Coloradas (cerro Carbonell), península Tabarin (Lat. 63° 32' S, Long. 56° 55' O)	2007	2018
14. Cabaña del Cerro Nevado (Lat. 64° 21'50'' S, Long. 56° 59'31'' O)	2007	2019
15. Caleta Shingle, isla Coronation (Lat. 60° 39' S, Long. 45° 34" O)	2008	2008
16. Isla del Diablo, isla Vega (Lat. 63° 48' S, Long. 57° 17' O)	2008	2018
17. Caleta Balleneros, isla Decepción, islas Shetland del Sur (Lat. 62° 59' S; Long. 60° 34' O)	2008	2018
18. Isla Media Luna, islas Shetland del Sur (Lat. 62° 35' 24'' S, Long. 59° 55'13'' O)	2008	2019
19. Cabo Baily, isla Decepción, islas Shetland del Sur (Lat. 62° 58' S; Long. 60° 30' O)	2009	2013
20. Bahía Telefon, isla Decepción, islas Shetland del Sur (Lat. 62° 55' 27'' S, Long. 60° 39'47'' O)	2009	2018
21. Cabo Royds, isla Ross (Lat. 77° 33' 11" S, Long. 166° 10' 7" E)	2009	2021
22. Casa Wordie, isla Winter (isla Invierno), islas Argentine (islas Argentina) (Lat. 65° 15' S, Long. 64° 16' O)	2009	2022
23. Isla Stonington, bahía Margarita, península antártica (Lat. 68° 11' S, Long. 67° 00' O)	2009	2009

Directrices para Sitios	Aprobación original	Última versión
24. Isla Herradura, península antártica (Lat. 67° 49' S, Long. 67° 18' O)	2009	2014
25. Isla Detaille, península antártica (Lat. 66° 52' S, Long. 66° 48' O)	2009	2009
26. Eliminada		
27. Isla Danco, canal Errera, península antártica (Lat. 64° 44' S, Long. 62° 36' O)	2010	2013
28. Seabee Hook, cabo Hallett, Tierra de Victoria del Norte, mar de Ross, sitio para visitantes A y sitio para visitantes B (Lat. 72° 19 'S, Long. 170° 13' E)	2010	2021
29. Punta Damoy, isla Wiencke, península antártica (Lat. 64° 49' S, Long. 63° 31' O)	2010	2013
30. Valle Taylor, zona de visitantes, Tierra de Victoria del Sur (Lat. 77° 37,59' S, Long. 163° 03.42' E)	2011	2011
31. Playa noreste de la isla Ardley (Lat. 62° 13' S; Long. 58° 55' O)	2011	2011
32. Cabañas de Mawson y cabo Denison, Antártida Oriental (Lat. 67° 00'31'' S; Long. 142° 40'43'' E)	2011	2014
33. Isla D'Hainaut, puerto Mikkelsen, isla Trinity (Lat. 63° 54' S, Long. 60° 47' O)	2012	2012
34. Puerto Charcot, isla Booth (Lat. 65° 04' S, Long. 64° 02' O)	2012	2012
35. Caleta Péndulo, isla Decepción, islas Shetland del Sur (Lat. 62° 56' S, Long. 60° 36' O)	2012	2018
36. Puerto Orne, sector sur del puerto Orne, estrecho de Gerlache (Lat. 64° 38' S, Long. 62° 33'O)	2013	2013
37. Isla Orne, estrecho de Gerlache (Lat. 64° 40' S, Long. 62° 40'O)	2013	2013
38. Punta Wild, isla Elefante (Lat. 61° 06'S, Long. 54° 52'O)	2016	2016
39. Islas Yalour, archipiélago Wilhelm (Lat. 65° 14' S, 64° 10' O)	2016	2016
40. Isla Astrolabe (Lat. 63° 17'S, Long. 58° 40' O)	2018	2018
41. Punta Georges, isla Rongé (Lat. 64° 40'S, Long. 62° 40' O)	2018	2018
42. Punta Portal (Lat. 64° 30'S, Long. 61° 46' O)	2018	2018
43. Cabo Evans (Lat. 77° 38' 12" S, 166° 25' 15" E)	2021	2021
44. Punta Hut (Lat. 77° 50' 44.7" S 166° 38' 30.3" E)	2021	2021
45. Cabo Adare (Lat. 71° 18' 27.5" S, 170° 11' 29" E)	2021	2021

Resolución 3 (2022)

Seguridad aérea en la Antártida

Los representantes,

recordando la Resolución 6 (2021) sobre seguridad aérea en la Antártida;

acogiendo con agrado el asesoramiento brindado por el Consejo de Administradores de los Programas Nacionales Antárticos («COMNAP») con respecto a la revisión de la Resolución 6 (2021) en la Reunión Consultiva del Tratado Antártico («RCTA»);

preocupados por la creciente diversificación de las actividades de aviación y la posibilidad de que aumente el número de movimientos de aeronaves no gubernamentales;

entendiendo la necesidad de asegurar que las medidas para mejorar la seguridad aérea se apliquen a todos los vuelos en la Antártida;

observando la importancia de asegurar comunicaciones eficaces entre todos los actores involucrados en las actividades aéreas de la Antártida (incluidos los operadores aéreos, las autoridades nacionales competentes y el COMNAP) y la coherencia de la información entre los diversos repositorios de datos dentro del sistema del Tratado Antártico;

reconociendo la importancia de las operaciones aéreas seguras en la Antártida y que el principal conjunto de conocimientos y experiencia en relación con las operaciones aéreas antárticas —y sus desafíos actuales— reside en los operadores de los programas antárticos nacionales;

reconociendo que ningún criterio técnico debe menoscabar el derecho de observación aérea otorgado en el artículo VII del Tratado Antártico;

Deseando contribuir a la seguridad aérea en la Antártida a través de recomendaciones actualizadas;

recomiendan a sus Gobiernos:

1.	con el fin de garantizar que las medidas para una mejor seguridad aérea se apliquen a todos los vuelos y todas las infraestructuras relacionadas con la aviación en el área del Tratado Antártico, las medidas para mejorar la seguridad aérea que se establecen en los párrafos 2- 10 teniendo en cuenta los criterios de la Organización de Aviación Civil Internacional (OACI) y las características específicas de la Antártida, así como las prácticas y servicios existentes;

2.	que, con el fin de garantizar la seguridad de las operaciones aéreas en el área del Tratado Antártico, las Partes deben intercambiar, preferiblemente antes del 1 de septiembre y a más tardar el 15 de noviembre de cada año, información sobre sus operaciones aéreas planificadas de conformidad con el formato estandarizado del Sistema Electrónico de Intercambio de Información (SEII);

3.	que, con el fin de mejorar la seguridad aérea en la Antártida, todos los operadores gubernamentales y no gubernamentales que operen aeronaves o gestionen infraestructuras, campamentos o instalaciones o servicios de aviación relacionados con el aire en el área del Tratado Antártico deben recibir, a solicitud de su autoridad competente o de su programa antártico nacional, un compendio continuamente actualizado elaborado por el COMNAP, conocido como el *Manual de información sobre vuelos antárticos* (AFIM) del COMNAP, que describe las instalaciones en tierra, las aeronaves (incluidos los helicópteros) y los procedimientos operativos de los aviones y las instalaciones de comunicación asociadas en el área del Tratado Antártico (de cuyo uso no surgirán cuestiones de responsabilidad) y que, por tanto, deben:

(a)   facilitar la revisión actual del AFIM mediante acción colectiva a través del COMNAP;

(b)   adoptar un formato en el que la información proporcionada se mantenga de una forma que facilite la actualización de la información;

(c)   solicitar a sus operadores antárticos que faciliten información oportuna, actual y precisa con el objetivo de mantener el AFIM, y

(d)   garantizar la coherencia de la información en los diversos repositorios de datos dentro del sistema del Tratado Antártico.

4.   que, con el fin de garantizar el conocimiento mutuo de las operaciones aéreas en curso e intercambiar información sobre ellas, las Partes deberían designar:

(a)   Estaciones Primarias de Información Aérea («PAIS») que coordinen su propia información aérea y la información de sus Estaciones Secundarias de Información Aérea (si las hubiera) con el fin de notificar operaciones aéreas en curso a otras PAIS. Estas PAIS deben tener instalaciones de comunicación adecuadas capaces de transmitir información por los medios apropiados y acordados; y

(b)   Estaciones Secundarias de Información Aérea («SAIS») que comprendan estaciones/bases (incluidas bases de campo y buques) que proporcionen información aérea a su PAIS coordinador matriz;

5.   que, con el fin de garantizar comunicaciones efectivas entre las PAIS, las Partes y otros operadores deben asegurarse de que su PAIS tenga instalaciones adecuadas para comunicarse con otras PAIS;

6.   que, con el fin de evitar incidentes aéreos en áreas fuera del rango de cobertura de radio de muy alta frecuencia («VHF») de las PAIS y SAIS,

(a)   las aeronaves fuera de las áreas cubiertas por las PAIS y SAIS deben usar una frecuencia de radio específica para aplicar el procedimiento de Radiodifusión de Información en Vuelo sobre el Tránsito Aéreo (TIBA) establecido en el anexo 11 del Convenio sobre Aviación Civil Internacional;

(b)   los transpondedores en todas las aeronaves deben estar encendidos en todo momento durante el vuelo en el área del Tratado Antártico; y

(c)   además, los operadores deben considerar seriamente la instalación y el uso de receptores automáticos dependientes de vigilancia-difusión («ADS-B») de entrada o del sistema de prevención de colisiones de tráfico («TCAS») en todas las aeronaves que operen en el área del Tratado Antártico;

7.   que, para garantizar su conformidad con el artículo VII, párrafo 5 del Tratado Antártico y también la Recomendación X-8, parte IV, las Partes deben mantenerse informadas unas a otras sobre los vuelos no gubernamentales, y deben solicitar al COMNAP que brinde acceso al AFIM a cualquier operador de un vuelo o infraestructura no gubernamental dentro del área del Tratado Antártico;

8.   que, a fin de mejorar la recopilación y el intercambio dentro de la Antártida de datos e información meteorológicos de importancia para la seguridad de las operaciones aéreas antárticas, las Partes deben:

(a)   alentar a la Organización Meteorológica Mundial («OMM») en su labor con este fin;

(b)   tomar medidas para mejorar los servicios meteorológicos disponibles en la Antártida, específicamente para cumplir con los requisitos de la aviación; y

(c)   tener en cuenta el *International Antarctic Weather Forecasting Handbook*;

9.   que, a los efectos de considerar una respuesta de emergencia que pudiera ser necesaria, las Partes deben considerar que cualquier aumento en la actividad aérea conlleva mayores riesgos que deben ser gestionados o mitigados y, en casos de búsqueda y salvamento («SAR») o de respuesta de emergencia, son los programas antárticos nacionales los que suelen ser llamados a responder. Esto se debe considerar cuando las Partes se enteren de solicitudes no gubernamentales para actividades aéreas sin fines científicos;

10.   que, con el fin de mejorar la seguridad aérea en la Antártida, las Partes deben solicitar que todos los operadores aéreos antárticos, gubernamentales y no gubernamentales por igual, se aseguren de que conocen los requisitos de seguridad, hayan identificado lugares alternativos de aterrizaje y hayan comunicado sus intenciones de antemano directamente a los operadores de los lugares de aterrizaje alternativos, considerando que muchos aeródromos en el área del Tratado Antártico tienen una capacidad limitada y estacional y no debe asumirse anticipadamente capacidad, operaciones o capacidad de asistencia;

11.   que, para mejorar las posibilidades de supervivencia en caso de accidente aéreo, los operadores de toda aeronave tripulada deben asegurarse de que, como mínimo, se transporten y conserven a bordo de su aeronave los equipos de supervivencia mínimos recomendados. Dicho equipo mínimo de supervivencia recomendado debe partir de un enfoque basado en los riesgos que tenga en cuenta el tipo de aeronave, el número de personas a bordo y los detalles propuestos de las operaciones, como, por ejemplo, si las operaciones son intraantárticas o interantárticas. La lista de equipo mínimo de supervivencia recomendado se mantendrá a través del COMNAP y será revisada regularmente por todos los operadores; y

12.   que la Resolución 6 (2021) ya no tiene vigencia.

Resolución 4 (2022)

Informe sobre el cambio climático y el medio ambiente en la Antártida: sinopsis decenal y recomendaciones de actuación

Los representantes,

recordando la declaración ministerial de Washington sobre el quinto aniversario de la firma del Tratado Antártico, en el cual los Ministros de todas las Partes Consultivas del Tratado Antártico señalaron sus inquietudes acerca de las implicaciones del cambio medioambiental mundial, y particularmente del cambio climático, para el medioambiente antártico y para sus ecosistemas dependientes y asociados, y confirmaron su intención de trabajar en conjunto para comprender de mejor manera los cambios en el clima de la Tierra y buscar de manera activa las formas de abordar los efectos del cambio climático y del medioambiente sobre el medioambiente antártico y sus ecosistemas dependientes y asociados;

recordando también la importancia del Programa de trabajo de respuesta al cambio climático del Comité para la Protección del Medio Ambiente («CPA») y su visión de la preparación y la creación de resiliencia ante los impactos ambientales de un clima cambiante;

acogiendo con agrado que la sinopsis decenal del Informe sobre el cambio climático y el medio ambiente en la Antártida («Sinopsis decenal»), elaborada por el Comité Científico de Investigaciones Antárticas («SCAR»), se basa en los mejores datos científicos disponibles que representan la comprensión actual y las proyecciones para el cambio climático y sus impactos en la Antártida;

acogiendo también con agrado la recomendación del SCAR de que es necesario actuar urgentemente para evitar cambios irreversibles en la Antártida y las consiguientes consecuencias para el planeta;

preocupados por los efectos y los cambios proyectados en el medio ambiente antártico como resultado del cambio climático y que se describen en la sinopsis decenal;

recordando la Resolución 8 (2021) sobre la respuesta al cambio climático y permaneciendo comprometidos a buscar formas de abordar los efectos del cambio climático y ambiental en el medio ambiente antártico y los ecosistemas dependientes y asociados;

decididos a abordar las recomendaciones políticas y de investigación del informe;

Recomiendan a sus Gobiernos que:

1.   garanticen que sus respectivos departamentos y organismos encargados de las negociaciones sobre el cambio climático reciban copias de la Sinopsis decenal y tengan la oportunidad de ser plenamente informados y de considerar plenamente sus conclusiones y recomendaciones para la acción;

2.   garanticen que los organismos nacionales de ciencia e investigación antártica y las agencias de financiación reciban copias de la Sinopsis decenal y tengan la oportunidad de ser plenamente informados y de considerar plenamente sus conclusiones y recomendaciones para la acción;

3.	fomenten la difusión de las conclusiones de la Sinopsis decenal y de las investigaciones en curso sobre el cambio climático en la Antártida entre el público en general y los medios de comunicación; y

4.	sigan acogiendo con agrado las actualizaciones del SCAR sobre el cambio climático en la Antártida y sus repercusiones.

Resolución 5 (2022)

Instalaciones permanentes para el turismo y otras actividades no gubernamentales en la Antártida

Los Representantes,

recordando la designación de la Antártida como reserva natural, dedicada a la paz y la ciencia en el Artículo 2 y los Principios Medioambientales contenidos en el Artículo 3 del Protocolo al Tratado Antártico sobre Protección del Medio Ambiente;

recordando la Resolución 5 (2007) y la Resolución 7 (2009);

conscientes del consenso de la Reunión Consultiva del Tratado Antártico («RCTA») de que el turismo en la Antártida no contribuya a la degradación a largo plazo del medio ambiente antártico y sus ecosistemas dependientes y asociados, o de la flora y fauna silvestres naturales intrínsecas y los valores históricos de la Antártida;

reconociendo los estatutos de la Asociación Internacional de Operadores Turísticos en la Antártida («IAATO»), según los cuales el turismo no tendrá más que un impacto mínimo o transitorio en el medio ambiente antártico;

deseando adoptar un enfoque pragmático y de precaución para evitar la degradación de la flora y fauna silvestres de la Antártida;

deseando evitar esfuerzos adicionales en el apoyo mediante búsqueda y salvamento («SAR») y en los programas antárticos nacionales para responder a las emergencias de seguridad;

destacando que, en virtud de los planes recientes para dichas instalaciones, las autoridades nacionales competentes pueden necesitar asesoramiento de forma urgente;

recomiendan a sus Gobiernos que hagan todo lo posible por prevenir, y no autoricen, permitan ni aprueben, la construcción o explotación de cualquier otra estructura o instalación dedicada exclusivamente al turismo u otras actividades no gubernamentales diseñadas para ser explotadas en la Antártida durante múltiples temporadas, cuya construcción, explotación o desmantelamiento se espera que tenga más que un impacto mínimo o transitorio en el medio ambiente antártico y sus ecosistemas dependientes y asociados, o en la flora y fauna silvestres naturales intrínsecas y los valores históricos de la Antártida. Algunos ejemplos son, entre otros, edificios, muelles y malecones, y pistas niveladas en terreno.

Resolución 6 (2022)

Formulario estándar revisado para informes posteriores a visitas

Los Representantes,

conscientes de las disposiciones de la Reunión Consultiva del Tratado Antártico («RCTA») en relación con la información que deben intercambiar las Partes y de las obligaciones de intercambiar información tal como se expresa en el Protocolo al Tratado Antártico sobre Protección del Medio Ambiente («el Protocolo») y sus anexos;

recordando la Resolución 3 (1997), que establece un formulario estándar para la notificación anticipada y la presentación de informes posteriores a visitas en relación con el turismo y las actividades no gubernamentales;

observando también la Resolución 10 (2021), que recomendó el uso de un formulario para informes posteriores a las visitas estándar y revisado para actividades llevadas a cabo por embarcaciones turísticas y no gubernamentales en la Antártida;

recordando la Decisión 7 (2012), que decidió que las Partes utilizarán el Sistema Electrónico de Intercambio de Información (SEII) para intercambiar información de conformidad con el Tratado Antártico y el Protocolo y sus anexos y que especificó que las Partes continuarían trabajando con la Secretaría del Tratado Antártico («la Secretaría») para perfeccionar y mejorar el SEII;

observando también que la Decisión 4 (2012) exige que las Partes actualicen las secciones pertinentes del SEII regularmente durante el año con el fin de que dicha información esté disponible y accesible para las Partes tan pronto como sea factible;

observando la conveniencia de obtener una información uniforme que facilitaría el análisis del alcance, la frecuencia y la intensidad de las actividades turísticas y no gubernamentales;

deseando garantizar que el intercambio de información entre las Partes se realice de la manera más eficiente y oportuna;

deseando además que la información que intercambien las Partes se identifique con facilidad;

Recomiendan a sus gobiernos que:

1.   modifiquen el formulario estándar para informes posteriores a las visitas que figura en el anexo de la Resolución 10 (2021) para incorporar los cambios indicados en el anexo de la presente Resolución; y

2.   soliciten a la Secretaría que publique el formulario estándar de informes posteriores a las visitas modificado en su sitio web.

Formulario estándar revisado para informes posteriores a visitas

A los efectos de la presente Resolución, un incidente inusual es «un evento indeseado o imprevisto no relacionado con la actividad descrita en la evaluación de impacto ambiental, o el fracaso de las medidas de mitigación planificadas, que ocasiona efectos ambientales superiores a los previstos en la evaluación de impacto ambiental; o efectos negativos en las personas; o daño a materiales o recursos; y también puede haber dado lugar a la cancelación o interrupción de la actividad evaluada o requerido la necesidad de asistencia externa ajena a la empresa u organización del Operador».

Tal y como se ha acordado en la XLIV RCTA, la redacción actual de los temas 2, 3 y 4 de la sección D «Informe del jefe de expedición sobre la expedición», en la parte uno del formulario del informe posterior a la visita anexo a la Resolución 10 (2021) es la siguiente:

Tema 2. ¿Hubo incidentes inusuales que afectaran a personas, al medio ambiente o a materiales/bienes?

Tema 3. En caso de haberse producido algún incidente inusual, si fue necesaria asistencia o no. Y, en caso de que lo fuera, si la asistencia se solicitó a un programa nacional, a un operador turístico, a una expedición privada, a una embarcación pesquera, a un RCC o a otros.

Tema 4. Descripción resumida del incidente notificado y sus consecuencias y los datos (nombre/correo/programa nacional) de quien vaya a recibir el informe detallado del incidente.

Foto de los jefes de
delegación

XLIV ANTARCTIC TREATY
CONSULTATIVE MEETING
BERLIN
2021

1. Antonio Quesada (España), 2. Juan Camilo Forero Hauzeur (Colombia), 3. William Muntean (Estados Unidos), 4. Mbulelo Dopolo (Sudáfrica), 5. Jana Newman (Nueva Zelandia), 6 Emil Ruffer (Chequia), 7. Konrad Marciniak (Polonia), 8. Stephanie Langerock (Bélgica), 9. Michael Pistecky (Países Bajos), 10. Augusto Arzubiaga (Perú), 11. Orazio Guanciale (Italia), 12. Caroline Krajka (Francia), 13. Mike Sparrow (OMM), 14. Adam McCarthy (Australia), 15. Claire Christian (ASOC), 16. Jose Xavier (Portugal), 17. Phillip Tracey (copresidente del GT 2 - Operaciones, Ciencia y Turismo), 18. Dmitri Cherkashin (Federación de Rusia), 19. Filipe Nasser (Brasil), 20. Mohd Nasaruddin Abd Rahman (Malasia), 21. Elizabeth Moreano (Ecuador), 22. Francisco Berguño (Chile), 23. Jane Rumble (Reino Unido), 24. Fausto Lopez Crozet (Argentina), 25. Mette Strengehagen (Noruega), 26. Miriam Wolter (Alemania), 27. **Tania Von Uslar-Gleichen (presidenta de la RCTA)**, 28. Andriy Fedchuk (Ucrania), 29. Manfred Reinke (secretaría del país anfitrión), 30. Albert Lluberas Bonaba (Secretaría del Tratado Antártico), 31. Dimana Dramova (Bulgaria), 32. Vijay Kumar (India), 33. Zha Hyoung Rhee (República de Corea), 34. Jenny Haukka (Finlandia), 35. Céline Le Bohec (Mónaco), 36. Theodore Kill (presidente del GT 1 - Políticas y Asuntos Jurídicos e Institucionales).